TYPOGRAPHIE LACRAMPE ET COMPAGNIE,
Rue Damiette, 2. — Paris.

DE LA DESTINATION

ET DE L'UTILITÉ PERMANENTE

DES

PYRAMIDES

D'ÉGYPTE ET DE NUBIE

CONTRE

LES IRRUPTIONS SABLONNEUSES DU DÉSERT.

DÉVELOPPEMENTS DU MÉMOIRE

ADRESSÉ A L'ACADÉMIE ROYALE DES SCIENCES LE 14 JUILLET 1844,

suivis

D'UNE NOUVELLE INTERPRÉTATION DE LA FABLE D'OSIRIS ET D'ISIS,

PAR

M. FIALIN DE PERSIGNY.

1845

PARIS.

A LA LIBRAIRIE PAULIN,

RUE DE RICHELIEU, 60.

1845

PRÉFACE.

Je crois devoir présenter ici, pour servir d'introduction à ce travail, l'historique des circonstances particulières au milieu desquelles a été conçu ce nouveau système de la destination des Pyramides.

Prisonnier politique, détenu au fort de Doullens, j'étais occupé de différentes études historiques et scientifiques, lorsqu'un détail de ces études vint attirer mon attention sur les ravages causés par les sables du Désert: c'étaient des villes entières ensevelies sous les sables, des rivières détournées ou englouties, de vastes contrées submergées et enlevées à la culture par les vagues errantes de cet océan singulier.

Ces phénomènes d'une nature si extraordinaire excitèrent mon étonnement. Je compris quelle lutte la civilisation européenne aurait à soutenir contre ce fléau terrible, si jamais elle s'établissait au bord des déserts de l'Afrique, à proximité des grandes masses de sable mouvant ; et il me sembla curieux, peut-être même utile au grand rôle que la France est appelée à jouer en Afrique, de rechercher les moyens de s'opposer à un fléau si peu connu des Européens.

Mais dès les premières investigations sur ce sujet, un soupçon étrange vint traverser mon esprit. Je savais que plusieurs villes du littoral occidental de l'Afrique, exposées aux terribles irruptions du Sahel, avaient vainement tenté d'opposer au fléau les plus hautes murailles. Les sables poussés par les vents du Désert s'accumulant au pied des murailles à l'abri des vents contraires, y avaient formé des dépôts permanents dont la masse, s'élevant sans cesse sur un plan incliné, avait fini par déborder l'obstacle. La conclusion de ces faits semblait évidente. Le problème à résoudre était, sans doute, d'arrêter les sables entraînés par les vents du Désert, sans les mettre à l'abri des vents opposés qui doivent les renvoyer au Désert. Or, comment satisfaire aux conditions du problème? A la place de murailles, de digues, d'obstacles continus, il fallait peut-être supposer des corps isolés, d'une forme particulière et disposés suivant certaines données expérimentales ; et c'est ainsi que je fus conduit à soupçonner la destination des Pyramides.

J'étais loin alors de concevoir quelle pouvait être la nature scientifique du problème, et ce n'était pas le moment de m'en préoccuper ; je devais examiner la valeur morale de l'hypothèse, avant d'en faire l'objet de considérations scientifiques sérieuses. Mais c'était déjà une singulière présomption en sa faveur que l'inconcevable mystère des Pyramides. Un fléau si extraordinaire pouvait rendre compte des plus gigantesques et des plus durables monuments de la terre ; ces travaux inouïs se trouvaient justifiés par un grand intérêt.

Depuis quatre mille ans, les Pyramides ne sont comptées que pour des tombeaux ; mais cette croyance même révèle l'existence d'un grand secret et accuse le génie mystérieux des colléges sacrés de l'ancienne Égypte d'avoir dérobé au monde la véritable destination de ces montagnes factices. Des tombeaux qui, d'après le calcul d'un célèbre membre de l'Institut d'Égypte, supposent, chacun, presque autant de matériaux, et peut-être autant de travail et de dépense que la construction des plus grandes villes modernes, sont en effet le plus inconcevable mystère de l'histoire. Aussi la raison politique ou religieuse de l'Égypte à faire une question d'État du sépulcre de ses souverains, n'a-t-elle été pénétrée ni par les anciens, ni par les modernes. On a fait mille suppositions pour expliquer ce prodigieux effort de la volonté humaine; mais, en cela, la science est restée toute conjecturale, et par conséquent on ne sait rien de ce grand secret historique. D'ailleurs, si la plupart des savants et des philosophes se sont contentés de ce banal argument : « Les Pyramides renferment des sépultures, donc, les Pyramides sont des tombeaux; » d'autres savants illustres, Diderot, Bailly, M. Jomard, et presque tous les membres de l'Institut d'Égypte, n'ont vu dans l'usage funéraire des vides intérieurs des Pyramides qu'une destination tout à fait accessoire; et plusieurs d'entre eux ont émis l'opinion que ces monuments cachent un mystère ou scientifique ou religieux.

Ainsi l'hypothèse de la destination des Pyramides contre le Désert, dégagée de toute considération scientifique, me paraissait déjà plus satisfaisante pour la raison que tous les systèmes dont ces constructions merveilleuses ont été l'objet. Il me sembla que le moment était venu de pénétrer ce grand mystère, et que le Sphinx placé au pied des Pyramides pour défier la postérité d'en découvrir le secret, allait être enfin confondu.

Certes, je ne me dissimulais pas les difficultés de cette antique énigme, mais je tenais peut-être dans mes mains le fil d'Ariane qui devait me conduire sûrement au milieu de ces épaisses ténèbres de l'histoire et de la science.

Comme j'ignorais alors complétement la situation géographique et topographique des Pyramides d'Égypte, je résolus de faire concourir mon ignorance même dans les éléments d'un calcul de probabilités. Il était clair, en effet, que si les Pyramides avaient à protéger la vallée du Nil contre les irruptions sablonneuses, elles devaient satisfaire à certaines conditions géographiques et topographiques naturellement indiquées par les données de la question du Désert.

1° Ces monuments devaient se trouver sur le bord du Désert.

2° L'Égypte étant placée entre deux chaînes de montagnes, les chaînes Libyque et Arabique, qui la séparent, l'une de la mer Rouge, l'autre de l'océan de sable africain, les Pyramides devaient être opposées au désert Libyque, évidemment le plus redoutable.

3° Comme la montagne Lybique est le rempart de l'Égypte contre les sables, s'il a fallu suppléer à cette ligne naturelle de défense par de grands moyens artificiels, c'est aux points où la montagne présente des solutions de continuité, c'est-à-dire à l'entrée des gorges, des vallées qui débouchent transversalement sur la plaine du Nil.

4° La chaîne Libyque sur tout son développement n'offre que trois grandes vallées qui viennent se rattacher à la plaine du Nil : le Fayoum, province riche, cultivée, et les vallées des *Lacs de Natron* et du *Fleuve-sans-eau*, toutes les deux désertes ; et l'on sait que la dernière est entièrement couverte de sables mouvants. Les débouchés des deux vallées désertes sont donc incontestablement les points les plus exposés de toute l'Égypte : c'est là qu'il faut chercher les Pyramides.

5° Si les Pyramides sont destinées à défendre l'entrée des gorges de la montagne, quelle que soit la manière dont elles s'opposent au mouvement des sables, elles doivent être par leur nombre et leur volume proportionnées à la grandeur du péril, et par conséquent groupées ou isolées selon la largeur des débouchés.

6° Dans chaque groupe, la plus grande pyramide doit être située au point le plus bas du site, la plus petite au point le plus élevé.

7° On sait que plusieurs pyramides furent démolies

et toutes plus ou moins dégradées par les Arabes; la plaine du Nil a dû se ressentir de l'affaiblissement de sa défense ; elle doit être entièrement recouverte par les sables sur les points qui correspondent aux Pyramides détruites, etc., etc.

C'est ainsi que dans la solitude d'une prison, loin des documents nécessaires à des recherches de cette nature, et dans la plus complète ignorance de la situation géographique et topographique des Pyramides, j'établissais, sur la connaissance des mouvements du Désert, une série de conjectures auxquelles devaient nécessairement satisfaire ces monuments mystérieux, s'ils avaient été élevés contre le fléau des sables.

Bientôt une circonstance particulière vint me donner les moyens de vérifier la valeur de mes suppositions. A la suite d'une grave maladie, ayant obtenu de M. le comte Duchâtel mon transfèrement dans une maison de santé à Versailles, je m'empressai, aussitôt que je fus suffisamment rétabli, de profiter, dans l'intérêt de mes recherches, des avantages de cette nouvelle situation. Quel ne fut pas mon étonnement ! Les faits connus réalisaient toutes mes suppositions. Les Pyramides d'Égypte, par leur position géographique et topographique, répondaient exactement aux données conjecturales de mon hypothèse. Elles se trouvaient situées sur les bords du désert Libyque, dans la région du *Fleuve-sans-eau*, à l'entrée des divers débouchés qui communiquent avec cette mer de sable, toutes, enfin, fermant en quelque sorte les gorges de la montagne et disposées dans des rapports merveilleux.

Ainsi la destination des Pyramides contre les sables n'était plus pour moi une vague hypothèse. Le calcul des probabilités lui donnait une valeur énorme. J'étais sur la voie d'une grande découverte, et je résolus de la poursuivre jusqu'au bout.

Mais quelle était la nature scientifique du problème? Comment concevoir l'efficacité de ces montagnes artificielles pour arrêter le mouvement des sables? C'était là une question singulièrement embarrassante, et pour moi surtout qui n'ai vu ni le Désert ni les Pyramides. Cependant, après une analyse attentive des principaux faits archéologiques et topographiques qui concernent ces monuments, il me sembla que le voile de ce grand mystère tombait tout à coup devant moi.

Assises sur de si énormes bases et élevées jusqu'aux cieux, les Pyramides ne pouvaient être, en effet, de simples barrages; elles n'avaient été construites massives que pour être éternelles, et peut-être parce que l'art des voûtes n'était pas suffisamment connu des anciens Égyptiens. Mais ces masses prodigieuses cachaient un grand problème de mécanique ; c'étaient d'immenses surfaces présentées aux vents du Désert ; elles avaient pour objet d'opposer au fluide atmosphérique une résistance égale à l'excès de vitesse capable d'entraîner les sables, et devaient être enfin considérées comme de grandes machines aérostatiques, de puissants agents modificateurs des causes météorologiques du fléau.

La question prenait ainsi de nouvelles proportions. Le mystère des Pyramides se liait à deux autres mystères, puisqu'on ne connaît complétement ni les mouvements du Désert, ni les lois du choc et de la résistance des milieux, surtout des fluides élastiques. Si donc l'énigme du Sphinx s'était dérobée pendant quarante siècles à toutes les investigations, c'est que la question historique des Pyramides, la question du Désert et celle des fluides élastiques, ces trois inconnues d'un même problème, se prêtaient un appui réciproque pour confondre la raison humaine.

Le 14 juillet dernier, j'adressai un mémoire à l'Académie des Sciences sur ce nouveau système de la destination des Pyramides. M. Arago, dans la séance du 5 août, daigna faire avec bienveillance une communication sommaire de ce mémoire, et l'Académie nomma une commission composée de MM. Arago, Cordier et Babinet, pour l'examiner. Mais avec les travaux dont l'Académie est surchargée, il n'était pas probable que cette commission dût jamais s'occuper de mon mémoire, et je me déterminai à le publier, sans attendre son rapport.

Cette publication me paraissait, en effet, d'autant plus nécessaire que la plupart des journaux avaient rendu de ma communication à l'Académie un compte fort inexact. On me faisait dire, par exemple, que les Pyramides étaient des barrages contre lesquels les sables venaient s'arrêter comme au pied d'un mur; que ces montagnes artificielles avaient pour fonction de couper le vent; qu'elles se présentaient selon l'arête et non pas de face au Désert, et autres erreurs bizarres aussi étrangères à mon travail qu'aux lois de la résistance des milieux.

Toutefois, mon mémoire, qui n'avait eu d'abord pour objet que d'appeler l'attention du monde savant et de provoquer en Égypte de nouvelles investigations sur les Pyramides, était trop incomplet pour suffire à l'intelligence d'une question de cette nature, et surtout à la démonstration de ce grand problème. Les difficultés de ma position particulière m'avaient laissé ignorer l'existence ou interdit la possession de plusieurs documents importants. Il fallait remplir ces lacunes de mon travail.

Le prince Napoléon, qui, dans sa captivité supportée si noblement, donne à ses compagnons d'infortune l'exemple des études sérieuses, et qui, dans cette circonstance, daigna m'honorer de sa haute approbation, voulut bien encourager de ses conseils le nouvelles recherches que je me proposais de faire ; et d'autres savants vinrent en aide à mon ignorance en m'indiquant différents ouvrages utiles à consulter dans l'intérêt de mon travail. Qu'on me permette de leur exprimer ici mes remerciements.

De tous les savants qui ont écrit sur les Pyramides, aucun ne m'avait inspiré, pendant le cours de mes recherches, une plus haute admiration que l'illustre membre de l'Institut d'Égypte qui fut chargé d'explorer ces monuments. Son grand travail sur les Pyramides avait été mon principal guide ; au milieu des difficultés de mon entreprise, son opinion sur ces mystérieux colosses avait plus d'une fois soutenu ou ranimé mon courage ; enfin, par une circonstance singulière qui tient à l'infinie diversité de ses travaux, le même archéologue qui s'était si habilement acquitté de l'exploration des Pyramides, et avait sondé d'une main si ferme les profondeurs de ce grand mystère, était en même temps le plus savant géographe des mouvements du Désert. Nul n'avait étudié avec plus de soin les ravages de ce fléau et les moyens employés par l'ancienne Égypte pour s'en garantir. M. Jomard était donc à mes yeux l'homme de toute l'Europe qui connaissait le mieux la double question des Pyramides et du Désert.

C'était une grande épreuve que de soumettre mon mémoire à une si haute autorité ; mais je n'hésitai pas à le faire, et ce fut pour moi une heureuse inspiration. M. Jomard accueillit ma communication avec une grande bienveillance ; il me félicita de cette nouvelle idée, qu'il jugea digne de l'attention du monde savant, et, joignant les plus sages conseils à son approbation, eut la bonté de m'indiquer plusieurs lacunes de mon mémoire et de me communiquer, enfin, des documents de la plus haute importance.

Un autre savant, M. Peltier, est également inscrit dans ma dette de reconnaissance. Je ne saurais dire tout ce que je dois à l'obligeance, aux excellents conseils et aux communications de ce célèbre météorologiste.

Enfin j'ai à remercier aussi d'une manière particulière M. Huot, le savant continuateur de Malte-Brun, pour les différents documents géographiques et archéologiques qu'il a eu la bonté de me faire connaître ; et deux jeunes savants mathématiciens de la plus belle espérance, M. Quet, professeur de physique à Versailles, et mon ami et ancien compagnon de captivité, M. E. Bataille, ingénieur, et ancien élève de l'École Polytechnique, auxquels j'ai dû la connaissance des plus récentes expériences et des principaux ouvrages sur le mouvement et la résistance des fluides.

Mais qu'il me soit surtout permis d'exprimer ici ma profonde gratitude à M. Aubernon, préfet de Seine-et-Oise, et à M. Rémilly, maire et député de Versailles, pour l'empressement qu'ils ont bien voulu mettre à favoriser mes recherches, pendant le séjour que j'ai fait dans cette ville. Ayant eu l'honneur, à mon arrivée à Versailles, de recevoir la visite de M. Rémilly, je lui confiai mes projets d'études et l'idée nouvelle qui en était l'objet. L'honorable député parut prendre un vif intérêt à cette interprétation du mystère des Pyramides, il m'encouragea à persévérer dans mes recherches, et c'est grâce à sa bienveillance et à son désir de servir la science que j'ai pu, malgré les difficultés de ma situation de prisonnier, poursuivre des travaux de cette nature; ainsi il m'a été accordé, pendant mon séjour à Versailles, non-seulement de visiter la bibliothèque de la ville et plusieurs riches bibliothèques privées, comme celle de M. Pernot, conseiller honoraire de la cour des Comptes, mais d'aller à Paris consulter différents documents de la bibliothèque Royale.

Je prie qu'on me pardonne ces détails personnels. Il était nécessaire d'expliquer comment un travail de cette nature a pu être entrepris et exécuté par un prisonnier;

et je devais d'autant plus exprimer ma gratitude pour les faveurs particulières dont j'ai été l'objet, que les sentiments qui m'attachent à une illustre infortune rendaient cette obligation impérieuse.

Quant à l'attention du monde savant que réclame ce nouveau système de la destination des Pyramides, j'espère qu'elle ne lui fera pas défaut. Telle est la nature des questions physiques soulevées par ce système, qu'elle interdit toute présomption ; c'est une inconnue qui appelle les plus sérieuses investigations de la science.

On comprend, d'ailleurs, l'importance d'un tel sujet. Ce n'est pas seulement l'Égypte, c'est le monde entier si longtemps abusé sur ce grand mystère qui est intéressé à en connaître le secret. S'il est vrai que les colléges sacrés de l'ancienne Égypte, en gardant le silence sur la destination des Pyramides, aient voulu jeter un défi à la postérité, il est temps que la civilisation moderne relève le défi.

Au sens caché de l'énigme du Sphinx se rattachent les plus sérieux intérêts. Le bon sens public se demande si le caprice le plus insensé peut expliquer les plus merveilleux monuments de la terre ; la politique veut savoir comment le despotisme a pu imposer aux peuples de si prodigieux efforts ; et il importe à la royauté d'être vengée de ce grand reproche. Enfin, les sciences historiques et géographiques, physiques et mathématiques, réclament une part dans cet héritage des savants colléges de l'Égypte.

On comprend, par exemple, que si le mystère des Pyramides cache un problème d'aérostatique, cette découverte puisse donner une impulsion toute nouvelle aux études physico-mathématiques. Jusqu'ici la résistance des fluides n'a pu être soumise à l'analyse mathématique. Mais le problème des Pyramides peut révéler aux géomètres de nouvelles methodes analytiques, et donner enfin raison des grandes difficultés de la résistance des milieux.

Il ne me reste plus qu'à réclamer en faveur de ce travail la bienveillance du public. J'ai raconté comment certaines difficultés de ma position ont été aplanies ; le monde savant comprendra celles que j'ai dû surmonter ; et s'il me juge bien au-dessous de la tâche que j'ai entreprise, peut-être, du moins, ne me refusera-t-il pas son indulgence.

Fort de Doullens, ce 14 février 1845.

F. de Persigny.

DÉVELOPPEMENTS

DU MÉMOIRE.

SOMMAIRES.

PREMIÈRE PARTIE.

I.

Premier système de défense contre les sables.

Sujet de ce mémoire. — Idée générale des ravages causés par les sables du Désert. — Sur la formation du grand Désert. — Ses limites. — N'existe-t-il aucune trouée à travers cette digue immense? — La main de l'homme n'a-t-elle pas tenté de fortifier les parties faibles de ce vaste système? — Description de l'Égypte par l'empereur Napoléon. — Le Nil, ou le *Génie du bien*, et le Désert, ou le *Génie du mal*, sont sans cesse en présence. — Triomphe de la civilisation sur le Désert. — En quoi la civilisation est vaincue par le Désert. — Marche des sables de l'ouest sur la vallée du Nil. — Opinion de Girard et du général Andréossy. — Description d'Abydos ensevelie sous les sables, par M. Jomard. — Causes de ces irruptions. — Autres détails sur la gravité du fléau. — Moyens ordinaires des Égyp-

DEUXIÈME PARTIE.

I.

II.

III.

TROISIÈME PARTIE.

I.

Recherches des éléments du problème.

II.

Solution du problème.

APPENDICE.

NOTES.

DE LA DESTINATION

ET DE L'UTILITÉ PERMANENTE

DES

PYRAMIDES D'ÉGYPTE ET DE NUBIE

contre

LES IRRUPTIONS SABLONNEUSES DU DÉSERT.

—

PROBLÈME D'AÉROSTATIQUE.

PREMIÈRE PARTIE.

I

EXPOSITION.

Premier système de défense contre les sables.

J'entreprends de traiter une question qui intéresse tout à la fois les sciences physiques et archéologiques, et à laquelle se rattache l'un des plus grands mystères de l'histoire. Je vais parler des désastres causés par l'irruption des sables de l'Afrique sur les pays voisins du Désert, et des travaux qui ont été faits, particulièrement dans la vallée du Nil, pour protéger les contrées exposées à ce fléau.

Ce que nous connaissons des désastres causés par les sables de l'Afrique, d'après l'histoire, les travaux de la commission d'Égypte et ceux d'une foule de géographes et de voyageurs, ne se borne pas à la destruction des armées et des caravanes (1). Le Désert a signalé sa puissance par de bien autres ravages. Il a envahi des contrées entières, dépeuplé d'immenses territoires, détourné le cours des fleuves, englouti des rivières dans son sein, et étendu sans cesse autour de lui la dévastation et le silence de la mort. Il n'a respecté que les lieux inaccessibles à ses attaques. Toutes les oasis voisines des sables mouvants, soit à l'intérieur, soit sur les confins du Désert, ne doivent leur sécurité qu'à la faveur d'un site élevé ou à la protection d'une ceinture de montagnes. Leur existence, en face de cette mer de sable, est soumise aux mêmes lois physiques que celle des continents et des îles par rapport à l'Océan (2).

On trouve toutefois un grand nombre d'oasis situées dans des bas-fonds, où les eaux des pluies peuvent séjourner, et où se rencontrent parfois quelques sources; car il ne faut pas croire que toute la surface du vaste désert de l'Afrique soit recouverte de sables mouvants. Il paraît au contraire que les régions sablonneuses n'en forment que la plus petite partie; mais c'est la plus redoutable, parce que les sables, poussés par les vents du tropique et sollicités par leur poids à se porter sur les basses terres, se dirigent naturellement vers les extrémités du continent africain et viennent ravager les contrées les plus favorables à la culture (3).

Ce que l'on sait en effet des plus récentes conquêtes du Désert et des traces de ses dévastations, ne permet pas de douter qu'il n'ait été jadis renfermé dans des limites infiniment plus restreintes qu'aujourd'hui. Le caractère de ses envahissements peut autoriser la supposition que d'immenses couches de sable, formant primitivement les plateaux élevés du centre de l'Afrique septentrionale, auraient

(1) Ritter, *Géog. comp.*, Par. 1836. *Desc. du Sahara*, vol. III, p. 338-371.

(2) Marmol, *Afrique*, vol. III, p. 41.

(3) *Description de l'Afrique* de Malte-Brun et Huot, 5e édit., t. V, p. 390 et suiv.

été déchirées par les vents du tropique, puis précipitées sur les parties basses, de manière à gagner de proche en proche les vastes régions qu'occupent aujourd'hui les déserts de Sahara, de Libye, de Nubie et de Bahiouda. Ce qui est certain, c'est que la surface du Désert présente çà et là des lits de rivière desséchés, des vallées, des accidents de terrain formés par le mouvement des eaux (1); et que les dunes sablonneuses, errantes comme l'Arabe qui parcourt ces solitudes, sont généralement étrangères au sol sur lequel elles s'agitent sans cesse. (*Voir la note* I.)

Il existe cependant une autre théorie sur la formation des masses sablonneuses du Désert. On pense qu'une grande partie des sables qui ravagent les côtes de l'Afrique se forment sur les bords de la mer (2). Il paraît que le mouvement successif des vagues contre le rivage tend à repousser sur la terre de petites couches d'un sable très-fin qui, séché par un soleil ardent, est ensuite entraîné par le vent loin du rivage. M. Jomard, qui, dans le cours de ses travaux archéologiques, comme membre de la commission d'Égypte, a présenté, sur les ravages du Désert, des considérations du plus haut intérêt et dont nous aurons bientôt à nous occuper, a fait lui-même des observations très-curieuses sur le phénomène de la formation des sables au bord de la mer. (*Voir la note* II.) Cette théorie paraît conforme à l'opinion des anciens qui avaient fait d'Antée, géant de la Lybie et personnification du fléau des sables, le fils de Neptune et de la Terre (3).

Quoi qu'il en soit, le Désert semble avoir atteint depuis longtemps ses limites naturelles, du moins à ne les considérer qu'au nord et à l'est, c'est-à-dire vers les contrées

(1) Girard, *Descr. de l'Ég.;* hist. nat., vol. II, p. 25.

(2) Costaz, *Décade égyptienne*, vol. II, p. 175. — Ritter, t. III, p. 116, 345.

(3) Diod. de Sic., *Bibl. hist.*, liv. I, chap. XXIV.

qui intéressent plus directement la civilisation. D'un côté, l'immense chaîne de l'Atlas et les montagnes qui en forment le prolongement oriental, et de l'autre, la chaîne Libyque et la chaîne Arabique, telles sont les barrières que la nature a opposées à ce fléau : celles-ci pour protéger la vallée du Nil, celles-là les États Barbaresques.

Mais une ligne de défense de deux mille lieues de développement ne présente-t-elle aucun défaut? N'existe-t-il aucune trouée à travers cette digue immense? C'est ce que nous aurons à examiner. Puis nous verrons si la main de l'homme n'a pas tenté de fortifier les parties faibles de ce vaste système; si nous ne trouverons pas sur les confins du Désert la trace de quelques grands efforts d'un peuple aux prises avec la nature; quelque chose d'analogue aux travaux gigantesques de la Hollande dans sa lutte corps à corps avec l'Océan.

Mais, auparavant, je dois faire connaître comment m'est venue la pensée de ces recherches, et par quelles voies j'ai été conduit à la solution extraordinaire qui fait le sujet de ce travail.

La première fois qu'il m'arriva de soupçonner l'existence de rapports intéressants à étudier entre le Désert et la civilisation, fut, il y a plusieurs années, à la lecture du beau chapitre des Mémoires de l'empereur Napoléon sur la description de l'Égypte : « Là, dit l'Empereur, le Nil, ou *le* « *génie du bien*, et le Désert, ou *le génie du mal*, sont sans « cesse en présence. Sous une bonne administration qui « sait utiliser le débordement du fleuve, le Nil gagne sur « le Désert; sous une mauvaise, le Désert gagne sur le « Nil (1). »

Ainsi les digues et les canaux d'irrigation, le célèbre

(1) *Mém. dictés à Sainte-Hélène*, 2e édit., t. V, p. 47.

canal Jousef, creusé à travers la chaîne Libyque pour conduire les eaux du Nil dans le Fayoum, le lac Mœris, et tant d'autres travaux destinés à étendre ou à régler les bienfaits de l'inondation : voilà, dans cette lutte incessante contre le Désert, les triomphes de la civilisation. Le Désert forcé de se prêter à la plus riche culture; des provinces entières arrachées à ses arides solitudes : quelles nobles conquêtes! quels efforts dignes d'un grand peuple !

Mais quand, plus loin, l'écrivain nous montre les ravages causés par l'irruption des sables, une foule de canaux comblés, le Nil lui-même contraint d'abandonner une de ses artères, la branche Pélusiaque, et surtout cette grande vallée du *Fleuve-sans-eau*, jadis fécondée par l'inondation, puis envahie par le Désert et fermée à l'Égypte : là, au contraire, c'est le Désert qui l'emporte sur le génie de l'homme.

Le tableau, si admirablement tracé par l'Empereur, des circonstances difficiles au milieu desquelles s'agite l'Égypte depuis tant de siècles, reproduit en peu de mots l'un des traits les plus curieux et les moins connus de cette antique civilisation. Cette esquisse rapide de la lutte incessante d'un peuple contre un fléau si extraordinaire, me fit pressentir tout l'intérêt que pourrait avoir une étude approfondie de cette question; et bientôt la lecture du grand ouvrage de la commission d'Egypte acheva de m'en faire comprendre l'importance.

Rien n'est terrible, en effet, comme les descriptions que nous donne cette commission célèbre sur les ravages causés par l'irruption des sables, et les dangers dont ce fléau menace sans cesse la vallée du Nil. Nous allons en voir quelques passages :

« Un des fléaux auxquels est exposée l'Égypte, dit le cé-
« lèbre ingénieur en chef Girard, ce sont ces vents d'ouest

« et de nord-ouest qui poussent continuellement les sables « des déserts de l'Afrique. Ces sables, après avoir franchi « la chaîne Libyque, descendent dans la vallée et rétrécis- « sent de plus en plus la bande de terrain cultivable. Dans « quelques endroits ils s'accumulent en dunes telles que « l'on en voit sur la rive gauche du canal Jousef (1). »

« L'action des gouvernements, dont l'effet était en sens « contraire du bien public, dit le général Andréossy, la di- « minution de l'action des eaux du Nil, et l'action con- « stante des vents qui ont poussé les sables des déserts « de l'ouest sur les terres cultivables, dans les canaux « et dans le fleuve, sont trois causes réunies depuis long- « temps pour resserrer le territoire de l'Egypte et altérer « sa prospérité. Les deux premières causes peuvent être « modifiées, mais aucun effort humain n'est en état de « s'opposer au progrès des sables... L'action des vents sur « les sables qui se trouvent dans la vallée du Nil est sans « contredit la plus funeste. Ces sables sont remués, dépla- « cés, et de proche en proche ils arriveront jusqu'au fleuve, « comme on le voit déjà dans les endroits où le bassin de « l'Égypte est resserré (2). »

Citons encore un passage de Girard, qui résume parfaitement son beau travail sur la vallée du Nil :

« Les observations que nous avons recueillies sur la val- « lée de l'Égypte et que nous venons de rapporter, ren- « dent maintenant évidentes les causes qui l'ont amenée à « son état actuel, et qui en modifient continuellement l'as- « pect. Les débordements du Nil en exhaussent le sol par « le dépôt de limon qu'ils y laissent. Sans cesse rajeunie, « pour ainsi dire, par le bienfait de l'inondation, cette terre,

(1) Girard, *Descr. de l'Ég.;* mém., t. II, p. 264.
(2) Gén. Andréossy, *Descr. de l'Ég.* mém. *mod.*, vol. I, p. 289.

« présent du fleuve, s'avance de plus en plus dans la mer, « et offre à ses habitants, sur une plage qui n'a pas cessé « de s'accroître depuis une longue suite de siècles, les pro- « duits d'une fertilité sans exemple; tandis que par une « inondation d'une autre nature, les sables que transpor- « tent les vents, du fond des déserts de Lybie, tendent à « la frapper de stérilité. Ainsi s'expliquent naturellement « ces continuels efforts dans lesquels, suivant l'ancienne « fable égyptienne, Osiris et Typhon, alternativement vain- « queurs et vaincus, se disputent un terrain où ni l'un ni « l'autre ne peut exercer un empire exclusif, et que la na- « ture a disposé pour être entre eux l'objet d'un éternel « combat (1). »

Voici maintenant la composition et l'aspect des matières pulvérulentes qui constituent ce redoutable fléau :

« Les sables du Désert sont uniquement composés de « grains quartzeux sans mélange d'aucune autre matière; « leur couleur d'un blanc mat, et leur entassement accom- « modé à tous les accidents du terrain, donnent à la con- « trée qu'ils occupent l'apparence d'un pays couvert de « neige; au clair de la lune, cette ressemblance est complète « au point de faire illusion. Les grains sont transparents; « leur diamètre le plus commun s'écarte peu d'un millimè- « tre; leurs angles usés et arrondis témoignent qu'ils ont fait « un long séjour dans la mer, où ils ont été violemment « agités et roulés entre eux, ou frottés contre d'autres corps « capables, par leur dureté, d'agir sur eux (2). »

Quant aux détails sur la nature, la cause des irruptions sablonneuses, ils fourmillent dans l'ouvrage, et l'on voit tout d'abord que les points exposés aux plus graves irrup-

(1) Girard, *Descr. de l'Ég.;* hist. nat., vol. II, p. 404.

(2) Costaz, *Décade égyptienne*, vol. II, p. 175.

tions sont à l'entrée des gorges, des vallées qui débouchent sur le Nil.

« Une des circonstances les plus frappantes quand on « arrive sur l'emplacement des ruines, dit le savant M. Jo- « mard en parlant d'Abydos, c'est l'ensablement dont « elles sont recouvertes sur plusieurs points et menacées « sur tous les autres. Les plantations, les canaux et tous les « moyens qu'on avait employés, du temps de la prospérité « de l'Égypte, pour préserver Abydos des sables de la Libye, « n'ont pu sauver cette ville de sa destinée. Non-seulement « la ville est en ruines, mais ces ruines sont presque ense- « velies. Au lieu d'une cité florissante, ou au moins « peuplée comme les villes modernes de Girgeh, Esné, « Syout, etc., on ne trouve plus sur son emplacement que « deux pauvres villages peu habités, dont les masures sont « exposées au même fléau, et qui n'ont aucun rempart « contre ces montagnes mobiles dont la hauteur croît tou- « jours; les palmiers, dont les décombres sont couronnés, « serviront peut-être encore quelque temps à garantir les « villages d'El-Kherbeh et de Haraba, jusqu'à ce qu'enfin « les uns et les autres disparaissent sous les sables amon- « celés. La cause de l'affluence des sables sur ce point est « dans l'ouverture d'une vallée qui correspond à la posi- « tion d'Abydos, et qui, dans tous les temps, a dû leur « offrir une libre issue à l'époque des vents d'ouest et de « nord-ouest, qui, malheureusement pour la rive gauche « du Nil, sont les vents dominants de l'Égypte (1). »

De ces premières notions sur ce fléau si extraordinaire, nous pouvons déjà conclure que les grands dangers qui menacent l'Égypte proviennent principalement du désert de Libye, dont les sables mouvants, poussés par les vents d'ouest,

(1) M. Jomard, *Descr. de l'Ég.*; Ant., vol. II, chap. XI, p. 4.

de nord-ouest ou de sud-ouest, viennent assiéger la rive gauche du Nil partout où la chaîne Libyque leur laisse un libre passage, soit par son abaissement, soit par l'ouverture des gorges, des vallées qui la traversent : circonstances dont nous aurons à faire une étude particulière.

L'Égypte n'est, à proprement parler, qu'une grande oasis formée par la vallée du Nil et protégée par deux chaînes de montagnes : la chaîne Arabique à l'est, et la chaîne Libyque à l'ouest. Mais entre le désert Arabique, qui sépare l'Égypte de la mer Rouge, et le désert Libyque, qui se perd dans les profondeurs de l'Afrique, on remarque une grande différence. Le premier n'est autre chose qu'un massif de rochers terminé, sur la rive droite du Nil, par un brusque escarpement et dont la stérilité seule lui a fait donner le nom de Désert (1), tandis que le second présente de tous côtés d'immenses plaines sablonneuses, dont les vagues errantes auraient sans doute depuis longtemps submergé l'Égypte, sans la digue que leur oppose la chaîne Libyque.

Il ne faut pas croire cependant que le désert Arabique ne figure en aucune manière dans le tableau des irruptions sablonneuses auxquelles l'Égypte est exposée. Je ne parlerai pas des ravins, des vallées étroites dont la chaîne Arabique est percée, et dans lesquels les vents d'est, en balayant les plateaux élevés de la montagne, concentrent des masses sablonneuses plus ou moins grandes pour les pousser ensuite sur la rive droite du Nil (2). Ces accidents ne sauraient être comparés à ceux de la chaîne Libyque. Mais si l'on considère la partie septentrionale de la chaîne Arabique au point où les montagnes, s'abaissant insensiblement, viennent se confondre avec les collines du désert de Suez et

(1) Rosière, *Descr. de l'Ég.*, *Hist. nat.*, t. II, page 457.

(2) M. Jomard, *Descr. d'Anteopolis*, *Ég. ant.*, vol. II, chap. XII, page 23.

les plaines du Delta, on retrouve des sables mobiles qui s'agitent en toute liberté sur une vaste étendue de pays (1). C'est assurément à cette cause qu'il faut attribuer la malheureuse destinée du canal des deux mers, si souvent entrepris et abandonné. La description des vestiges de l'ancien canal par Le Père, dans son *Mémoire sur le canal des deux mers*, ne permet pas d'en douter.

« A l'est du Ras-el-Ouady, au point où la vallée se res-« serre, dit ce célèbre ingénieur, les dunes sablonneuses « ont comblé le canal et continuent de s'avancer sur la val-« lée. Cette masse des sables, due aux vents du sud, serait « encore accélérée sans la réaction des vents du nord, qui ra-« lentit leur tendance à combler la vallée vers cette rive où « les dunes, plus élevées, sont extrêmement mobiles (2). »

Si de là l'on remonte au sud, dans la Haute-Thébaïde, où, par un contraste remarquable, c'est la chaîne Libyque qui est escarpée, pendant que la chaîne Arabique incline ses rameaux en pentes douces et insensibles (3), on reconnaît encore le concours du désert oriental dans l'œuvre d'extermination qui menace le domaine d'Osiris; mais ce n'est toujours qu'à l'ouverture des gorges de la montagne.

« Les ruines d'Ombos, dit M. Jomard dans sa belle des-« cription des antiquités de la Thébaïde, occupent une col-« line de sable placée sur la rive orientale du Nil, à l'em-« bouchure d'une vallée. Les sables charriés par les vents du « Désert, en recouvrant les débris de la ville et une grande « partie des anciens monuments, ont aussi enseveli une « vaste plaine qui s'étendait à près de deux lieues vers la « chaîne Arabique. Le village qui a succédé à Ombos n'a

(1) Rosière, *Géographie comparée, Desc. de l'Ég. ant.*; mém. t. I, page 136.

(2) Le Père, *Descr. de l'Ég. mod.*, vol. I, page 62.

(3) Jollois et Devillers, *Descr. de l'Ég. ant.*, t. I, chap. IX, page. 19.

« déjà plus d'habitants... C'est ainsi qu'une ville célèbre est « devenue un lieu tout à fait inhabité, et qu'une riche cam- « pagne est enlevée sans retour à la culture. Les bords eux- « mêmes du fleuve, ainsi que la colline et tous les environs, « sont couverts de sables fins et brûlants (1). »

Enfin le Delta figure aussi dans ce tableau des ravages des sables, quoiqu'il soit séparé du Désert par les canaux ou grandes branches du Nil qui l'encadrent à l'est et à l'ouest. Outre les ravages causés sur les deux côtés du triangle qui touchent aux déserts Arabique et Libyque, les désastres se font sentir d'une manière très-grave dans les provinces maritimes, comme l'indique le tableau de la superficie de l'Égypte, par le colonel Jacotin (2). Et il n'est pas douteux que les sables qui désolent ces provinces ne proviennent des dunes sablonneuses formées sur les bords de la mer (3).

De toutes les villes du littoral, Rosette paraît être la plus gravement exposée à ce fléau. Une de ses mosquées est presque ensevelie. La tour d'Abou-Mandour, quoique élevée sur un monticule, est enfouie jusqu'à la moitié de sa hauteur. M. Jollois a fait une terrible description de cette ville.

« Lorsqu'on est monté sur cet édifice (la tour d'Abou- « Mandour), dit ce savant ingénieur, on y jouit du spectacle « de sites bien différents de ceux d'Europe... D'un côté c'est « le désert aride de la Libye, et de l'autre les bords enchan- « tés du Nil; c'est, pour ainsi parler, la mort à côté de la vie. « A l'ouest, on voit le désert qui sépare Rosette d'Alexan- « drie, la vue se perd au milieu de ces sables mouvants qui « n'ont jamais gardé les traces des pas des voyageurs... Ces « sables mouvants s'avancent progressivement sur la ville « de Rosette, qu'ils semblent vouloir envahir tout entière.

(1) M. Jomard, *Descr. de l'Ég. ant.*, chap. IV, page 2.
(2) Col. Jacotin, *Descr. de l'Ég. mod.* vol. III, page 574.
(3) Costaz, *Déc. égypt.*, vol. II, page 175.

« Ils s'amoncellent autour des palmiers et des moindres ob-
« stacles qui se présentent. Ils forment des dunes qui aug-
« mentent tous les jours et qui couvriront bientôt le terrain
« cultivé. C'est, comme les anciens Égyptiens l'ont ingénieu-
« sement exprimé, le terrible Typhon qui menace d'envahir
« le domaine d'Osiris, la terre fertile de l'Égypte (1). »

Ainsi le fléau menace l'Egypte de toutes parts. Pour attaquer ce pays tous les vents lui sont favorables ; car, de quelque côté que soufflent les vents, partout où la disposition des montagnes laisse un libre passage aux sables, il y a tour à tour une partie de l'Egypte, soit du Delta, soit de la rive droite du Nil, soit surtout de la rive gauche, qui se trouve plus ou moins exposée aux irruptions. Aussi voit-on, dans les différents exemples que je viens de citer, les vents de l'ouest, de l'est, du sud et du nord, ou des rumbs intermédiaires, devenir successivement les instruments du fléau. Il est donc tout à fait inexact d'attribuer au khamsin seul, comme l'ont fait plusieurs auteurs, les ravages du sable. Le khamsin ou vent du sud-est, appelé par les Arabes du désert *simoum*, ou vent empoisonné, est, sous d'autres rapports, un autre fléau terrible de l'Egypte (2) ; mais, quant aux irruptions, il n'est très-dangereux que pour la partie du Delta voisine du désert Arabique.

Quant à la fréquence des différents vents, dont le retour périodique est un des phénomènes les plus curieux de l'Egypte (3), il est certain, d'après les tables météorologiques de Coutelle (4), que les vents du nord, du nord-ouest et de l'ouest, sont considérablement plus fréquents que ceux du sud et de l'est. Cependant je vois dans les tables de

(1) M. Jollois, *Descr. de l'Eg. mod.*, vol. III, page 336.
(2) Savary, *Lettres sur l'Ég.*, t. III, page 9.
(3) Volney, *Œuvres complètes*, t. II, page 45.
(4) Coutelle, *Descr. de l'Ég.*, *Hist. nat.*, vol. II, page 43.

Kœmts (1) que les vents de l'est l'emportent sur ceux de l'ouest. Mais Girard est formellement contraire à cette assertion. Après avoir expliqué la cause de la fréquence des vents du nord-ouest et d'ouest, il dit que les vents d'est ne soufflent pas en Egypte plus de dix ou douze jours dans l'année (2). Un autre membre éminent de la commission d'Egypte, le baron Costaz, de l'Académie des sciences, semble partager cette opinion dans un mémoire sur les sables du Désert, lu à l'Institut d'Egypte le 16 messidor an VII, mémoire où sont consignées, en peu de mots, les observations les plus remarquables faites sur le Désert, et que j'aurai l'occasion de reproduire presque en entier. Après avoir expliqué la cause des mouvements progressifs des montagnes de sable dans le Désert, et cherché à évaluer la mesure de ces mouvements, l'auteur ajoute que dans ces parages, le vent, après avoir soufflé du nord ou de l'ouest pendant une grande partie de l'année, passe à l'est et au sud, qu'alors il repousse les montagnes de sable vers les points d'où elles avaient été amenées dans la saison précédente ; mais que les vents du nord et de l'ouest étant dominants, il existe dans leur sens une résultante dirigée entre le sud et l'est (3).

Quoi qu'il en soit, plus ou moins fréquents, les vents des rumbs de l'ouest sont les plus dangereux, puisqu'ils poussent les sables de l'Egypte des profondeurs mêmes de l'Afrique. Aussi a-t-on dit, en généralisant ces faits, que l'Egypte était placée entre deux fléaux : les vents du désert Arabique, qui lui apportent une espèce de peste, aussi terrible que la peste elle-même, et les vents de la Libye, les sables qui menacent de l'envahir. (*Note* III.)

On n'a pas, du reste, de notions positives sur la violence

(1) Kœmts, *Traité de météorologie*, t. I, chap. III.
(2) Girard, *Descr. de l'Ég.*, *Hist. nat.*, t. II, page 395.
(3) *Décade égypt.*, vol. II, page 178.

des différents vents en Egypte ; mais la situation géographique de cette contrée rend aisément compte du degré d'énergie que, tour à tour, chacun de ces vents peut acquérir. Placée au centre d'une immense zone de déserts brûlants, qui s'étend jusqu'au golfe Persique, et à proximité de deux mers, elle est le théâtre naturel des phénomènes météorologiques produits par les brusques dérangements et les brusques rétablissements de l'équilibre atmosphérique. Parmi ces phénomènes il en est un qui mérite, ce me semble, d'être ajouté aux causes plus générales des irruptions sablonneuses, bien qu'on ne connaisse pas exactement l'importance de ce phénomène particulier, et que Costaz, dans son mémoire sur les sables du Désert, n'en ait fait le sujet d'aucune observation. Il paraît que certaines parties du Désert présentent parfois le spectacle de trombes extraordinaires, capables de soulever une grande quantité des matières pulvérulentes dont le sol est couvert.

« Dans le courant de l'été, dit le baron Larrey, il se ma- « nifeste quelquefois, dans les déserts voisins de l'Egypte, « des vents particuliers de la nature du khamsin et même « plus funestes que les voyageurs appellent *vents de sa-* « *miel.* Ceux-ci produisent souvent des trombes de sable ou « de poussière qui s'élèvent verticalement à cinquante ou « soixante pieds, pour retomber avec une explosion et un « bruissement remarquables. Deux fois nous avons failli « être enveloppés par ces trombes (1). »

Voici comment Clot-Bey, dans son excellent ouvrage sur l'Egypte, parle de ce phénomène : « Il y a peu de pays où, « comme en Egypte, la poussière soit soulevée en trombe « par des tourbillons de vents : ces trombes forment de gi- « gantesques colonnes tournoyantes qui s'élèvent perpen-

(1) Larrey, *Obs. sur plusieurs maladies, Ég. mod.*, t. I, page 322.

« diculairement jusqu'aux nues, quelquefois demeurant « immobiles, mais d'ordinaire marchant pendant plusieurs « minutes avec rapidité, jusqu'à ce qu'un arbre, un mur, « une maison, un accident de terrain, les brise, ou qu'un « moment de calme les laisse s'affaisser sur elles-mêmes (1).»

Au surplus, pour apprécier sainement les ravages du Désert, il faut bien se garder des exagérations de certains voyageurs. Clot-Bey et tous les écrivains sérieux qui ont écrit sur ce fléau extraordinaire, considèrent comme des fables les récits d'armées et de caravanes ensevelies sous les sables (2). Les hommes et les animaux qui traversent le Désert sont exposés à mille dangers. Alexandre, en se rendant à l'oasis de Jupiter-Ammon, manqua de mourir de soif avec toute son escorte (3). L'armée de Cambyse et une foule de caravanes ont péri (4) probablement par la même cause ou par les effets du *simoum*, vent empoisonné, chargé de principes délétères qui deviennent mortels quand ce vent se prolonge au delà de quelques jours (5). D'ailleurs, la chaleur, la fatigue, les miasmes malfaisants qu'exhalent certaines régions du Désert, et l'obligation de veiller ou de marcher pendant la durée des tourbillons sablonneux, multiplient les chances de mort. Mais quant à ces déplacements subits de montagnes de sable capables d'engloutir des armées et des caravanes, aucun fait constaté, aucune observation sérieuse n'autorise à leur donner créance. Il n'est nullement nécessaire d'invoquer des phénomènes surnaturels pour justifier la gravité du fléau. La description suivante qu'a faite Ali-Bey (Badia) du désert voisin de Mogador

(1) Clot-Bey, *Aperçu général sur l'Ég.* vol. I, page 21.
(2) *Id.*, *Aper. gér. sur l'Ég.*, t. I, page 24. — Ritter, t. III, p. 349.
(3) Quinte-Curce, liv. IV, chap. VII. — Belzoni, voy. t. II, p. 173.
(4) Hérodote, III, 26. — Jackson's Account, p. 284.
(5) Volney, *Œuv. comp.*, vol. II, p. 31. — Savary, *Lett. sur l'Ég.*, vol. II, p. 175.

dans le Maroc, donne une idée très-nette des mouvements qu'éprouvent les sables :

« Le sable est d'une finesse tellement subtile qu'il forme « sur le terrain des vagues entièrement semblables à celles « de la mer. Ces vagues sont si considérables que dans peu « d'heures une colline de vingt à trente pieds de hauteur « peut être transportée d'un endroit à un autre; mais ce « transport ne se fait pas subitement, comme on le croit « communément, et il n'est pas capable de surprendre et « d'enterrer une caravane qui marche. Il est facile même « de décrire la manière dont s'opère ce transport : le vent « traînant continuellement le sable de la surface avec rapi- « dité, on voit bientôt la surface du terrain baisser sensible- « ment de plusieurs lignes à chaque instant. Cette multi- « tude de sable qui augmente à chaque moment dans l'air « par les vagues successives, ne pouvant se soutenir, tombe « et s'amoncelle pour former une nouvelle colline, et l'en- « droit que le sable occupait auparavant reste de niveau, « comme s'il eût été balayé. Cette quantité de sable qui « vole en l'air est telle, qu'il faut prendre le plus grand soin « pour éviter d'avoir la figure battue. Il faut surtout bien « se garantir les yeux et la bouche (1). »

Maintenant que nous connaissons toute la gravité de ce terrible fléau des sables, il ne faut pas demander si la civilisation égyptienne en fut préoccupée, ni même si elle en sut triompher; son ancienne prospérité le dit assez. Toute la question est de savoir par quels travaux, par quels systèmes de défense l'Egypte fut garantie, pendant tant de siècles, des incessantes attaques du Désert.

M. Jomard est, je crois, le premier savant qui se soit livré à des recherches sérieuses sur les moyens employés contre

(1) *Voyage d'Ali-Bey el Abbassi*, (Badia) *en Afrique*, édit. 1814, vol. 1, p. 256.

ce fléau par les anciens Egyptiens. Il a prouvé, à l'aide d'une grande érudition et d'une observation attentive des lieux signalés par les historiens, que les plantations d'acanthe ou acacia épineux, entretenus anciennement avec tant de soin sous le nom de *bois sacrés*, n'avaient d'autre objet que de contenir les dunes sablonneuses. Il a reconnu que les digues et les canaux servaient à protéger les terres cultivées ; et qu'enfin, dans de certaines localités, on avait élevé des murailles contre les sables.

Comme il s'agit de questions fort peu connues on me pardonnera de multiplier les citations. Voici d'abord un passage des recherches de M. Jomard sur les *bois sacrés* :

« J'ignore, dit-il dans sa description des antiquités d'A-« canthe, où était placé le *bois sacré* qui, selon Strabon, « était auprès de cette ville. Ce bois était composé d'acan-« the ou d'épines, c'est-à-dire d'acacia épineux de l'espèce « appelée en arabe *sount*. C'est un arbre propre à l'Egypte, « ainsi que le dit Théophraste. De là le nom donné à la ville « aux environs de laquelle ce bois était planté. J'ai déjà « parlé plusieurs fois de l'usage qu'en faisaient les anciens « Egyptiens, selon ma conjecture... Je ferai remarquer que « trois choses confirment mon sentiment : la première que « Strabon donne ici au bois d'acanthe le nom de *forêt sacrée* ; « l'autre que le nom de cet arbrisseau a été imposé à une « ville, ce qui en fait voir assez l'importance ; la troisième « que cette ville est au bord du désert comme l'était Aby-« dos (où il y avait également un bois sacré d'après Athé-« née.) Ces bois d'acacia étaient appelés sacrés, selon moi, « parce qu'il était défendu d'y toucher. Leur destination « étant d'arrêter les sables du désert et de protéger la terre « d'Osiris ; on comprend avec quel soin religieux ils de-« vaient être conservés (1). »

(1) M. Jomard, *Desc. de l'Ég. ant.*, vol. II, chap. XVI, page 75.

Voyons maintenant ce que dit M. Jomard des murailles ou enceintes en briques crues qu'il reconnaît avoir été destinées contre les sables :

« C'est là l'explication de ce grand nombre de murailles « qui existent à l'entrée des déserts de Libye et quelquefois « assez loin dans les sables. Elles portent partout le même « nom d'*hayt-el-agouz*, les *vieilles murailles* ou les mu- « railles de la *vieille*, ce qui annonce assez leur origine. « Elles sont d'ailleurs très-épaisses et de fortes dimensions « comme toutes les anciennes murailles des Egyptiens.

« On ne peut guère douter que l'enceinte qui environne « les temples d'Ombos, sur la rive droite, n'ait été destinée « dans le principe à la préserver des sables qui affluaient « dans le temps des vents d'est. Beaucoup d'autres enceintes « qu'on voit encore aujourd'hui, ont eu sans doute la même « destination. J'ignore à quelle époque il faut rapporter la « construction d'un mur en briques, très-massif, situé à « l'extrémité méridionale des murs d'Abydos ; mais, soit « que les parties subsistantes de cette muraille soient les « restes d'ouvrages égyptiens, soit qu'elle appartienne à une « époque moins reculée, il est extrêmement vraisemblable « qu'elle a été bâtie pour arrêter les sables du désert. Quoi- « qu'elle soit en partie cachée sous les sables, il est certain « que, si l'on en eût bâti une pareille plus au nord, elle au- « rait garanti le palais de Memnon et les autres édifices (1). »

Quant aux canaux qui paraissent avoir un rôle important dans cet ensemble de dispositions contre le désert, M. Jomard pense que ceux qui longent la chaîne Libyque depuis Girgeh jusqu'à la mer, et particulièrement le canal Jousef, furent surtout destinés par les Egyptiens à servir de limite aux sables que la chaîne Libyque ne peut arrêter. Ces

(1) M. Jomard, *Desc. de l'Ég. ant.*, vol. II, chap. XI, page 4.

sables très-fins, que le vent parvient à enlever au-dessus de la montagne, viennent tomber sur le versant opposé, et y forment des dunes escarpées dont le pied touche au canal; de telle sorte que ces matières pulvérulantes, entraînées peu à peu dans le canal, y sont continuellement charriées vers la mer par la rapidité du courant, surtout pendant les hautes eaux.

« Il faut avoir vu la rive gauche du canal Jousef, ajoute « M. Jomard, pour apprécier la justesse de ces idées, si, en « effet, elles ont quelque fondement. Un talus élevé, pres- « que perpendiculaire, formé de sable fin et délié, compose « dans maints endroits cette rive désolée; tandis que la rive « droite du canal tout à fait plane, couverte d'un pur limon « et sans mélange de sable, reçoit les plus riches cultures ; « mais partout où le canal est comblé ou sans eau, les sables « ont pu le traverser, et ils s'avancent de plus en plus jus- « qu'à menacer les rives elles-mêmes du fleuve. Je ne cite « pas ici l'exemple de la rive gauche de la branche de Ro- « sette, parce qu'il est plus connu. Mais il est impossible de « voir les hautes dunes d'Abou-Mandour, celles où Rosette « elle-même est en partie ensevelie, toute la rive gauche, « depuis la tête du canal qui se jette dans le lac Maréotis « jusqu'à Ouardan, et de regarder ensuite sur la rive droite « les riantes prairies du Delta, sans se demander si le Nil, « venant à changer de cours, ces montagnes colossales, ne « se précipiteraient pas bientôt sur la rive opposée (1). »

Je termine cet exposé des moyens employés contre les sables par une dernière citation qui confirme pleinement les conjectures de M. Jomard.

« Les vents d'ouest et du nord-ouest dont nous venons « d'expliquer l'origine, dit Girard, chassent devant eux les

(1) M. Jomard, *Desç. de l'Ég. ant.*, vol. II, chap. XII, page 23.

« sables de la Libye, qui auraient depuis longtemps envahi « l'Egypte, s'ils n'avaient été forcés de s'accumuler en dunes « sur sa limite occidentale. Certains arbrisseaux servent de « points d'appui à ces dunes, et opposent au progrès des « matières pulvérulentes, dont elles se forment, le seul ob- « stacle qui puisse en arrêter le cours. Ces arbrisseaux « croissent sur les bords des canaux dérivés du Nil. Ainsi le « premier bienfait de ce fleuve est, comme on le voit, d'em- « pêcher que le pays qu'il arrose ne soit à jamais rendu « stérile par les sables qui tendent à s'en emparer. Le ca- « nal de Jousef, dans l'Egypte-Moyenne, et celui de Bahy- « reh dans la Basse-Egypte, sont les digues que l'art semble « avoir opposées depuis longtemps à cette irruption (1). »

Ainsi des enceintes, des digues, des murailles dans de certaines localités, des bois d'acacia épineux sur les bords du désert, d'autres arbrisseaux, comme le tamarix, le long des canaux pour aider à la formation des dunes, enfin des canaux pour entretenir la végétation de ces arbrisseaux, et enlever par le courant des eaux les matières pulvérulentes qui se détachent des dunes : tels sont les divers éléments connus du système de défense des Egyptiens contre les sables.

Que ce système soit complet ou non, qu'il ait été bien ou mal entretenu, depuis la décadence de l'ancienne civilisation égyptienne, on est du moins certain qu'il a puissamment contribué à protéger le bassin du Nil ; car l'Egypte est loin d'avoir perdu autant de son territoire que pourrait le faire supposer la gravité des irruptions dont elle a été victime sur certains points. Le colonel Jacotin n'estime ses pertes qu'à cinquante-deux lieues carrées, ou à la trente-deuxième partie des terres cultivables (2). M. Reynier pense égale-

(1) Girard, *Desc. de l'Ég., Hist. nat.*, vol. II, page 395.
(2) Col. Jacotin, *Desc. de l'Ég. mod.*, t. III, page 374.

ment que l'envahissement des sables depuis les temps modernes et malgré l'insouciance des Arabes, doit être peu considérable. Il a remarqué que la plupart des lieux indiqués par les anciens aux bords du Désert s'y retrouvent encore, que le canal Jousef n'est comblé dans aucune de ses parties, et qu'enfin une seule province, celle de Gizeh, paraît avoir subi des irruptions graves dont l'existence moderne soit parfaitement constatée (1).

Certes c'est un fait bien extraordinaire que le système de défense des Égyptiens, quoique abandonné à lui-même depuis tant de siècles, ait pu garantir si efficacement l'Égypte des dangers terribles qui la menacent. Il est beau de voir ce sol antique protégé même aujourd'hui par les travaux du peuple qui l'a rendu célèbre ; comme si le génie de Memphis et de Thèbes veillait encore sur la terre sacrée d'Osiris. De tout ce qui intéresse la science en Égypte, rien n'est assurément plus digne d'une attention sérieuse.

Examinons donc les différents éléments de ce système de défense, et voyons si ce que nous en connaissons suffit pour nous rendre compte de la sécurité de l'Égypte.

Un seul fait va nous faire apprécier la pensée générale du système connu, c'est l'aspect, la situation des sables qui règnent le long de la vallée, entre la chaîne Libyque et le grand canal de l'Ouest. « La lisière des terrains déserts qui « s'étend ordinairement sur les côtés de la vallée, parallèle- « ment au cours du Nil, et qu'il ne faut pas confondre avec « cette mer de sable qui se trouve de l'autre côté de la mon- « tagne dans le grand désert, comprend maintenant deux « espèces de sol bien distinctes : l'une, immédiatement au « pied de la montagne, est composée de sables, de cail- « loux roulés ; l'autre, composée de sables très-légers, re-

(1) Reynier, *Mémoire sur l'Égypte*, t. IV. page 6.

« couvre une étendue de terrain autrefois cultivable (1). »

Les choses parlent d'elles-mêmes. Ce que la chaîne Libyque ne peut retenir du tourbillon sablonneux poussé par les vents du Désert tombe au pied de la montagne, les parties lourdes plus près de la montagne, les parties légères plus avant dans la vallée, où elles rencontrent les plantations qui les accumulent en dunes au bord du canal.

Mais comment s'opèrent ces dépôts successifs? Comment le vent, après avoir soulevé les sables au-dessus de la chaîne Libyque, les abandonne-t-il au pied de la montagne, au lieu de les pousser dans l'intérieur de la vallée? Par un des principes les plus simples de l'aérostatique, on sait que si un corps solide et inébranlable est exposé dans l'espace à la percussion d'un courant élastique, le fluide qui contourne l'obstacle ne va occuper des lignes perpendiculaires à la partie postérieure du corps qu'à une certaine distance de ce corps, et suivant une courbe qui nous est encore inconnue : en d'autres termes, qu'un corps frappé par un courant d'air a sa surface postérieure à l'abri du courant; qu'enfin, derrière une chaîne de montagne une étendue de terrain plus ou moins considérable est garantie de l'action du vent. De là la nécessité, pour la navigation dans les vallées encaissées, de se servir de voiles très-élevées. En Égypte, par exemple, les djermes ou bateaux du Nil ont une voilure excessivement haute, et hors de proportion avec les habitudes de notre navigation fluviale (2).

Rien n'est donc plus facile que d'expliquer le phénomène de *l'arrêtement* des sables sur la lisière qui borde la vallée.

Les vents du rumb de l'ouest poussant devant eux des tourbillons de sable plus ou moins élevés, viennent frapper la chaîne Libyque. Là, de quelque manière que se compor-

(1) Girard, *Mémoire sur l'Égypte*, t. III, page 13.

(2) Norden, voy. édit. Langlès, vol. 1, p. 187.

tent les sables, par rapport à l'obstacle, le tourbillon s'arrête ou en totalité ou en partie, selon l'élévation de la montagne. La partie du tourbillon qui parvient à contourner l'obstacle est d'abord entraînée violemment dans la direction du vent par l'accélération de la vitesse, effet naturel de la compression du fluide contre l'obstacle. Mais comme les couches d'air qui occupent le pied de la montagne sont étrangères au mouvement des couches supérieures, les particules de sable n'étant plus soutenues, se dérobent bientôt à l'action de la vitesse pour venir, selon les lois de la pesanteur, se déposer à l'abri du vent, sur la lisière de terrain consacrée à les recevoir.

Invoquons ici l'autorité du baron Costaz. Quelques passages de son remarquable Mémoire sur les sables vont résumer tout ce que nous connaissons des lois qui règlent leurs mouvements.

« Il semble que les sables abandonnés au caprice des « vents devraient se disperser; mais il est des causes qui « tendent à les accumuler dans de certaines localités. Lors- « qu'un vent qui chasse du sable parcourt une plaine rase, « où aucun obstacle ne diminue sa vitesse, il n'y a pas de raison « pour que le sable s'arrête; car les circonstances qui l'ont « déterminé à se mouvoir dans le premier moment subsis- « tent toujours; mais si un objet quelconque s'élève au- « dessus de la surface commune et défend une portion de « l'espace contre l'action du vent, il se forme sous son abri « un dépôt de sable. C'est un fait dont la preuve s'offre con- « tinuellement à l'observateur qui voyage dans le Désert, et « qu'il est facile d'expliquer par le raisonnement.

« Nous pouvons, en effet, imaginer que l'espace abrité soit « enveloppé de tous côtés par une surface ou espèce de voûte « pénétrable, au-dessous de laquelle règne le calme, pendant « qu'au-dessus l'air est dans l'agitation. Dans cet état de

« choses, il est évident que tous les grains de sable que le « vent conduit très-près de cette surface sont précipités par « leur poids dans l'espace calme et y demeurent. Il n'est « pas nécessaire, au reste, que le calme soit absolu dans « l'espace abrité ; l'effet sera produit toutes les fois que les « obstacles diminueront la vitesse au-dessous du degré où « elle commence à mouvoir le sable.

« Ces effets se font remarquer dans toutes les parties du « Désert, où des causes quelconques favorisent la végéta- « tion, soit d'arbustes un peu rapprochés, soit de buissons « ou de broussailles ; les vents y perdent de leur vitesse et « déposent des sables qui couvrent bientôt toute la contrée ; « mais les plus grands amas se forment toujours auprès des « buissons et des arbustes, qui finissent même par être « ensevelis et par devenir les noyaux d'autant de petits « monticules. Si dans cette situation leur végétation con- « tinue, ainsi que j'en ai vu plusieurs exemples, le sable « s'accumule et monte de plus en plus ; la base du monti- « cule s'élargit et se réunit à celle d'autres monticules, for- « més dans le voisinage et agrandis par les mêmes causes. « Ces réunions produisent des massifs de sable assez consi- « dérables pour mériter le nom de montagnes.....

« Le mouvement progressif des montagnes de sable dé- « pend de l'action des vents, et s'exécute par un mécanisme « dont plusieurs fois j'ai vu le spectacle. Le vent, frappant « contre la face de la montagne la plus exposée au rumb, « d'où il arrive, enlève des grains de sable et les chasse « jusqu'à ce qu'ils parviennent dans l'espace abrité qui « existe au revers de la montagne. Là ils tombent comme « s'ils s'échappaient d'un tamis, et ils se disposent suivant « le talus qui convient à leur mobilité ; d'autres sables suc- « cèdent et se placent sur les premiers, de sorte qu'à chaque « instant le vent enlève une couche de sable de l'une des

« faces de la montagne et la dépose sur l'autre. Il se fait « ainsi, dans les deux faces, et par conséquent dans la « montagne, un déplacement suivant le sens où porte le « vent... (1). »

On peut donc maintenant se rendre compte du rôle des divers éléments du système connu. Les murailles élevées sur la chaîne Libyque, comme nous l'a fait connaître M. Jomard, servent sans doute, non-seulement à augmenter dans de certaines proportions l'obstacle que la montagne oppose aux tourbillons sablonneux, mais encore à remédier sur certains points à son défaut d'escarpement, à modifier ainsi la direction du vent, et à déterminer, par cet artifice, la chute des sables qui parviennent à contourner l'obstacle, sur une bande de terrain plus rapprochée du pied de la montagne. La même fonction doit être assignée aux autres éléments du système, aux bois d'acacia épineux entretenus au milieu des sables, comme aux plantations qui servent à former les dunes sur le bord des canaux. On peut enfin définir tout cet ensemble de dispositions un système d'escarpements artificiels destinés, non pas seulement à empêcher autant que possible les sables de déborder la chaîne Lybique, mais surtout à déterminer la chute des matières pulvérulentes sur des points rapprochés de la montagne, et à corriger ainsi le grand vice des pentes douces et insensibles qui, permettant au vent d'accompagner les sables jusqu'au sein de la vallée, causerait bientôt l'envahissement des canaux et des terrains cultivables.

Ici je dois faire une observation. On se demande si les sables, s'accumulant sans cesse sur la lisière de terrain qui borde la vallée, ne doivent pas augmenter chaque jour la grandeur du péril. Nous savons, en effet, que les dunes qui

(1) Costaz, *Déc. ég.*, vol. II, page 176.

longent le canal Jousef s'élèvent sur plusieurs points à des hauteurs prodigieuses. Mais la hauteur de ces masses sablonneuses est nécessairement limitée; car, outre la décharge des canaux, plus les dunes s'élèvent, plus les matières pulvérulentes dont elles se forment sont exposées à l'action des vents d'est qui les repoussent dans le désert.

Certes tout ce système est remarquable; et les illustres membres de la commission d'Égypte, qui nous en ont fait connaître les éléments, ont rendu un grand service à la science. Leurs travaux ne seront pas inutiles à l'avenir de l'Égypte. La nouvelle ère de civilisation qui commence sous les auspices d'un grand homme, pour cette contrée célèbre, en fait naître l'espérance.

II

Autre système de défense contre les sables,

LES PYRAMIDES.

Cependant, quelque admirable que soit le système de défense qui nous est connu, il s'en faut beaucoup qu'il explique complétement la sécurité de l'Égypte; car si l'on considère l'inefficacité de ces moyens sur plusieurs points et la gravité du danger sur plusieurs autres, on reconnaît bientôt une immense lacune dans l'ensemble de ces dispositions.

Nous avons vu que la montagne a deux fonctions distinctes : la première d'arrêter, selon son élévation, le tourbillon sablonneux, soit en totalité, soit en partie; la seconde de déterminer, par la direction qu'elle donne au vent à l'aide d'escarpements naturels ou artificiels, le dépôt, sur le bord de la vallée, des matières pulvérulentes dont elle n'a pu arrêter le passage. Mais qu'arrive-t-il quand la montagne présente une solution de continuité, quand une vallée traverse perpendiculairement la ligne de défense et vient déboucher de plain-pied dans le bassin du Nil? Ici les termes de la question sont entièrement changés, et la résolution du problème appelle des combinaisons nouvelles.

« Les lieux où débouchent les vallées, dit le savant Rit-

« ter, sont le vrai champ de bataille entre Osiris, Isis et « Horus, leur fils, contre Typhon et ses compagnons (1). »

En effet, à la place des deux éléments favorables du système connu, c'est-à-dire l'obstacle plus ou moins efficace opposé par la montagne au tourbillon sablonneux et la direction imprimée au vent, pour déterminer la chute des sables sur des points à l'abri du courant, nous avons trois éléments contraires :

1° Les vents, à la recontre de la vallée ouverte à travers la montagne, s'y précipitent avec ce redoublement d'énergie d'un courant élastique comprimé qui s'échappe par un orifice étroit ;

2° Le tourbillon sablonneux, dont la montagne arrêtait tout au moins les parties basses, et par conséquent les plus denses, les plus redoutables, arrive ici dans toute sa hauteur ;

3° Le vent rasant le sol du bassin du Nil, au débouché de la vallée, pousse devant lui la masse entière du tourbillon qui, ne trouvant, pour se soustraire à son action, aucun lieu à l'abri du courant, se précipite suivant l'impulsion reçue jusqu'au sein des champs cultivés.

Enfin, il est permis de croire qu'en raison de ces causes réunies les trombes, dont nous avons parlé, peuvent avoir une plus grande énergie au débouché d'une vallée que dans toute autre circonstance topographique.

Ainsi, selon que la vallée d'où arrivent les tourbillons du Désert est plus ou moins large, plus ou moins profondément creusée à travers la montagne, plus ou moins de niveau avec le bassin du Nil, le danger croît dans des proportions plus ou moins démesurées avec les ressources de la faiblesse humaine ; car il ne s'agit plus, comme dans le

(1) Ritter, *Géog. compar.*, vol. III, pag. 15.

système précédent, de corriger seulement les défauts d'escarpement de la montagne en ménageant des abris factices à l'*arrêtement* des sables, c'est la montagne elle-même qui est à créer.

Si donc, sur quelques points de son développement, la montagne Libyque se trouve percée de larges et profondes vallées, si la ligne de défense présente des ouvertures capables de donner passage à d'immenses tourbillons de sable, on ne concevra plus que des points si gravement exposés puissent être garantis par les moyens qui nous sont connus. Il faudra invoquer tout un système nouveau, extraordinaire, gigantesque, proportionné enfin à la grandeur du péril.

Eh bien! étudions avec soin la configuration de la chaîne Libyque, examinons attentivement la marche des envahissements sablonneux qu'ont subies certaines régions de la Basse-Égypte, et bientôt nous ne douterons plus qu'il n'y ait là quelque grande question encore enveloppée des ténèbres de l'histoire et de la science; nous serons convaincus que notre ignorance seule nous a caché jusqu'ici les plus grands éléments de la défense de l'Égypte; et nous aurons peut-être à restituer une page glorieuse à l'histoire de cette nation extraordinaire.

On n'a pas la mesure exacte des montagnes qui encadrent l'Égypte, mais ce que l'on sait par approximation de l'aspect, de la hauteur, du mouvement et de la direction de l'une et l'autre chaîne, suffit pour apprécier les faits que nous avons à considérer.

La chaîne Arabique, lorsqu'elle forme le Mokattam, près du Caire, arrive à peine à une hauteur de deux cents mètres; mais en avançant vers le sud elle s'élève progressivement. A soixante lieues du Caire, dans la province de Siout, elle atteint près de cinq cents mètres, et six à sept cents un peu au delà de Thèbes. Après s'être maintenue quelque temps à cette élévation elle s'abaisse insensiblement jusqu'à la hauteur de la première cataracte, où, dans le voisinage du Nil, elle ne forme plus que de simples collines, pour se relever plus loin à la hauteur qu'elle a dans la Moyenne-Égypte (1).

La chaîne Libyque obéit à peu près aux mêmes mouvements. On dit généralement qu'elle est plus basse que la chaîne Arabique, mais les observations de Rosière, dans son Mémoire sur la constitution de l'Égypte (2), ne permettent pas de douter que cette opinion ne soit une erreur. Comme Rosière, Clot-Bey reconnaît que l'apparence seule a donné à cette montagne son renom d'infériorité. Plus éloignée que la chaîne orientale des eaux du Nil, elle ne paraît souvent, vue des bords du fleuve, qu'une bande de vapeurs indécises (3). Sa forme inclinée, son défaut d'escarpement, et surtout les monticules de sable formées en avant de la chaîne sur la lisière de terrain déserte qui longe la vallée, contribuent à masquer son élévation réelle (4). Il paraît donc que depuis la Basse-Égypte jusqu'à Girgeh, elle forme une barrière d'environ cent quatre-vingts mètres, à peu près égale sur tous les points, sauf à l'entrée des vallées dont nous aurons à parler; qu'à Girgeh elle commence à s'élever rapidement jusqu'à Dendérah, où elle atteint sa plus grande hauteur, puisqu'elle diminue un peu près de Thèbes, s'abaisse encore près d'Esneh, en conservant toutefois une plus grande élévation que la montagne de la rive opposée; qu'enfin, près de l'île Éléphantine, les masses de gneiss dont elle est formée dans la Thébaïde supérieure, surpassent en

(1) M. Huot, *Contin. de Malte-Brun*, édit. 1841, tom. V, page 406.
(2) Rosière, *Descr. de l'Egypte*, Histoire naturelle, vol. II, pag. 437.
(3) Clot-Bey, *Aperçu gén. sur l'Egypte*, tom. Ier, pag. 9.
(4) Rosière, *Descr. de l'Egypte*, Histoire naturelle, tom. II, pag. 438.

élévation les rochers granitiques qui dominent la rive droite du Nil (1).

Mais si la chaîne Libyque présente une ligne de défense plus imposante qu'on ne le pense communément, les pentes inclinées de son versant occidental lui font perdre en grande partie les avantages de son élévation; car, tandis que à l'est du Mokattam les montagnes qui se dirigent sur la mer Rouge et l'isthme de Suez vont toujours en s'élevant, la chaîne occidentale, au contraire, s'abaissant sans cesse à mesure qu'elle s'avance dans le désert de Libye, offre, par cette fâcheuse disposition, un accès plus facile aux tourbillons sablonneux (2).

On voit par ces données que le massif dans lequel est creusé le bassin de l'Égypte présente deux inclinaisons, l'une conforme au cours du Nil du sud au nord, l'autre dirigée de l'est à l'ouest, des bords la mer Rouge au désert de Libye. Ces deux inclinaisons combinées donnent ainsi pour résultante de la pente générale du massif une ligne tracée du sud-est au nord-ouest et déclinant un peu vers l'ouest (3), ligne qui, conduite des sommets de la chaîne Arabique sur la Basse-Égypte, passerait entre le Fayoum et le Delta, en traversant la province de Gizeh et s'engageant dans la vallée du *Fleuve-sans-eau*.

Quant à la configuration des deux versants qui regardent la vallée du Nil, et pour compléter cette description par des faits déjà connus, il faut distinguer la Thébaïde du reste de l'Égypte. « Dans la Haute-Égypte, disent MM. Jollois et « Devilliers, la chaîne Libyque n'est accessible qu'en un pe« tit nombre d'endroits : elle offre partout des bords escar« pés et des rochers à pic. La chaîne Arabique, au con-

(1) M. Huot, *Contin. de Malte-Brun*, édit. 1841, tom. V, pag. 406.
(2) Rosière, *Descr. de l'Eg.*, Histoire naturelle, vol. II, pag. 437.
(3) Clot-Bey, *Aperçu gén. sur l'Egypte*, tom. I, pag. 9.

« traire, présente une multitude de monticules disposés sur « une pente douce, et dont l'origine est fort éloignée des « points les plus élevés de sa sommité (1). »

Dans la Moyenne et la Basse-Égypte la disposition des montagnes est assez inverse. « La chaîne Arabique, dit Rosière, présente, dans son sa partie septentrionale, des escarpements semblables à de longues murailles formées « d'assises horizontales. Le nom de *Gebel-el-Mokattam*, « montagne taillée, qu'elle porte dans ce pays, lui a été « donné sans doute à cause de ses formes escarpées... La « chaîne Libyque laisse voir au contraire, dans sa partie sep- « tentrionale, un talus peu rapide, des formes mousses et « arrondies, et descend quelquefois par de larges degrés ou « des pentes douces jusqu'à la plaine cultivée (2). »

Après ces traits, qui suffiraient à eux seuls pour nous rendre compte des parties faibles de la ligne naturelle de défense du bassin du Nil, et nous faire apprécier l'importance de cet ensemble de dispositions dont la chaîne Libyque a été l'objet depuis Girgeh jusqu'à la mer, il ne nous reste plus qu'à examiner quels points de la défense peuvent présenter des dangers supérieurs à ceux qui nous sont connus.

Ici notre tâche est facile. Un simple coup d'œil jeté sur la carte d'Égypte nous fait apercevoir aussitôt la région du bassin du Nil, où doivent se diriger nos recherches. C'est dans le sens même de l'inclinaison générale du grand massif de l'Égypte du sud-est au nord-ouest; c'est sur la chaîne Libyque au point où finit la Moyenne et commence la Basse-Égypte; c'est enfin dans la province de Gizeh, entre le Delta et la grande coupure du Fayoum qu'un vaste dérangement de la chaîne Libyque appelle notre attention.

(1) Jollois et Devillers, *Descr. de l'Egypte, ant.*, tom. I, chap. IX, pag. 19.

(2) Rosière, *Descr. de l'Egypte*, Histoire naturelle, vol. II, pag. 438.

Dans le reste de l'Égypte, et sur tout le développement des deux chaînes de montagnes, on ne remarque aucune grande ouverture, aucune vallée proprement dite. Il existe des ravins, des gorges étroites formées par les torrents éphémères de l'hiver (1), mais pas de dérangement sérieux dans la ligne de défense. Les ravins les plus considérables, comme la vallée de Kosseir, se trouvent dans la chaîne Arabique, et ils sont peu sablonneux (2). Cependant, à l'entrée des gorges de l'une et de l'autre chaîne, dans la Haute et Moyenne-Égypte, plusieurs villes, Ombos, Abydos, Antéopolis (3), ont subi, comme nous l'avons dit, des irruptions sablonneuses plus ou moins graves; mais on ne saurait voir, dans ces accidents, des faits d'une nature extraordinaire. Nul doute que, sans la barbarie qui a succédé à l'ancienne civilisation égyptienne, ces villes n'eussent été préservées, comme elles le furent pendant des siècles, par l'entretien des bois sacrés et la constante application des moyens connus; car il était facile de prolonger le système de défense, les murailles et les plantations, de chaque côté et jusqu'au sommet de ces ravins escarpés, c'est-à-dire de défendre ces petites gorges comme la vallée du Nil elle-même. Mais dans la province de Gizeh les faits de cette nature prennent de si vastes proportions qu'on ne peut rien leur comparer. Il ne s'agit plus de gorges, de ravins, de vallées étroites à peine tracées dans la montagne; mais de deux grandes vallées de quarante lieues de long, de trois à quatre de large, qui toutes les deux encombrées de sable, et devenues, probablement depuis des milliers d'années, en partie ou en totalité, la proie du désert, viennent déboucher par différentes ouvertures sur le bassin du Nil. La

(1) *De l'Egypte après la bataille d'Héliopolis*, pag. 3.
(2) Ritter, vol. II, page 508-513.
(3) M. Jomard, *Descr. de l'Egypte antique*, vol. II, chap. XII, pag. 21.

partie de la chaîne Libyque traversée par ces grandes coupures est donc sans aucun doute le défaut de cuirasse de tout le système de défense. C'est là que la civilisation égyptienne dut concentrer tous ses efforts ; là que nous aurons à chercher les traces de ses plus grands travaux et de ses plus glorieux triomphes sur le Désert.

Examinons attentivement les diverses circonstances qui peuvent faire apprécier l'importance de ce point (1). (Pl. I.)

On voit par la configuration physique de l'Égypte, qu'à partir de la grande dépression du Fayoum, la chaîne Libyque, en courant au nord, paraît avoir subi un dérangement considérable dans son mouvement primitif. Jusqu'à la coupure du Fayoum, elle ne formait, en descendant de la Haute-Égypte, qu'une seule ligne parallèle au cours du fleuve. Mais après avoir jeté un vaste plateau entre le Fayoum et la vallée du Nil, arrivée à la hauteur de Memphis, elle se divise tout à coup en trois branches parallèles courant ensemble trente à quarante lieues vers le nord-ouest jusqu'au point où la plus septentrionale, qui longe le Delta, va se lier aux ramifications du littoral de la Méditerranée, et la plus méridionale aux monts Mogarah. Ces trois branches ont ceci de commun, que leur partie la plus élevée est au point où elles quittent la vallée du Nil et qu'elles s'abaissent insensiblement, en s'avançant au nord-ouest, selon le mouvement général d'inclinaison du massif où est creusé le bassin du Nil (2).

Mais sans insister sur la configuration des trois embranchements de la montagne Libyque, il faut parler des deux grandes vallées qui résultent du parallélisme de ces trois chaînons, car c'est surtout ce qu'il importe de considérer.

(1) Voir la *Carte de la province de Giseh*, planche I.

(2) Rosière, *Constit. phys. de l'Ég.*, *Desc.*, *Hist. nat.*, t. II, p. 438.

La première et la plus méridionale est la vallée du *Fleuve-sans-eau* qui, à une époque très-reculée, communiquait probablement avec celle du Nil à la hauteur de l'ancienne Acanthe, c'est-à-dire vers Dahchour, et participait aux bienfaits de l'inondation; il est même vraisemblable que c'était l'ancien lit du fleuve. La seconde est la vallée des *Lacs-Natron*, qui débouche pareillement sur la vallée du Nil, en face de Gizeh, et par un col élevé d'environ quarante mètres au-dessus des eaux du fleuve. Cette dernière n'a jamais communiqué avec le Nil, mais l'on peut croire, à en juger par le peu d'obstacle qu'elle opposait au percement d'un canal analogue à celui du Fayoum, que sans la situation critique de cette vallée, par rapport au Désert, la civilisation égyptienne n'eût pas manqué de la relier également au système du Nil.

Quoi qu'il en soit, on voit par la position des deux vallées du *Fleuve-sans-eau* et des *Lacs-Natron* que la première, longeant le désert de Libye, doit être la plus encombrée; et c'est, en effet, ce qui a été parfaitement constaté par les observations du général Andréossy, dans son Mémoire sur ces deux vallées.

Après avoir décrit cette vallée, qu'il représente comme couverte de sables sur toute son étendue, le général ajoute: « Il en est de ces sables comme de ceux qui sont dans la « vallée du Nil; les vents les ont soulevés de dessus les pla- « teaux situés à l'ouest. La vallée de Natron et celle du « *Fleuve-sans-eau* n'étant séparées que par une crête peu « large, la première n'a presque point participé à ces mou- « vements de sables, quoique cette vallée ait à sa droite ou « à l'est le vaste plateau qui la sépare du Nil. Ceci indique « évidemment une marche des sables de l'ouest à l'est. « Leurs progrès ont été depuis longtemps assez sensibles

« pour donner les plus sérieuses inquiétudes sur le sort de « la plus riche partie de l'Égypte, celle qui longe la rive « gauche du Nil (1).

On peut donc, d'après ces données, décrire presque avec certitude la marche qu'ont dû suivre les invasions sablonneuses. La vallée du *Fleuve-sans-eau* reçut le premier choc du désert. Parvenus au faîte de la première chaîne, et se déversant continuellement dans la vallée, les sables finirent par l'envahir sur toute son étendue. Cette belle vallée, de plus de quarante lieues de long sur trois à quatre de large, fut ainsi ravie à l'Égypte; mais le Désert ne s'en tint pas là. Une fois la vallée du *Fleuve-sans-eau* occupée, les vagues de sables pouvaient être soulevées par les vents à la haûteur des anfractuosités de la seconde chaîne, et la partie de la vallée des *Lacs-Natron*, la plus rapprochée du Nil, fut à son tour envahie. Enfin la troisième chaîne, également débordée, laissa l'invasion s'étendre jusque sur les flancs du Delta, où elle a formé le petit désert qui longe le côté occidental du triangle (2).

Certes, voilà de bien grands désastres, mais combien n'eussent-ils pas été plus épouvantables si le Désert, une fois maître de l'entrée de la vallée du *Fleuve-sans-eau*, au lieu de prendre la direction du nord-est, et d'escalader, en quelque sorte, trois chaînes de montagnes, eût au contraire marché à l'est et fait irruption sur le Nil. Que serait-il arrivé de cet immense encombrement dans la vallée? Memphis enseveli sous les dunes mouvantes; tout le pays entre la Moyenne et la Basse-Égypte conquis au Désert; le Nil lui-même embarrassé dans son cours et charriant sans cesse

(1) Général Andréossy, *Descr. de l'Egypte moderne*, Mémoires, tom. I, p. 289.
(2) Ritter, *Géog. comp.* vol. III, p. 122.

les sables sur les plaines du Delta, le génie du bien, enfin, forcé de devenir le complice du génie du mal : tel est le tableau qu'on peut se faire d'une telle catastrophe.

Or, par quel enchantement le fléau fut-il conjuré? comment concevoir qu'après avoir débordé la chaîne Libyque et envahi les ouvertures des deux vallées qui débouchent sur le Nil, ces énormes masses de sable poussées par les vents d'ouest et surtout de nord-ouest qui balayent ces deux vallées dans toute leur étendue, n'aient point été précipitées sur le fleuve?

Et en effet, je le répète, il ne saurait être ici question de ces irruptions de la Haute et même de la Moyenne-Égypte, que le système de défense connu suffisait à contenir, irruptions qui ne correspondent qu'à d'étroites gorges dans les montagnes, qu'à de faibles ouvertures à peine indiquées par les cartes. Ici, et sans rechercher encore de quelle manière les deux grandes vallées communiquent avec le bassin du Nil, on peut être certain, d'après le mouvement et la configuration des branches de montagnes dont elles sont formées, que leurs débouchés sont d'immenses portes ouvertes au Désert. Il est donc permis de croire que sur des points si gravement exposés, il ne s'agissait pas de créer seulement des abris factices pour déterminer la chute des sables au bord des terrains cultivés, mais bien d'empêcher de vastes tourbillons d'aborder le bassin du Nil, de les arrêter aux portes mêmes du Désert, et peut-être de combler les lacunes de la montagne par des montagnes mêmes.

On trouvera peut-être ces suppositions bien hasardées; mais qu'importent les témérités? Si elles peuvent nous conduire à de grandes découvertes, elles rentrent dans le domaine de la raison; il ne s'agit pas d'ailleurs d'idées nouvelles, préconçues, de vagues rêves d'imagination. C'est un sentiment général, qui date depuis des siècles parmi les

Arabes, que la province de Gizeh, plus particulièrement exposée au fléau des sables, ne doit son existence qu'à des causes surnaturelles (1). Ces peuples, frappés sans doute de la gravité des dangers qui menacent cette province, et par la comparaison des circonstances topographiques plus ou moins favorables aux attaques du Désert, et par la connaissance des masses de sable amoncelées à l'entrée des vallées qui débouchent près des ruines de Memphis (2), ont invoqué la superstition pour expliquer la sécurité de cette province. Ils supposent que des talismans placés au bord du Désert par les anciens Égyptiens, et particulièrement le sphinx de Gizeh, ont pu seuls garantir cette partie de l'Égypte de la destruction (3). Or, ce sentiment n'est pas seulement le partage du bas peuple en Égypte; il se rencontre dans les ouvrages des plus anciens et des meilleurs auteurs arabes (4). Voici par exemple le récit d'Abd'er-Rachid-el-Bakouy, dans sa description de l'Égypte écrite l'an 815 de l'hégire, ou 1412 de notre ère, et traduite par M. Marcel. Le merveilleux répandu dans ce passage ne fera que mieux ressortir la gravité des causes qui ont pu exalter à ce point l'imagination du géographe arabe.

« Gizeh. Cette contrée, située sur la rive occidentale du « Nil, en face du Caire, est célèbre par les talismans que « l'on y a placés contre les sables. On y remarque surtout la « statue antique connue sous le nom d'Abou-l-Houla (le « sphinx). Ce monument a été élevé pour empêcher par sa « vertu talismantique que le pays ne soit entièrement en- « glouti par les sables mouvants qui s'étendent derrière lui, « du côté du couchant, et qui y forment comme une vaste

(1) Le général Andréossy, *Descr. de l'Eg.*, *Etat moderne*, Mém., vol. I, p. 290.

(2) Al-Macrizi, dans Langlès, *Mémoire sur les Oasis*, pag. 365.

(3) M. Jomard, *Descr. de l'Egypte ant.*, vol. II, chap. XVIII, pag. 90.

(4) Norden, *Voyage d'Egypte*, édit. Langlès, tom. III, pag. 342.

« mer où il n'est possible à nul homme de pénétrer.

« L'espace immense qu'occupe actuellement cet océan de « sables était anciennement une contrée fertile et habitée, « remplie de villes considérables et de villages nombreux; « mais tout a été enseveli sous une inondation subite de sa- « bles que les tourbillons des vents y ont transportés. On « rapporte qu'au milieu des monticules variables formés « par les sables accumulés, on aperçoit dans le lointain une « colonne de marbre qui s'élève encore au sein de l'espace, « mais à laquelle il a toujours été impossible de parvenir.

« C'est là où se trouvait la ville construite par Féraoum, « où il voulait se faire adorer comme un dieu ; mais elle a « disparu entièrement, abîmée sous les sables. C'est là « aussi où l'on voyait la prison dans laquelle fut renfermé « Jousef-es-Ssadyq (Joseph le Juste), et l'on y remarque en- « core les restes de la porte d'un palais dont la structure « était magnifique, et dont les vestiges excitent l'admira- « tion (1). »

Ainsi, le sentiment de tout un pays, des savants comme du peuple, est d'accord avec le raisonnement pour autoriser cette opinion, que la province de Gizeh, par sa position géographique et topographique, était réellement menacée d'une invasion sablonneuse hors de toute proportion avec les irruptions auxquelles les autres parties de l'Égypte peuvent être exposées; qu'elle n'a pu être garantie du fléau sans d'immenses travaux, sans d'immenses efforts; qu'enfin, par les raisons exposées plus haut sur les dangers particuliers qu'offre l'ouverture des grandes vallées, les moyens artificiels de défense qui nous sont connus ne sauraient expliquer suffisamment la protection dont jouit cette province.

(1) *Géogr. d'Abd'er-Rachid*, traduite par J.-J. Marcel, *Décade égypt.*, vol. III, pag. 151.

Par quels moyens, par quels travaux l'Égypte sut-elle donc détourner cette grande invasion? Nous essayerons bientôt de le découvrir en examinant les lieux déterminés par les études précédentes. Mais il importe auparavant de se reporter vers une autre contrée de l'Afrique également exposée aux ravages du Désert, où des faits analogues, de date beaucoup plus récente, pourront nous aider à mieux apprécier les choses extraordinaires que nous aurons à considérer dans la vallée du Nil.

De tous les États barbaresques, l'ancien royaume de Souse, au midi du Maroc, qui est le plus voisin du Désert, est aussi le plus exposé à ses ravages. Le territoire de ce pays paraît avoir subi par cette cause des bouleversements considérables (1). On voit encore au sud de ce pays, entre le cap Badajoz et le cap Noon, le lit d'un grand fleuve desséché qui doit avoir arrosé jadis de vastes et fertiles contrées (2). Les tribus arabes qui errent aujourd'hui sur ses rives désolées n'en font remonter le dessèchement qu'à une époque voisine de l'invasion arabe. Selon toutes les probabilités, ce serait l'ancien lit du Darah (3), aujourd'hui perdu dans les sables au sud-est de la province de ce nom, avec plusieurs autres rivières descendues comme lui des versants orientaux du Grand Atlas; et l'on serait ainsi fondé à croire, de cette circonstance et de la similitude des noms, que c'était le *Daradus* de Ptolémée (4), tant cherché par les géographes (5). Mais sans approfondir cette question, étrangère à notre sujet, il est certain qu'il existe aujourd'hui entre la mer et les derniers rameaux de l'Atlas, des

(1) Jackson's, *Account of Marocco*, 2e édit., pag. 46-269.
(2) J. Riley, *Relat. de son Naufrage*, tom. Ier, pag. 192.
(3) K. Ritter, *Géogr. comp.*, vol. III, pag. 338.
(4) Ptolomée, liv. Ier, chap. 4.
(5) Jackson's Account, pag. 9.

courants sablonneux qui rendent les côtes de Souse presque inhabitables (1). Et c'est peut-être cette circonstance qui, en empêchant cet ancien royaume mauresque, au temps où il ne le cédait en civilisation qu'à Grenade et à Cordoue, de fonder des établissements maritimes, hâta sa décadence. Mais le fait capital qui deviendra le sujet de considérations importantes à présenter, c'est la catastrophe qui mit fin à l'existence des colonies portugaises sur cette côte.

On sait que vers la fin du quinzième siècle, à la suite des découvertes du prince Henri *le Navigateur*, les Portugais fondèrent sur différents points de la côte du Maroc des établissements qui, sous le règne d'Emmanuel, avaient acquis une certaine importance (2). Ils étaient devenus le centre d'un commerce très-actif entre Tombouctou et les États barbaresques, et formaient des points d'appui très-précieux pour la navigation portugaise le long des côtes occidentales de l'Afrique; mais, en moins d'un siècle, ils disparurent complétement. En 1536, Agadir ou Sainte-Croix fut prise par Muley-Hamed (3); les villes plus au nord, comme Mamora et Mazagan, tombèrent également au pouvoir des Marocains, après la fatale bataille d'Alcaçar-Quivir (1578); et quant aux établissements situés sur la côte de Souse, ils eurent la destinée la plus extraordinaire. Il paraît que ces malheureuses villes, ou tout au moins l'une d'elles, située à l'embouchure de la petite rivière de Schelem, furent envahies et détruites par les sables. (*Note V.*)

Toutefois, et ceci est digne d'intérêt, les Portugais n'abandonnèrent pas au Désert leurs établissements sur cette côte, sans avoir essayé de lui en disputer la possession. Dès

(1) Ritter, vol. III, pag. 341.

(2) Thomas Bourke, esq., *History of the Moors in Spain.*

(3) W. Lamprière, *A tour to Morocco*, 1813, page 124.

qu'ils s'aperçurent de l'encombrement des sables et se virent sérieusement menacés par ce fléau si nouveau pour eux, ils s'occupèrent avec activité d'opposer de hautes murailles à l'invasion; mais ce moyen fut impuissant. Les sables s'accumulant sans cesse derrière l'obstacle, ne tardèrent pas à le déborder; de sorte qu'après avoir vainement tenté de résister à l'invasion en augmentant l'élévation des digues, les Portugais n'eurent plus qu'à déserter ces plages désolées.

Pour peu que l'on réfléchisse au caractère essentiel des mouvements sablonneux du désert, on sent combien le système des Portugais était vicieux; et en effet, la mobilité des sables les soumettant au caprice des différents vents, il en résulte que, dans les plaines et lieux découverts, le Désert ne saurait, sans cause particulière, former des dépôts permanents. Les côtes de Souse, qui probablement depuis des siècles sont exposées au passage des tourbillons sablonneux, ne sauraient être sensiblement exhaussées; ce que les vents du sud y amènent du Désert, est renvoyé au Désert par les vents opposés. Mais le système des villes portugaises avait cet inconvénient énorme que les sables accumulés par les vents du sud contre des murailles ou digues continues, s'y trouvant à l'abri des vents contraires, formaient des couches permanentes, dont la masse s'élevant sans cesse devait finir par déborder sur ces malheureuses cités et les envahir.

On voit qu'il s'agit ici d'une question nouvelle. Dans le premier système de défense des Égyptiens, nous avons reconnu toute l'importance des murailles élevées sur différents points de la chaîne Libyque. C'est qu'elles ont, en effet, pour fonction, non-seulement de retenir la masse de sable accumulée contre l'obstacle, mais encore de laisser déposer sous leur abri le tourbillon qui parvient à les déborder, de corriger le défaut d'escarpement de la montagne, de détourner enfin la direction du vent, pour dérober les sables à son influence et les empêcher par cet artifice de dépasser la grande lisière de terrain abandonnée aux souillures du Désert, comme une part faite à Typhon sur le domaine d'Osiris. Mais ici, contre de terribles tourbillons qu'il ne s'agit plus de laisser paisiblement se déposer, mais d'arrêter en totalité, il est évident que la question change de nature. Aussi avons-nous vu, outre l'exemple de la côte de Souse, que les digues élevées à l'entrée de la vallée d'Ombos n'ont pu protéger cette ville. Tâchons de résumer clairement tout ce qui concerne cette question particulière des digues ou murailles continues.

Si une muraille occupe le sommet d'un mouvement de terrain, la crête d'une colline, d'une montagne, son élévation, calculée sur la hauteur du tourbillon qui pourrait déborder la montagne, doit, sans aucun doute, arrêter le tourbillon tout entier, puisque les sables, en raison de l'inclinaison du massif qui sert de base à la muraille, ne sauraient s'établir d'une manière permanente contre l'obstacle, et s'élever progressivement à son niveau. Il est donc probable que si la hauteur des murailles sur des points particuliers du sommet de la chaine Libyque se trouve dans le rapport de l'élévation du tourbillon, ces murailles possèdent une efficacité complète, absolue, contre le fléau.

Mais si la muraille est, au contraire, placée en face d'une plaine sablonneuse, ou, ce qui est la même chose, d'une grande vallée perpendiculaire à la muraille, quelque élevée que soit cette muraille, les sables s'accumulant contre l'obstacle, et à l'abri des vents contraires, y élèveront un plan incliné dont l'origine peut se supposer à une telle distance de la muraille, que la pente insensible du plan n'opposera plus d'obstacle au tourbillon, et rendra par conséquent l'obstacle presque inutile.

On peut donc conclure de ce qui précède que, si Memphis et la vallée du Nil ont été effectivement garanties d'une grande invasion sablonneuse par un système particulier de défense, ce système n'a pu être constitué de digues ou de murailles continues, comme celui dont nous venons de parler, car il eût eu le même sort; mais qu'il a dû satisfaire à cette condition d'arrêter les sables poussés par les vents du Désert, sans les mettre à l'abri des vents contraires : ce qui ne saurait se concevoir que par des travaux d'une nature toute particulière et dont, *à priori*, nous ne saurions nous faire aucune idée raisonnable dans l'état de nos connaissances.

Et en effet, il n'est jamais arrivé que, depuis la tentative des Portugais, les Européens aient eu à lutter contre des obstacles de cette nature. C'est donc une question qui ne s'est pas présentée, et qui par conséquent n'a pas été étudiée. Aussi peut-on dire avec assurance que, si nous venions à être placés dans les mêmes circonstances que les Portugais, si nous avions, par exemple, des établissements sur la côte de Souse, nos plus grands savants pourraient se trouver fort embarrassés quand il faudrait pourvoir aux dangers de la situation. Ce serait alors une importante et nouvelle question pour la science. Il s'agirait d'étudier avec soin, et par les observations les plus précises, toutes les causes des mouvements sablonneux du Désert; de rechercher toutes les lois qui président à la formation de ces collines, de ces montagnes de sable, tour à tour élevées et abaissées au sein de cette mer singulière; de reconnaître tous les obstacles qui concourent à arrêter, à fixer sur un point plutôt que sur un autre le tourbillonnement sablonneux. Il y aurait enfin une foule de faits anémographiques à étudier; car connaissons-nous entièrement le rôle que jouent les vents dans cette question, et par conséquent les effets qui résultent de la réunion, du conflit peut-être de ces élémen divers?

Eh bien! cette question qui nous est complétement étrangère, parce que nous n'avons eu jusqu'ici aucun intérêt, aucune occasion surtout d'en observer les éléments, on doit croire, d'après ce que nous avons déjà vu, qu'elle ne l'était point aux Égyptiens, qui avaient au contraire pour l'étudier, et un intérêt énorme et des occasions journalières. Il se peut donc que sur les données de cette question, les Égyptiens aient entrepris des travaux, construit des monuments dont il nous était impossible, dans l'état de nos connaissances, de soupçonner l'usage, et que notre ignorance des phénomènes d'un monde physique si différent du nôtre nous ait seule dérobé jusqu'ici le secret d'une de leurs plus importantes découvertes.

Ici je touche au point critique de ce travail. Je réclame donc toute l'indulgence que peuvent mériter les efforts, les erreurs mêmes d'un homme consciencieusement livré à la recherche de quelque grande vérité. J'aborde, du reste, sans hésitation le développement de ma pensée. Je suis au milieu d'une question nouvelle, inconnue. En l'absence des éléments qui manquent à la science, j'ai le droit de recourir à une hypothèse, et quelque bizarre, quelque absurde que puisse d'abord paraître cette hypothèse, on verra bientôt qu'elle mérite une attention sérieuse.

Je prie donc qu'on me suive de nouveau sur le terrain qu'il s'agit de soumettre à nos investigations, c'est-à-dire la partie faible de la chaîne Libyque où débouchent en face de l'ancienne Memphis les deux vallées des *Lacs de Natron* et du *Fleuve-sans-eau*. Ce lieu, qui porte la trace irrécusable des ravages du Désert, lieu tout entier recouvert de sables mouvants, ne sera ni long ni difficile à inventorier. Il n'embrasse qu'un espace de 21 à 22 kilomètres, et tout d'abord le regard y est frappé par le spectacle des plus gigantesques monuments que le génie de l'homme ait élevés ; car c'est là même, en face de ces grandes portes du Désert, que se trouvent rassemblées ces montagnes artificielles, édifiées par la patience des Égyptiens, ces fameuses Pyramides, objet de l'admiration des siècles, les plus anciens, les plus merveilleux monuments du génie, et, ajoute-t-on, de la folie des hommes.

Comme les Pyramides n'ont été généralement étudiées que sous le point de vue de leur destination funéraire, on n'a jamais songé à reconnaître, au moyen d'opérations de nivellement, leur situation exacte par rapport aux ouvertures de la montagne, c'est-à-dire à constater d'une manière précise la gravité des dangers dont le fléau des sables peut menacer la position topographique de ces monuments ; mais nous trouverons le moyen de suppléer en grande partie au défaut de documents positifs, par des données précieuses échappées à la préoccupation des écrivains.

Outre la belle description des Pyramides de M. Jomard (1), et celle du général Grobert (2), nous avons pour nous guider, le grand ouvrage du colonel Howard Vyse (3), dont les récents travaux archéologiques sur les pyramides d'Égypte, inspirés par le plus noble et le plus généreux dévouement à la science, ont eu pour résultat de si importantes découvertes. (*Note* VI).

Les pyramides d'Égypte sont situées sur les bords du dé-

(1) M. Jomard, *Descrip. de l'Egypte antiq.*, vol. II, chap. XVI, XVII et XVIII.

(2) Général J. Grobert, *Descr. des Pyramides de Gizeh*, in-4°, Paris, an IX.

(3) Colonel Howard Vyse, *Operations carried on at the Pyramids of Gizeh, in* 1837, vol. Ier and II, in-4°. London, 1840 ; and *Appendix to operations*, etc., vol. III, London, 1842.

Idem. *The Pyramids of Gizeh*, etc., *from actual survey and admeasurement*, etc., part. I, II and III. London, 1839-1840-1842, grand in-fol.

sert de Libye, au point où finit la Moyenne et commence la Basse-Égypte, à l'entrée des divers débouchés des deux grandes vallées du *Fleue -sans-eau* et des *Lacs de Natron*. Groupées ou isolées selon, comme nous le verrons, la largeur de la gorge dont il s'agissait de protéger l'entrée, elles sont placées dans l'ordre suivant, en commençant par le nord (*Note* VII).

1° La pyramide d'*Abou-Roash*, dont il ne reste plus que la base découverte, en 1838, par le colonel How. Vyse. Elle est située à environ cinq milles au N.-O. de celle de Gizeh, au bord d'une gorge qui conduit à la vallée des *Lacs de Natron*, et qui sert de passage aux caravanes venant de la Basse-Égypte. (*A valley to the Natron lakes, the usual road of the western pilgrins from the barbary coast*) (1).

2° Les pyramides de Gizeh forment un groupe de trois grandes pyramides, sans parler des petites pyramides insignifiantes qui les avoisinent. Elles occupent le col principal de la vallée des Lacs de Natron, et ferment, en quelque sorte, l'entrée de la vallée. Ce col, qui sert de passage aux caravanes du Caire pour se rendre aux Lacs de Natron (2), est élevé d'environ 40 mètres au-dessus de la vallée du Nil. Les deux chaînons de montagnes qui les forment ont, d'après M. Jomard, au point le plus élevé de la chaîne trois fois cette hauteur, 120 mètres (3). Cette différence serait même beaucoup plus considérable, d'après Rosière, qui attribue à une illusion d'optique l'apparente supériorité de la grande Pyramide sur la montagne, et pense que, en réalité, la montagne domine la pointe des Pyramides (4).

(1) Colonel How. Vyse, *Appendix to operations*, tom. III, pag. 8.

(2) *Mémoires dictés à Sainte-Hélène*, cinquième édition, pag. 49.— *Descr. de l'Egypte ant.*, vol. II, chap. XVIII. — Carte topogr., feuilles XX et XXV.

(3) *Descr. de l'Egypte antiq.*, vol. II, chap. XVIII, pag. 57.

(4) Rosière, *Descr. de l'Egypte*, Histoire naturelle, vol. II, page 456.

Comme la grande Pyramide a environ 140 mètres de hauteur, ce chiffre indiquerait à peu près la profondeur moyenne de la vallée; ce qui est conforme à l'élévation générale de la chaîne Libyque dont le sommet, comme nous l'avons vu, s'élève, en face du Caire, d'environ 180 mètres sur la vallée du Nil. Quant à la largeur du col, elle est à peu près de 1,800 mètres au point où la vallée des Pyramides vient se confondre avec la plaine du Nil, et de 1,500 mètres à la hauteur des Pyramides (1); mais à 1,000 mètres, en s'avançant dans la montagne, la vallée ne présente plus que 1,200 mètres de large pour s'élargir ensuite considérablement à mesure qu'elle approche des Lacs (2). (Voir Pl. II, *Fig.* A.) Ce n'est pas, du reste, le moment d'entrer dans de plus grands détails sur la position topographique de ce groupe; il ne s'agit maintenant que de faire connaître la situation générale des Pyramides. J'ajouterai cependant, pour donner dès à présent au lecteur une idée de l'importance de la question que la ligne des trois grandes pyramides sur le col de Gizeh, considérée perpendiculairement à la direction de la vallée dont elles ferment l'entrée, présente un développement de 1,003 mètres, sur lequel chiffre les intervalles de ces énormes massifs ne figurent que pour 349 mètres (3).

3° Deux petites pyramides isolées, situées entre le groupe de Gizeh et celui d'Abousir, l'une dite de *Zowyet-el-arrian*, et l'autre de *Reegah* (4); la première, presque entièrement ruinée, à l'entrée d'une gorge qui paraît conduire à la val-

(1) Colonel Howard Vyse, *The Pyramids of Gizeh from actual survey*, etc., part. I, plate I, map of the pyramids by J. S. Perring C. E. — *Descr. de l'Egypte*, planches ant., vol. V, planches I et VI, dressées par le colonel Jacotin.

(2) *Descr. de l'Egypte*, carte topogr., feuilles XX et XXV.

(3) Idem, Plan. Ant., t. V, pl. VI.

(4) Col. How. Vyse, *Appendix to oper.*, t. III, pag. 10.

lée des *Lacs de Natron;* la seconde également à l'entrée d'une petite vallée qui conduit au Fayoum (*a valley to the Faïoum*), d'après la carte de la région des Pyramides, dressée par M. Perring, l'ingénieur du colonel Vyse (1) ; c'est par conséquent un débouché de la vallée du *Fleuve-sans-eau.*

4° Les pyramides d'*Abousir*, à sept milles S.-S.-E. de celles de Gizeh, forment un groupe de trois pyramides, sans compter la base d'une quatrième et une cinquième beaucoup plus petite. « Elles occupent, dit M. Jomard, l'entrée d'une petite vallée (2). » Comme le sol sur lequel elles reposent ne s'élève que de 25 mètres au-dessus de la plaine du Nil (3), on peut croire que cette vallée est au moins de 100 mètres plus basse que la montagne ; ce qui doit toujours s'entendre du point où ces vallées traversent le massif le plus élevé de la chaîne, et non pas du site même des Pyramides, qui, placées à l'entrée de ces divers débouchés, se trouvent généralement très-rapprochées du point où les derniers rameaux de la chaîne Lybique viennent se confondre avec la plaine du Nil.

5° Le groupe des pyramides de *Saccara*, à trois milles S.-S.-O. de celles d'Abousir, est également placé à l'entrée d'une vallée (*a valley to the Faïoum*) (4) ; c'est, en d'autres termes, un autre débouché du *Fleuve-sans-eau.* Sans parler d'une énorme construction massive appelée le *Trône de Pharaon*, neuf pyramides composent ce groupe (5) ; le sol calcaire où elles sont situées ne domine la vallée du Nil que de 50 pieds environ (6) ; ce qui peut aussi donner une

(1) *The Pyramids from actual survey*, part. III, plate I.
(2) M. Jomard, *Desc. des Pyr.*, *Ég. ant.*, t. II, chap. XVIII, page 7.
(3) *Appendix to oper.*, t. III, pag. 12.
(4) Idem, pag. 37.
(5) Idem, pag. 37.
(6) Général Grobert, *Descr. des Pyramides*, page 9.

idée du creusement de la vallée dont ces monuments occupent l'entrée.

6° Les pyramides de *Dahchour*, à environ trois milles N. du village de ce nom, l'ancienne Acanthe, et au nombre de quatre, dont deux rappellent celles de Gizeh par leurs dimensions gigantesques, forment le dernier groupe. Leur situation, d'après sir Gardner Wilkinson (1), répond au débouché le plus important de la vallée du *Fleuve-sans-eau;* et ce débouché forme la route la plus fréquentée pour se rendre de la vallée du Nil au Fayoum; c'est la route qui de Tamieh, au nord du Fayoum, aboutit sur la plaine du Nil aux deux petits villages dits El-Kafr et situés au pied des pyramides de Dahchour (2). On ne connaît pas exactement la hauteur du plateau qui leur sert de base; mais outre les renseignements importants dont je vais parler, je vois, dans le mémoire de Rosière, sur la constitution physique de l'Égypte, que la montagne Libyque s'abaisse sensiblement, un peu au sud des pyramides de Saccara (3), ce qui correspond évidemment à la position des pyramides de Dahchour. On peut d'ailleurs se faire une idée de leur situation par cette circonstance inouïe qu'une des pyramides en briques de ce groupe a été construite sur le sable même. Dans le cours des excavations entreprises par le colonel How. Vyse, on reconnut, en effet, que la base de cette pyramide se trouvait à 30 pieds au-dessous du sol; qu'une couche de sable fin contenue dans une plate-forme de pierres énormes servait de base au revêtement de l'édifice; que la pyramide même était bâtie sur le sable, qui

(1) Sir Gardner Wilkinson, *Modern Egypt and Thebes, Lond.* 1843, t. II, p. 330.

(2) *Grande Carte topog. d'Égypte,* feuille XXI.

(3) Rosière, *Descr. de l'Égypte*, Histoire naturelle, vol. II, pag. 455.

formait une masse compacte et solide; et qu'enfin le roc était à 14 pieds au-dessous de la base (1).

Je m'arrête ici pour présenter quelques considérations. J'ai dit que nous manquions de données suffisantes pour apprécier avec toute la précision nécessaire la situation exacte des Pyramides d'Égypte, sous le point de vue nouveau qui fait le sujet de ce travail. Mais si nous ne connaissons pas également toutes les circonstances topographiques qui peuvent intéresser les différents groupes de pyramides, il y a du moins dans l'ensemble des faits connus un caractère de généralité dont il est impossible de ne pas être frappé. Ainsi d'Abou-Roash à Dahchour, sur une ligne de sept à huit lieues, qui répond exactement à la largeur des deux vallées réunies du *Fleuve-sans-eau* et de *Natron*, la montagne Libyque est percée de sept à huit ouvertures qui, sans aucun doute, sont les débouchés des deux vallées; et les nombreuses pyramides distribuées sur cette ligne occupent précisément l'entrée de ces divers débouchés. Ces faits extraordinaires, qui n'ont été jusqu'ici l'objet d'aucune attention sérieuse, auraient mérité d'être constatés de la manière la plus précise ; mais, à défaut d'observations spéciales, voici des renseignements précieux qui vont dissiper tous les doutes que nous pourrions conserver encore.

Le colonel H. Vyse a fait dessiner une vue générale des Pyramides, prise du château de Thourah (2), c'est-à-dire du point le plus favorable pour embrasser d'un coup d'œil toute la ligne des Pyramides depuis celles de Gizeh, jusqu'à celles de Dahchour, puisque la position de Thourah, de l'autre côté du Nil, correspond au centre même de cette ligne. Cette vue est remarquable ; elle montre que les quatre

(1) *Appendix to oper.*, page 60.

(2) *Appendix to opera.*, page 1. — *The Pyramids from actual survey*, part. III, plate I.

groupes de Gizeh, d'Abousir, de Saccara et de Dahchour, occupent quatre grandes dépressions profondément creusées dans la montagne. Le col le plus bas paraît être celui de Dahchour. Les pyramides de Saccara sont au nombre de neuf, mais le dessin n'en indique que deux ou trois; toutes les autres sont engagées dans une vallée, et cachées par la montagne. (Voir la Pl. V, *Fig.* A.)

A ce document précieux nous pouvons en ajouter un autre qui ne l'est pas moins, c'est une note du colonel H. Vyse qui, le premier, et comme par hasard, a fait remarquer la concordance de la position des Pyramides avec les passages qui, du Fayoum, conduisent à la plaine du Nil à travers la montagne. « Cependant, ajoute le colonel, M. Per-« ring ne pense pas qu'aucune connexion ait existé entre « les routes du Fayoum et l'érection des Pyramides; « mais que ces monuments furent ainsi placés parce que « les débouchés sur la vallée du Nil (*the entrances to the* « *valley of the Nile*) offraient des situations favorables à l'é-« conomie de leur construction (1). »

Laissons de côté l'opinion personnelle de M. Perring, car ce n'est pas le moment de la discuter. Il suffit d'avoir constaté la position singulière des Pyramides par l'explication même de cet habile ingénieur. Mais comme nous ne saurions trop multiplier les preuves de ces faits curieux, citons encore un passage du récent ouvrage de sir Gardner Wilkinson sur l'Égypte moderne. Il est souvent question dans cette belle description des routes ou vallées qui, partant du Fayoum, de la vallée du *Fleuve-sans-eau* ou des lacs de Na-

(1) « The roads leading from the Faïoum are often distinguished by pyramids. « M. Perring, however, does not consider that any connexion existed between the « pyramids and the roads, but that they were so placed merely because the en-« trances to the valley of the Nile afforded appropriate situations for their construc-« tion. » (*Appendix to opérations*, etc., page 52).

tron, viennent aboutir à différents sites de pyramides (1). Mais le passage suivant peut servir à résumer toutes ces notions éparses :

« Plusieurs routes conduisent de la vallée du Nil au « Fayoum, à travers les collines de la chaîne Libyque ; les « unes partent des pyramides d'Abou-Roash, de Gizeh, de « Saccara et de Dahchour, les autres de différents points le « long de la chaîne, jusqu'à l'entrée du Fayoum près de la « pyramide d'Illahoun, à l'ouest de Benissouif (2). »

Quant aux mots *road*, *valley*, si souvent pris l'un pour l'autre dans les descriptions, je n'ai pas besoin de dire qu'ils représentent également la même idée, celle d'une gorge, d'un débouché. Comme une vallée est un passage naturel au travers d'une montagne, dans un pays où il n'y a que des routes naturelles, les mots routes, vallées, sont évidemment synonymes. Ainsi les faits sont établis d'une manière incontestable.

Il est, du reste, facile d'expliquer comment la véritable situation des Pyramides avait échappé jusqu'ici à tous les écrivains qui ont décrit ces monuments. Comme les chaînes de montagnes qui donnent naissance aux deux vallées du *Fleuve-sans-eau* et de *Natron*, courant au nord-ouest, forment avec le Nil des diagonales et non pas des perpendiculaires, il arrive que, pour l'œil du spectateur placé dans la vallée du Nil, l'horizon semble borné par un seul massif de montagnes qui encadre et ferme à l'ouest le site des Pyramides. C'est ainsi que la position des pyramides

(1) Sir Gardner Wilkinson, *Modern Égypt and Thebes*, t. I, p. 364, 380, 398, t. II, p. 336, etc.

(2) « Several roads lead from the valley of the Nile to the Fyoom, accross the « low libian hills; some from near the Aboo-roash, the great pyramids, and neigh-« bourhood of Sakkara and Dashour; and others from different points along the « whole range to its entrance near the pyramids of Illahoon, to the westward of « Benissoëf. » (*Mod. Égy. and Thebes*, t. I, p. 380.)

de Gizeh elle-même, si nettement indiquée par la grande carte topographique d'Égypte, comme le prolongement naturel, le col principal de la vallée des *Lacs de Natron* et la grande route du Caire aux Lacs (1) était ordinairement décrit : « Un plateau formé par une anfractuosité de la montagne Libyque, mais encadré au nord et au sud par deux « espèces de caps ou de promontoires plus élevés. » (2). On signalait les circonstances topographiques d'un col, sans lui en donner le nom. La direction des deux embranchements de la montagne qui, à quelques kilomètres des Pyramides, marchent brusquement au nord-ouest, et surtout les énormes masses de sable qui encombrent l'entrée de la vallée de Natron en avant des Pyramides, et que nous ferons connaître quand il en sera temps, devaient naturellement déguiser aux regards du visiteur le véritable caractère de ce site célèbre.

Mais je me hâte de terminer cet exposé de la position des Pyramides. Outre celles que nous venons de voir sur la ligne d'Abou-Roash à Dahchour, on trouve encore non loin de là quelques pyramides isolées, situées sur les bords du plateau sablonneux qui s'étend entre la vallée du *Fleuve-sans-eau*, la vallée du Nil et le Fayoum ; cinq dites d'*El-Metanieh* ou de *Lisht*, de *Reqqah-el-Kebir* (3) et de *Meydoun*, toutes placées aux extrémités du plateau les plus rapprochées du Nil (4) ; et deux sur la vallée qui conduit au Fayoum, l'une dite d'*El-Lahoun*, l'autre d'*Haouârah*, près des ruines du Labyrinthe.

Enfin, l'on doit ranger aussi au nombre de ces monuments le massif colossal appelé la Grande-Butte-Pyramidale

(1) *Descr. de l'Egypte*, carte topogr., feuilles XX et XXV.

(2) *Descr. de l'Egypte ant.*, vol. II, chap. XVIII, p. 57.

(3) M. Jomard, *Desc. de l'Ég. ant.*, t. II, chap. XVI, page 76.

(4) *Desc. de l'Egypte*, carte topogr., feuilles XVIII et XXI.

qui s'élève au sud du lac Mœris, c'est-à-dire dans la partie du Fayoum que l'écartement des monts Birket de la chaîne Libyque laisse à découvert et sans défense contre les sables (1).

On connaît fort peu les détails topographiques de ces pyramides isolées; mais on ne peut douter qu'elles ne soient dans des situations semblables aux pyramides de la région de Memphis. Les deux pyramides d'*El-Melanieh* ou de *Lisht* sont indiquées sur le bord d'une vallée qui conduit au Fayoum, par la carte générale des pyramides de M. Perring (2); M. Jomard cite une route qui de la province de Gizeh conduit à Tamieh, dans le Fayoum, en passant au pied de ces deux pyramides (3); et le colonel Vyse, en décrivant la plus importante des deux, ne donne à sa base que soixante pieds anglais au-dessus de la plaine du Nil (4). Quant aux autres, je vois par les planches du grand ouvrage sur l'Égypte, que la pyramide d'*El-Lahoun*, qui, d'après Belzoni, n'aurait que trente pieds au-dessus du canal Jousef (5), est placée à l'entrée d'une gorge étroite et profondément creusée (6); par la description de la pyramide d'*Haouârah* de M. Jomard, que ce dernier monument fait face à une route qui conduit de la province de Gizeh au Fayoum, c'est-à-dire à un autre passage dans la montagne (7); par la grande carte topographique d'Égypte, qu'une des principales routes du Fayoum vient déboucher sur la vallée du Nil, en face de *Reqqah-el-Kebir* (8); enfin, par la description de sir Gard-

(1) *Descr. de l'Egypte*, carte top., feuille XIX.
(2) *The Pyramids from actuel survey*, part. III; plate 1.
(3) M. Jomard, *Desc. du nome Arsinoïte.*, *Eg. ant.*, t. II, p. 5.
(4) *Append. to oper.*, page 78.
(5) Belzoni, *Voyages*, tom. II, pag. 144.
(6) *Descr. de l'Egypte*, planches, vol. IV, pl. 72.
(7) M. Jomard, *Descr. de l'Egypte ant.*, vol. II, chap. XVII, pag. 25.
(8) *Descr. de l'Ég.*, carte top., feuille XVIII.

ner Wilkinson, que la pyramide de *Meydoun*, dite la *Fausse-Pyramide*, est à l'entrée d'un passage qui conduit au Fayoum (1).

Telle est la position géographique et topographique des Pyramides d'Égypte. Sans compter les petites pyramides insignifiantes autour de la *grande* et de la *troisième* de Gizeh, elles sont au nombre de trente-deux, toutes situées, comme on le voit, entre la Basse et la Moyenne-Égypte. Hors de là, et en remontant le Nil, on ne rencontre plus en Égypte de monuments de ce genre, si ce n'est cependant une petite pyramide dite de *Mohameryeh*, située dans la Haute-Égypte, à l'entrée d'une petite vallée de la chaîne Libyque (2); mais il en existe encore trois autres systèmes dans la Haute-Nubie : ce sont les pyramides de Napata, de Nouri et de Méroé, pyramides beaucoup plus petites, mais aussi beaucoup plus nombreuses que celles d'Égypte. Tout porte à croire, bien qu'on les connaisse fort peu, qu'elles sont placées dans des circonstances analogues. (*Note* VIII.)

Là, en effet, la chaîne Arabique et la chaîne Libyque n'existent plus. De faibles monticules de grès mis à découvert par les eaux du Nil, et à peine indiqués par les géographes, sont, sur différents points, les seuls indices du tracé de la vallée (3). Le Désert règne donc en souverain sur les deux rives du fleuve, dont il a dû souvent déplacer le lit, comme semble l'indiquer le grand anneau formé par le fleuve dans la Haute-Nubie (4), et l'antique nom d'île de Méroé appliqué à une contrée qui n'est plus une île. Aussi concevrait-on difficilement que deux grandes villes, comme Méroé et Napata, aient pu exister au milieu de ces

(1) Sir Gardner Wilkinson, *Mod. Eg. and Thebes*, t. II, p. 336.

(2) *Carte top. d'Eg.*, feuille IV.— *Append. to op.*, t. III, p. 85.

(3) Burchardt, *Trav. in Nubia*, in-4°. pag. 208 et suiv.

(4) Ritter, *Géog. comp.* vol. III, pag. 290.

immenses plaines de sable, si leur situation topographique, et particulièrement celle de Napata, ne dissipait en partie l'étonnement. On sait que cette ville se trouvait adossée à un énorme rocher élevé à pic, dans la forme des ambas de l'Abyssinie, et jeté là, au sein de cette mer de sable, comme un des accidents les plus extraordinaires de la nature (1). Cette montagne isolée, appelée aujourd'hui le *Mont-Barkal*, était loin cependant de garantir la ville de tout danger. Entre les montagnes de grès qui bordent le Nil et la grande montagne, existait un intervalle que le désert de Bahiouda rendait redoutable, et c'est là que se trouvent les trois groupes de pyramides dites du Mont-Barkal (2), dont on peut apprécier la situation par cette circonstance curieuse, semblable à celle dont nous avons parlé au sujet du groupe de Dahchour, qu'une de ces pyramides, et peut-être n'est-elle pas la seule, a été construite sur le sable (3). D'un autre côté, sur la rive opposée du Nil, le grand désert de Nubie pouvait encombrer le fleuve et le rejeter sur la ville, ou ravir à la culture des terrains bien précieux au milieu d'une telle aridité : et c'est également sur un point gravement menacé, à quelques lieues en amont du fleuve, que se déploie encore aujourd'hui la ligne des pyramides de Nouri, les plus grandes de Nubie (4). Nous pouvons, en effet, nous rendre compte de la position topographique du groupe de Nouri par ce fait important, que ces pyramides sont situées sur un point peu élevé de la montagne (5), et à l'embranchement de deux grandes routes,

(1) M. Fréd. Caillaud, *Voyage à Méroé*, vol. III, pag. 200.

(2) Idem, pag, 199 et suiv. — G. A. Hoskins, *Esq. travels in Éthiopia*, chap. XI, p. 148, plate 17, p. 134.

(3) M. Fréd. Caillaud, *Atlas du Voyage à Méroé*, pl. LIII, LIV.

(4) Idem, vol. II, pag. 72.

(5) G. Hoskins, *Esq.*, chap. XII, p. 165.

qui viennent se croiser à ce point pour traverser le désert de Bahiouda : l'une de ces routes conduit de Dongolah à Barbar (1), l'autre de Nouri ou du Mont-Barkal à Assour ou aux ruines de Méroé (2). Or, il n'est pas possible d'indiquer plus clairement un grand débouché de la montagne.

Quant aux pyramides de Méroé, qui forment trois groupes, il résulte du plan topographique nettement dessiné, de M. Hoskins (3), que ces trois groupes occupent une même vallée; les deux plus considérables, dits du Nord et du Sud, sur un point plus élevé de la montagne, où, comme réunis en un seul, ils ferment presque entièrement le passage de la vallée; et le troisième groupe, composé de pyramides beaucoup plus petites, à une demi-lieue des deux premiers, au point où la vallée vient se confondre avec la plaine du Nil, et qui semble destiné à arrêter les sables dont la première ligne de défense n'a pu empêcher le passage.

Il paraît donc incontestable que toutes les pyramides, soit d'Égypte, soit de Nubie, toutes, sans en excepter une seule, sont situées à l'entrée de gorges, de vallées qui débouchent sur la plaine du Nil, et qu'elles occupent par conséquent les positions les plus gravement exposées aux ravages du Désert. Une coïncidence si singulière est-elle due au hasard? Assurément, cela ne semble pas impossible. Le hasard a causé dans le monde bien d'autres sujets d'étonnement. Mais le fait est trop extraordinaire pour ne pas mériter un examen sérieux. (*Note* IX.)

Il devient ici nécessaire de se prémunir contre un sentiment naturel. La pensée que les Pyramides, ces montagnes artificielles dont les intervalles sont parfois considérables,

(1) M. F. Caillaud, *Atlas*, t. I, planche XLVII.
(2) Idem. *Idem*, t. II, pl. XLVIII.
(3) Hoskins, chap. VI, plate V, p. 66.

puissent contenir les vagues sablonneuses, choque d'abord si vivement la raison, qu'il m'a fallu presque du courage, de la témérité, pour m'aventurer sur cette mer inconnue. On serait donc tenté ou d'en rejeter aussitôt et sans examen la supposition, ou d'exiger une explication immédiate du phénomène physique qu'elle doit renfermer. Mais une question de cette importance ne saurait être traitée si brusquement. Aux pyramides du Nil se rattachent des faits historiques, archéologiques et topographiques, qu'il importe de considérer avant d'aborder les questions physiques que soulève l'hypothèse de leur destination contre le Désert ; en d'autres termes, l'examen des preuves morales doit précéder la résolution du problème scientifique (1).

(1) Le lecteur est prié de ne passer à la deuxième partie qu'après avoir pris connaissance de la *note* IX, où il est établi sur des faits nouveaux et irrécusables que les débouchés occupés par les Pyramides d'Égypte sont les seuls de toute cette contrée en communication directe avec le Sahel, c'est-à-dire avec le *Bas-Désert*, l'Océan de sable, la région du désert où s'agitent les grandes masses de sable mouvant, par opposition au Sahara, au *Haut-Désert*, ou la région rocheuse et peu sablonneuse qui règne sur tout le reste des frontières de l'Égypte.

DEUXIÈME PARTIE.

PREUVES HISTORIQUES ET ARCHÉOLOGIQUES.

I

L'histoire des Pyramides présente trois époques distinctes : la première, des auteurs grecs et romains qui ont recueilli la tradition sur le sol même de l'Égypte, avant que l'ancienne société fût détruite ; la deuxième, des écrivains arabes témoins de la violation de ces monuments sous les califes et les mameluks ; la troisième, enfin, des études archéologiques modernes qui se terminent aux travaux du colonel Howard Vyse.

Tous les écrivains grecs et romains qui ont parlé des Pyramides, Hérodote (1), Aristote (2), Strabon (3), Diodore de Sicile (4), Pline le naturaliste (5) ont pensé ou répété, soit d'après le témoignage des prêtres d'Héliopolis, de Memphis et d'Alexandrie, soit d'après le sentiment du peuple en Égypte, qu'en général ces gigantesques monuments renfermaient la sépulture des princes qui les avaient élevés.

(1) Hérodote, liv. II, chap. CXXIV.
(2) Aristote, *de la République*, liv. V, chap. XI.
(3) Strabon, *Géog.*, liv. XVII, chap. I.
(4) Diod. de Sic., *Bibl. hist.*, liv. I, chap. LXIII.
(5) Pline, *Hist. nat.*, liv. XXXVI, chap. XII.

Les auteurs arabes sont également unanimes sur le résultat des travaux entrepris à l'intérieur de ces monuments pour en pénétrer le secret. Dans les pyramides ouvertes par les califes ou les mameluks, on trouva des momies d'hommes, et même d'animaux. Le merveilleux, qui se glisse toujours dans les relations arabes, et qui est en quelque sorte une maladie endémique de l'Orient, en a beaucoup ébranlé le crédit; mais aux yeux d'une saine critique, ce n'est point un motif suffisant d'en récuser le témoignage. Macrizi, Alfufeda, Ebn-Haukal, et surtout Abd'al-Latif, feraient honneur à notre pays et à notre siècle. Al-Macrizi nous apprend, d'après un témoin oculaire, que la pyramide ouverte par le calife Al-Mamoun, contenait une momie d'homme couverte d'une espèce de cuirasse d'or fin, enrichie de pierreries, et renfermée dans un coffre en pierre verte comme l'émeraude, qui figurait une statue d'homme (1). Certes, il n'y a rien de merveilleux dans cette description; tous les traits du récit sont conformes à ce que nous savons de l'archéologie égyptienne.

Voici d'ailleurs une autre version sur la même pyramide, d'après El-Hokm : « On découvrit dans l'intérieur de la pyramide une chambre avec une pierre creusée, dans laquelle était une statue de pierre de forme humaine, renfermant un homme qui avait sur la poitrine un pectoral enrichi de pierreries et une épée d'un prix inestimable (2). »

Enfin, nous voyons par la *Relation de l'Égypte*, d'Abd-el-Latif, que les pyramides de Saccara renfermaient, outre des momies d'hommes, des squelettes d'animaux (3); et, par le

(1) Al-Macrizi, d'après Langlès, édit. de Norden. Voy. t. III, p. 303.
(2) Abd-el-Hokm, idem, t. III, p. 268.
(3) Abd-Allatif, *Relat. de l'Ég.*, trad. de M. de Sacy, in-4°, p. 203.

récit d'Abdoul-Rahhman, que les momies étaient enveloppées d'une énorme quantité de robes ou chemises (1); ce qui explique la largeur et la profondeur des sarcophages trouvés dans les Pyramides.

De nos jours, des découvertes d'une grande importance ont relevé l'autorité de ces divers témoignages. En 1817, Belzoni ayant pénétré le premier à l'intérieur de la deuxième pyramide de Gizeh, anciennement violée par les Arabes, trouva dans l'énorme sarcophage de cette pyramide des ossements que l'Académie de médecine de Londres reconnut être les débris d'un squelette de bœuf (2). Cette nouvelle étonna beaucoup le monde savant et excita d'abord quelque incrédulité; mais elle parut bientôt confirmée par une nouvelle découverte de Belzoni dans les Syringes royales de Thèbes. Ce courageux et entreprenant voyageur ayant forcé l'entrée d'une chambre secrète d'un des hypogées royaux de la vallée de Biban-el-Molouk, trouva cette fois dans un magnifique sarcophage, non plus des débris, mais une momie de bœuf entière, enveloppée de bitume et parfaitement conservée (3). D'ailleurs, depuis les travaux du colonel Howard Vyse, il n'est guère possible de mettre en doute la découverte de Belzoni; la comparaison des différents sarcophages découverts ou mesurés dans les Pyramides par le colonel anglais, semble démontrer qu'en raison de ses énormes proportions, celui de la deuxième pyramide, où furent trouvés les ossements de bœuf, n'a pas été destiné à un squelette humain. Il a sept pieds et demi de long à l'intérieur, et offre généralement plus d'un

(1) Abou-Mohammed-Abdoullah-ben-Abdoul-Rahhman, d'après Langlès, édit. du voyage de Norden, vol. III, p. 303.

(2) Belzoni, *Voy. en Ég.*, édit. de 1821, t. I, p. 430-439.

(3) Idem. Voy. t. II, p. 378. — Ritter, t. II, p. 455.

pied de différence avec les neuf ou dix autres connus (1). Il se distingue d'ailleurs par des particularités tout à fait singulières, mais dont je n'ai point à m'occuper ici.

Quoi qu'il soit de la découverte de Belzoni, les recherches du colonel Vyse eurent des résultats bien autrement importants. Je ne parle pas d'une foule de faits archéologiques relatifs à la construction des Pyramides (2), ni de la découverte dans ces monuments des précieux hiéroglyphes qui ont enfin déterminé l'âge et le nom des fondateurs de ces merveilleuses constructions, et sanctionné si heureusement l'autorité jusqu'alors incertaine des listes royales de Manéthon (3). Je me borne à ce qui concerne la question des sépultures dans les Pyramides. Après des travaux infinis pour pénétrer dans la troisième pyramide de Gizeh et dans les six petites qui servent comme de satellites aux grandes, et qu'il espérait trouver intactes, le colonel parvint à en découvrir l'entrée. Malheureusement, comme les deux grandes, toutes avaient été violées par les califes. Il trouva néanmoins des restes de momies que les profanateurs avaient abandonnés dans la troisième, la quatrième et surtout la huitième, où se rencontraient beaucoup de débris de caisses de momies et une très-grande quantité d'ossements humains (4). Mais ce n'est pas tout : les recherches de l'habile explorateur dans la grande pyramide de Saccara eurent un résultat encore plus décisif. Dans une galerie qui jusqu'alors avait échappé à toutes les investigations, on découvrit trente momies intactes (5).

Ainsi, les chambres intérieures des Pyramides d'Égypte

(1) Col. How. Vyse, *Operat. at Gizeh*, t. II, p. 114-138.
(2) M. Letronne, *Journal des Savants*, cahier de juillet et août 1841.
(3) M. Raoul Rochette, *Journ. des Sav.*, cahier d'avril 1841 et mars 1844.
(4) Col. How. Vyse, *Op. at. Gizeh*, t. II, p. 48, 70.
(5) *Appendix to op.*, t. III, p. 55.

ont incontestablement servi de tombeaux; c'est un fait irrévocablement acquis à la science. Mais quant à la pensée religieuse, philosophique, politique ou scientifique qui a élevé ces gigantesques monuments, il s'en faut de beaucoup que l'ensemble des témoignages historiques et archéologiques autorise une opinion certaine, absolue.

Ici, et avant d'examiner la valeur de ces témoignages, il est à peine besoin de dire que la destination funéraire des Pyramides n'exclut en aucune manière l'idée d'une destination plus utile, plus glorieuse. Les squelettes d'animaux sacrés découverts dans les Pyramides prouvent, d'abord, que la vanité des Pharaons n'a pas seule remué ces masses énormes; et que, dans la construction de ces monuments, la foi religieuse a tout au moins sanctifié, peut-être même dominé l'idée monarchique. Or, ceci se prête singulièrement à l'hypothèse d'une destination plus importante. Si les Pyramides sont de grands ouvrages d'utilité publique, chez un peuple religieux comme l'Égypte, elles durent être consacrées par la religion; et l'on conçoit, d'après l'esprit général de la civilisation égyptienne, que les rois qui eurent la gloire d'élever ces monuments aient revendiqué l'honneur de les faire servir à leur sépulture. C'était d'ailleurs une idée si simple, si naturelle, d'intéresser l'orgueil des rois comme le sentiment religieux de la nation à ces travaux extraordinaires, qu'il serait superflu d'en faire remarquer la sagesse.

Voyons quel a été le sentiment des historiens sur la raison qui fit entreprendre ces grands travaux.

Hérodote est le premier écrivain grec qui ait visité l'Égypte. Son voyage eut lieu quatre siècles avant notre ère, et pendant la domination persane. Sa version, qui a précédé de quatre siècles celles de Diodore et de Strabon, est par conséquent la plus importante. C'est la plus haute autorité qu'on puisse citer.

On prétend qu'Hérodote fut initié aux mystères sacrés de l'Égypte; mais, d'après ce qui nous est connu de cette société extraordinaire et de l'organisation de ses colléges mystérieux, il n'aurait pu être admis tout au plus qu'aux grades inférieurs de l'ordre. On ne sait pas, du reste, quel trouble avait pu causer dans cette société secrète le gouvernement des Perses. Lors de la barbare invasion de Cambyse, les chefs de la nation, par conséquent les hauts dignitaires, les initiés aux grands secrets de l'ordre, s'étaient réfugiés en Éthiopie, où ils organisèrent un gouvernement séparé de celui des Perses (1). On ignore s'ils étaient rentrés dans leur patrie quand Hérodote visita l'Égypte, ou si leur absence n'avait pas désorganisé les colléges sacrés.

Quoi qu'il en soit, si la destination des Pyramides fut un des secrets religieux ou scientifiques des colléges d'Égypte, et le mystère même qui plane encore aujourd'hui sur ce qui concerne ces constructions extraordinaires ne permet pas de penser qu'il en fût autrement, Hérodote, en raison de sa qualité d'étranger et de sa jeunesse à l'époque de son voyage en Égypte, n'a pu être initié à un secret de cette importance. Lié d'ailleurs par un serment, il n'aurait pu le révéler. Mais cette faible présomption s'évanouit elle-même devant les contes populaires que reproduit l'historien : contes indignes de la majesté de l'histoire, et dont la bonne foi d'Hérodote, dans l'hypothèse d'une initiation plus complète, se serait certainement dispensé.

« On m'a assuré, dit-il, qu'ayant formé le projet de laisser après elle un monument de son propre nom, la fille « de Chéops avait exigé que chacun de ceux avec qui elle « avait eu commerce, lui fît don d'une pierre propre à être « employée dans les travaux qui s'exécutaient alors, et

(1) Champollion-Figeac, *Ég. anc.*, p. 379.

« qu'elle avait fait élever avec ces pierres la pyramide qui « se trouve au milieu des trois, en face de la Grande (1). »

Toutefois, c'est un fait curieux que le plus ancien historien des Pyramides, celui dont le témoignage a été si souvent invoqué en faveur de la destination funéraire de ces monuments, n'a pas dit un seul mot qui autorise à croire que la grande pyramide ait été construite pour servir de tombeau. Cette opinion, comme M. Jomard l'a fait remarquer le premier, ne se rencontre dans aucun des treize chapitres consacrés par l'historien à la description des Pyramides (2). Il résulterait même du récit d'Hérodote, que le tombeau de Chéops n'avait aucun rapport avec la pyramide qui porte son nom. Après avoir raconté les premières dispositions de ce prince pour la construction de la pyramide, l'interdiction des sacrifices, la fermeture des temples, la condamnation de tous les Égyptiens à des travaux publics, et décrit la grande chaussée destinée au transport des matériaux, il ajoute, et c'est la seule mention de la tombe royale :

« Dix ans furent employés à la construction de cette « chaussée et à celle de plusieurs chambres souterraines « ménagées dans la colline où sont élevées les Pyramides. « Ces souterrains étaient destinés par le roi à sa sépulture, « *qu'il avait placée dans une île formée par un canal tiré* « *du fleuve*. La construction de la pyramide qui porte son « nom coûta vingt autres années de travaux. Cette pyra- « mide est quadrangulaire (3). »

Ainsi, dans la version du plus ancien historien des Pyramides, tout paraît vague, incertain; rien de précis, rien de positif, rien surtout qui puisse nous donner la certitude

(1) Hérodote, liv. II, chap. CXXVI, trad. Miot.

(2) M. Jomard, *Desc. de l'Ég. ant.*, mém., vol. II, p. 168.

(3) Hérodote, liv. II, chap. CXXIV, trad. Miot.

que le voyageur grec ait reçu des prêtres d'Héliopolis ou de Memphis la véritable tradition de ces mystérieux monuments.

Or, s'il en est ainsi du premier historien, que doit-on penser des écrivains postérieurs? Comment supposer qu'ils aient été mieux informés? Diodore de Sicile (1) et Strabon (2), n'ont vu dans les Pyramides que des tombeaux ; mais quelle autorité mérite leur témoignage? des récits surnaturels, des contes ridicules, comme il arrive toujours quand un peuple a perdu le lien de ses traditions : voilà tout ce que ces deux écrivains ont pu recueillir sur les Pyramides. C'est une princesse qui se prostitue pour obtenir de ses amants les pierres de son tombeau (3); un aigle magnifique qui enlève la chaussure d'une courtisane et la laisse tomber aux pieds du roi émerveillé des proportions que laisse deviner la chaussure, etc. (4). Aussi Diodore fait-il cette réflexion précieuse que « ni les historiens, ni les Égyptiens eux-« mêmes n'étaient d'accord sur les Pyramides (5). » Mais n'est-ce pas la preuve que la véritable tradition était perdue pour l'Égypte, ou, tout au moins, renfermée dans le secret de ses sanctuaires?

C'est cependant sur des témoignages aussi incertains, sur des données historiques aussi vagues, qu'on a voulu juger, dans son œuvre la plus gigantesque, le peuple le plus ancien, la plus illustre de la terre, ce peuple dont nous avons reçu par une glorieuse transmission, les arts, les sciences, les précieux éléments de notre civilisation, et, qu'en enfants ingrats, en fils peu dignes d'une si haute ori-

(1) Diod. de Sic., *Bibl. hist.*, liv. I, chap. LXIII.
(2) Strabon, *Géog.*, liv. XVII, chap. I, p. 14.
(3) Diod. de Sic., *Bibl. hist.*, liv. I, chap. LXIII.
(4) Strabon, *Géog.*, liv. XVII, chap. I, p. 14.
(5) Diod. de Sic., *Hist. univ.*, liv. I, chap. LXIII.

gine, nous avons rabaissé jusqu'au-dessous de nos puériles vanités. Comment! n'avons-nous pas été jusqu'à croire, oubliant nous-mêmes les mythes, les symboles de nos temps chevaleresques, que de grands savants, de grands philosophes, politiques, géomètres, astronomes, adoraient sérieusement les animaux les plus immondes. Dans notre superbe orgueil, il nous a semblé tout naturel de voir chez nous la religion, la gloire, l'amour, idéaliser, ennoblir des emblèmes empruntés aux plus simples productions du monde physique, mais non pas de supposer d'autres peuples, d'autres siècles capables de ce sublime effort de la pensée.

Je reviens aux historiens des Pyramides. Nous allons voir les tentatives faites pour expliquer ces prodigieux travaux. Aristote les attribue à un calcul politique; il suppose qu'une puissance tyrannique éleva ces monuments dans le but de prévenir les rébellions, en occupant le peuple (1). Pline partage ce sentiment. Il accorde tout l'honneur de ces gigantesques constructions à une raison d'État; c'est ou la crainte de laisser le peuple dans l'oisiveté, ou l'appréhension des rois d'abandonner leurs trésors à leurs successeurs ou à leurs ennemis (2).

Ainsi, d'après l'opinion de ces deux philosophes, qui résument à eux seuls tout ce que l'antiquité a pensé des Pyramides, ces monuments n'auraient été, selon l'expression de Pline, qu'une démonstration vaine et insensée de l'orgueil et de la richesse des rois.

Je ne parle pas de l'hypothèse de Platon, qui a cru, ou plutôt lancé dans le monde comme un trait d'éloquence, que les Pyramides étaient des observatoires : singulière folie qui a eu ses partisans, et le mérite plus singulier

(1) Aristote, *de la Rép.*, liv. V, chap. XI.
(2) Pline, *Hist. nat.*, liv. XXXVI, chap. XII.

d'être sérieusement réfutée par les modernes, ainsi qu'un autre système non moins curieux, celui des greniers d'abondance. Je ne cite de pareilles absurdités que pour rappeler à quel point ce grand mystère a égaré les hommes.

Quant aux auteurs arabes, ce n'est pas à des esprits si avides du merveilleux qu'il faut demander une raison sensée de la construction des Pyramides. Les *Mille et une Nuits* ne sont rien auprès des fables que leur ont inspirées ces mystérieux colosses. Parmi ces fables, il en est une, cependant, qui, reproduite par la plupart des écrivains arabes, mérite quelque attention, non sans doute quant à sa valeur réelle, mais parce qu'elle autorise la supposition que les califes trouvèrent dans les Pyramides un grand nombre d'objets d'art et de science destinés par les Égyptiens à transmettre à la postérité les principaux éléments de leurs connaissances. Si cela était, combien ne serait-il pas à désirer que les Arabes eussent laissé aux modernes un de ces monuments intacts. Malheureusement, depuis les travaux du colonel Howard Vyse, il n'est guère permis de l'espérer. Voici du reste une version de la fable arabe :

« Les Pyramides, dit Ebn-A'bd-el-Hokm, sont l'ouvrage « de Saurid, roi d'Égypte, antérieur au déluge de trois « siècles. A la suite d'un rêve effrayant que ce prince ra- « conta aux prêtres, ils prédirent un déluge qui devait tout « détruire; alors le roi ordonna de construire des pyra- « mides avec un puits recevant l'eau du Nil, d'y enfermer « des talismans, des pierres précieuses et des trésors, et « d'y graver les préceptes et les procédés des sciences « et des arts, l'astronomie, l'arithmétique, la géomé- « trie, etc. (1).»

Enfin j'arrive aux modernes; et ici ma tâche serait

(1) Abd-el-Hockm, d'après Langlès, édit. de Nordon, t. III, p. 208.

loin d'être facile s'il fallait analyser tous les auteurs qui ont parlé des Pyramides. Outre le grand nombre d'écrivains qui ont émis leur opinion sur ces monuments sans les avoir vus, l'on compte soixante-quatre relations de voyageurs qui les ont visités et décrits; mais comme, à l'exception de Volney (1) qui, seul, a présenté un argument nouveau, tous les partisans de l'unique destination funéraire des Pyramides n'ont fait que répéter les arguments des anciens, mon travail se trouve singulièrement abrégé. Je me bornerai donc à citer les principaux écrivains de cette opinion. D'après l'ordre chronologique de leurs travaux, on doit nommer: Greaves (2), Maillet (3), Paul Lucas (4), le Père Sicard (5), Norden (6), Richard Pococke (7), Niebuhr (8), Bruce (9), Savary (10), Volney (11), Denon (12), Belzoni (13), et le colonel Howard Vyse (14). A cette liste de voyageurs célèbres on pourrait ajouter une foule de savants et de philosophes, mais sans aucune utilité pour la science. Je me contenterai de nommer M. Letronne (15) et M. Raoul-Rochette (16) qui, tous les deux, ont acquis dans les ques-

(1) Volney, œuv. comp., t. II, p. 226.
(2) *Greaves's Pyramidographia*, Lond., 1737.
(3) Maillet, *Desc. de l'Ég.*, 1735; *Idée du Gouv. anc. et mod. de l'Ég.*, 1743.
(4) Paul Lucas, *Voyage en Grèce et en Afrique*, 1710.
(5) Le Père Sicard, *Lettres édifiantes*.
(6) Norden, *Voyage en Ég. et Nubie*, édit. de Langlès, in-4o.
(7) Richard Pococke, *Desc. de l'Orient*, Lond., 1742-43.
(8) Niebuhr, *Voy. en Arabie*, etc., Paris, 1776-80.
(9) Bruce, *Voyage à la recherche des sources du Nil*, Paris, 1790.
(10) Savary, *Lettres sur l'Ég.* 1798.
(11) Volney, œuv. comp., *Voy. en Ég.*, vol. II.
(12) Denon, *Voy. dans la Haute et Basse-Ég.*, 1802.
(13) Belzoni, *Voy. d'Ég. et de Nubie*, 1821.
(14) Col. How. Vyse, *Oper. at. Gizeh*, etc.
(15) M. Letronne, *Journ. des Sav.*, cah. de juillet et d'août, 1841.
(16) M. Raoul-Rochette, *Journ. des Sav.*, cah. d'avril 1841, mars, mai, juin et juillet 1844.

tions d'archéologie une si haute et si légitime autorité. Je ferai observer cependant que M. Letronne n'a pas toujours partagé l'opinion de l'unique destination funéraire des Pyramides. Cet illustre savant ne s'est définitivement prononcé dans ce sens que depuis les derniers travaux du colonel Howard Vyse (1).

Mais, à côté de ces grandes autorités, d'autres savants, d'autres écrivains non moins célèbres, ont essayé de justifier ces prodigieux travaux par une destination plus importante ; les uns ont expliqué ce grand mystère par une pensée religieuse, les autres par une idée scientifique. En tête des premiers figurent le docteur Shaw, Corneille de Pauw, Dupuys et Langlès; en tête des seconds, Diderot, Bailly et M. Jomard.

Le docteur Shaw fut le premier qui crut voir dans les Pyramides des rapports mystérieux entre ces monuments et le culte d'Osiris. Il les considéra comme des temples élevés à ce dieu, et interpréta les dispositions intérieures de ces constructions dans l'intérêt des cérémonies de ce culte (2). Corneille de Pauw, développant cette idée, conjectura que la grande pyramide de Gizeh devait être le tombeau même d'Osiris (3); et Dupuys (4), ainsi que Langlès (5), vint prêter à cette hypothèse tout le poids de son immense érudition. Mais, malgré le talent dépensé en faveur de ce système, il s'en faut de beaucoup que ses défenseurs aient su en tirer tout le parti possible. C'était alors parmi certaines classes de savants une espèce de manie de ne

(1) *Journ. des sav.*, cah. d'avril 1841, p. 437.

(2) Shaw. *Voy. en Barbarie et au Levant*, La Haye, 1743, t. II, p. 139, 150.

(3) Corn. de Pauw, *Recherches philosophiques sur les Égyptiens et les Chinois*, Paris, 1785, p. 50.

(4) Dupuys, *Origine des cultes*, t. I, p. 52 et suiv.

(5) Langlès, édit. des Voy. de Norden, Notes et éclaircissements, t. III, p. 312.

voir dans les antiquités égyptiennes que des rapports astronomiques, comme si les sciences de l'Égypte s'étaient bornées à la connaissance des astres. On croyait, par exemple que, dans la théologie égyptienne, Osiris représentait le soleil ; et l'on sait qu'il a fallu les travaux de la Commission d'Égypte et l'autorité de Champollion le jeune (1), pour rendre à Osiris, nom sacré du Nil, sa véritable signification. Partant d'une erreur aussi grave, les partisans du système des tombeaux d'Osiris ne pouvaient arriver qu'à de fausses conséquences.

Ils citaient, il est vrai, à l'appui de leur hypothèse, plusieurs circonstances singulières. Ils firent remarquer, par exemple, que Bousir ou Abousir, village près des grandes pyramides, était le nom même d'Osiris, précédé du signe masculin B des Coptes, et défiguré par les Arabes, comme l'a prouvé plus tard Champollion (2); ils rappelèrent, d'après Strabon (3) et Ptolémée (4), qu'on admirait anciennement à Acanthe, près des pyramides de Dahchour, un temple fameux consacré à Osiris. Ils n'oublièrent pas surtout d'invoquer le sentiment populaire des Égyptiens au sujet des tombeaux qu'Isis avait élevés en différents lieux, pour dérober à Typhon la véritable sépulture d'Osiris (5). Mais, dans leurs mains, ce mythe célèbre, qui rattache cependant d'une manière si curieuse la question du Désert à l'idée des tombeaux, n'avait plus aucun sens. Dès qu'Osiris représentait le soleil, le rôle de Typhon, dans cette fable religieuse, était inexplicable. On ne concevait pas ce que le soleil pou-

(1) Champollion, *l'Eg. sous les Pharaons*, t. I, p. 321.

(2) Idem, p. 365.

(3) Strabon, *Géog.*, liv. XVII, chap. I, § 15.

(4) Ptolémée, *Géog.*, liv. IV.

(5) Plutarque, *Traité d'Isis et d'Osiris*. — Strabon, *Géog.*, liv. XVII, chap. I, p. 10.

vait avoir à craindre de Typhon. Forcé de se renfermer dans de vagues spéculations astronomiques, le système des tombeaux d'Osiris ne présentait aucun caractère sérieux. Il ne méritait et n'obtint en effet aucune importance dans le monde savant. Tel est même le discrédit où il est tombé, que la découverte des ossements de bœuf dans la deuxième pyramide de Gizeh, qui pouvait donner tant de valeur à ce système, puisque, d'après Strabon, le bœuf Apis était la personnification d'Osiris (1), n'a réveillé aucune attention en sa faveur.

Il n'en a pas été ainsi du système de la destination scientifique des Pyramides, quoique Diderot, qui, le premier, présenta cette hypothèse, ne l'ait appuyée que de bien mauvaises raisons. Persuadé que les Pyramides, loin d'éterniser l'orgueil ou la stupidité des Égyptiens, étaient au contraire des monuments de leur sagesse et de leur amour pour les sciences, ce grand philosophe supposait qu'elles avaient précédé l'invention de l'écriture; qu'arrivés néanmoins à un haut degré de perfectionnement dans les arts et dans les sciences, les Égyptiens s'étaient servis de ces énormes constructions pour transmettre à la postérité les éléments de leurs connaissances (2).

On sait maintenant ce qu'il faut penser de la supposition de Diderot depuis la découverte d'hiéroglyphes dans les Pyramides. Mais, en vérité, il est difficile de s'expliquer comment ce grand philosophe, et tant d'autres écrivains après lui, pouvaient concilier l'état avancé des sciences, dont les Pyramides sont de si éclatants monuments, avec l'ignorance de l'écriture. Se figure-t-on de savants mathématiciens sans moyens, sans signes pour préciser, dans la démonstration d'un théorème, les points essentiels d'une

(1) Strabon, *Géog.*, liv. XVII, chap. I, § XIV.
(2) Diderot, *Encyclopédie*, au mot Égyptiens, t. XI, p. 1006.

figure géométrique! Et si l'on est forcé d'admettre des signes, quelle que soit leur nature, figurative, symbolique ou phonétique, l'écriture est trouvée : ce grand effort du génie humain est accompli.

Quoi qu'il en soit, plusieurs savants, et entre autres Bailly (1) dans son *Histoire de l'Astronomie ancienne*, essayèrent, après Diderot, d'apporter quelques arguments au système de la destination scientifique des Pyramides; mais ce fut un membre de la Commission d'Égypte qui lui donna tout son éclat. Dans un travail fameux qui restera comme un chef-d'œuvre d'érudition et de raisonnement, et qui rallia, entraîna presque l'unanimité des membres de la Commission, M. Jomard (2) entreprit de montrer que la grande pyramide dont il fit valoir les savantes proportions géométriques, présentait, dans chacune de ses dimensions, une partie aliquote de la grandeur du degré terrestre en Égypte. Analysant tous les faits qui concernent ces merveilleuses constructions, la grandeur des travaux, les difficultés de l'entreprise, l'immensité des efforts, il rendit plus que jamais sensible l'inconcevable folie d'un peuple savant qui aurait exécuté un tel ouvrage sans un but élevé. Enfin, quoique avec la plus sage réserve sur la pensée réelle, positive, complète de ce grand mystère, il émit l'opinion que, tout au moins, les grandes pyramides avaient pu servir à constater éternellement la valeur du degré et la longueur des mesures usuelles en Égypte.

« Ce que j'ai soutenu, a dit ce savant archéologue, c'est « que les Grandes Pyramides ont été assujetties dans leur « construction à des conditions particulières, que la science « s'en est emparée, et qu'elle y a déposé, peut-être même

(1) Bailly, *Hist. de l'Astr. anc.*, p. 176, 418.

(2) M. Jomard, *Remarq. et rech. sur les Pyr. d'Ég.*, *Desc. de l'Ég. ant.*, mém. t. II, p. 161 et suiv.

« voulu cacher, des résultats importants... Dans ces mo-
« numents, et dans la Grande Pyramide surtout, la desti-
« nation funéraire n'est pas, il s'en faut de beaucoup, l'ob-
« jet principal, et il n'est pas même prouvé qu'aucun roi
« y ait été placé après sa mort... Qui sait si le génie mysté-
« rieux qui semble avoir présidé aux travaux scientifiques
« des colléges d'Égypte, n'a pas lui-même créé la tradition
« qui a fait passer la Grande Pyramide pour la sépulture
« d'un roi (1) ! »

Après M. Jomard, on pourrait encore citer quelques savants, comme Le Père (2), Zoëga (3), Hirt (4), et M. Quatremère de Quincy (5), dont l'attention s'est plus ou moins préoccupée des faits religieux et scientifiques qui se rattachent aux Pyramides. Mais ce que nous avons vu peut suffire pour se former une idée de tous les systèmes, de toutes les opinions dont ces monuments ont été l'objet. On comprend, du reste, que parmi ces opinions nous n'avons point à discuter celles qui concernent la destination religieuse ou scientifique; car elles ne présentent rien de contraire à la pensée qui fait le sujet de ce travail. Nous pouvons donc les élaguer, dès à présent, et nous borner à l'examen des arguments de la destination funéraire.

Ces arguments, comme nous l'avons vu, ne sont pas nombreux ; ils peuvent se résumer à ce peu de mots : Démonstration vaine et insensée de l'orgueil et de la richesse

(1) M. Jomard, *Desc. de l'Ég. ant.*, mém., t. II, § IV, p. 211.

(2) Le Père, *Mém. sur les Pyr. et leur système religieux*, Paris, 1800.

(3) Zoëga, *De origine et usu obeliscorum Romæ*, 1797, in-fol., sect. IV, § XXIV et XXV.

(4) Hirt, *Von den Egyptischen über-hampt*, Berlin, 1815, in-4°.

(5) M. Quatremère de Quincy, *Dict. d'archit.*, au mot Pyr., t. II, p. 332-345, 2e édit.

des rois; calcul politique pour prévenir les rébellions en occupant le peuple; crainte des rois de laisser leurs trésors à leurs successeurs ou à leurs ennemis; enfin la fameuse raison des modernes, hasardée par Jaucourt, dans l'Encyclopédie (1), et nettement formulée par Volney (2): Intérêt des rois à se créer des sépultures impénétrables, éternelles, d'après ce dogme que les âmes revenaient au bout de six mille ans habiter les corps qu'elles avaient quittés.

Quelle que soit la valeur de ces principaux arguments, et malgré les efforts de quelques savants dont nous avons parlé, pour découvrir dans les Pyramides une destination plus importante, ces monuments, depuis quarante siècles, ne sont comptés dans le monde que pour des tombeaux; et cette antique opinion est faite pour imposer au plus ferme courage. Les plus célèbres écrivains de l'antiquité, les plus grands savants des temps modernes ont déploré l'aveuglement d'un peuple qui a pu élever de si merveilleuses constructions pour un si futile objet; mais ils ont cru à cet aveuglement, et ont essayé de l'expliquer. Je me trouve donc contraint de m'attaquer aux plus imposantes autorités de l'histoire; mais si la vérité me guide, cette lutte ne m'épouvante pas; malgré le glorieux cortége qui l'entoure, l'erreur sera vaincue. Le génie ne lui aura prêté son éclat que pour la rendre plus reconnaissable.

(1) Le chev. de Jancourt, *Encycl.*, au mot Pyr., t. XXVIII.

(2) Volney, œuv. comp., *Voy. d'Eg.*, t. II, p. 226.

II

Je commence par repousser une doctrine introduite dans le monde savant par un philosophe célèbre, et qu'on oppose à toutes les tentations faites pour pénétrer le mystère des Pyramides.

« Quelques écrivains, a dit Volney, se sont lassés de l'o-« pinion que les Pyramides étaient des tombeaux; ils ont « regardé comme absurde qu'une nation sage et policée fît « une affaire d'Etat du sépulcre de son souverain, et comme « extravagant qu'un monarque écrasât son peuple de cor-« vées, pour enfermer un squelette de cinq pieds dans une « montagne de pierres; mais on juge mal les peuples an-« ciens quand on prend pour terme de comparaison nos « opinions, nos usages. Les motifs qui les ont animés peu-« vent nous paraître extravagants, peuvent l'être même « aux yeux de la raison, sans avoir été moins puissants, « moins efficaces. On se donne des entraves gratuites « de contradictions, en leur supposant une sagesse con-« forme à nos principes; nous raisonnons trop d'après nos « idées, et pas assez d'après les leurs (1). »

(1) Volney, œuv. compl., t. II, p. 225.

Oui, malgré la banalité de la leçon, banalité anoblie par la distinction de la forme, il est bon de le répéter : Ce n'est point à travers les usages, les préjugés, les erreurs d'un peuple, d'un siècle, qu'il est possible de juger sainement les analogues d'autres siècles, d'autres peuples. Mais que veut dire ici le philosophe? s'agit-il de faire le procès des idées religieuses ou philosophiques des Égyptiens? nullement. Les Égyptiens croyaient que les âmes revenaient au bout de six mille ans habiter les corps qu'elles avaient quittés : soit ; cela n'est ni plus ni moins extravagant que tant d'autres dogmes religieux de la Grèce, de Rome, etc., devant lesquels les plus grands hommes ont humilié leur raison. Mais en dehors des dogmes, des lois, des idées, des préjugés, des erreurs qui forment comme la physionomie particulière de chaque peuple, de chaque époque, il y a dans l'esprit de l'homme une raison de tous les pays, de tous les temps, une logique éternelle qui sert à le diriger dans l'intérêt même des préjugés, des erreurs de son siècle.

Que les despotes d'un peuple superstitieux aient voulu bâtir pour leur sépulture une demeure impénétrable ; qu'ils n'aient pas craint de tourmenter toute une nation pour se ménager l'espoir d'une seconde vie royale : cela est possible ; il n'y a rien qui dépasse les bornes de l'égoïsme, de la folie humaine.

Si donc ce dogme a réellement existé en Égypte, et surtout parmi les chefs de l'État, ce qui est loin d'être prouvé, que je sache, on peut certainement expliquer jusqu'à un certain point, par cette croyance singulière, les dispositions mystérieuses de l'intérieur des Pyramides, et la peine qu'on s'est donnée pour en fermer l'entrée, en remplissant de pierres les canaux inclinés, selon l'excellente explication de Maillet (1), bien que rien de semblable ne se rencontre dans les

(1) Maillet, *Descr. de l'Ég.* — Savary, *Lettres*, t. I, p. 196-238.

autres tombeaux des rois et des grands de ce pays. Mais quant aux Pyramides elles-mêmes, quant à la construction de ces masses énormes, comme moyen de conserver éternellement le cadavre d'un roi et de le dérober à la profanation, c'est là, aux yeux de la raison, du bon sens de tous les temps, de tous les pays, l'acte le plus insensé, le plus absurde qui se puisse imaginer.

Eh quoi! ces princes qui attachaient une si haute importance à soustraire leur cadavre à la violation des hommes, n'ont pas eu le bon sens de comprendre qu'élever ces fastueux monuments aux regards du monde entier, c'était provoquer, comme à plaisir, la curiosité, l'avidité même des siècles à venir! Tandis que le plus humble tombeau, la plus obscure retraite mystérieusement enfouie au sein de la terre, quelque excavation creusée dans les profondeurs du Désert et abandonnée ensuite à l'océan de sable, eût été la plus cachée, la plus inviolable des sépultures, ils ont dit à toute la terre où se trouvaient leurs précieuses dépouilles. Quelle singulière aberration! avaient-ils la simplicité de croire que quelques dispositions d'architecture, des conduits inclinés pratiqués dans un massif énorme et remplis de pierres, interdiraient à jamais l'accès de leur tombeau? Mais pourquoi créer des montagnes quand elles existaient toutes faites par la nature même, quand le Mokattam offrait aux ressources de l'art des masses bien autrement profondes, bien autrement mystérieuses, bien autrement éternelles! Ces vingt à trente rois, peut-être, qui figurent dans l'histoire des Pyramides, aidés des lumières de leurs colléges fameux, cette assemblée de savants géomètres, tout cet illustre aréopage, enfin, préoccupé de dérober au monde une momie royale, déterminé dans ce but, à remuer toutes les forces d'une nation et qui ne peut en venir à bout! Les insensés! il leur faut toute une montagne pour cacher un squelette de cinq pieds, et ils ne s'aperçoivent pas que la montagne même trahit le squelette. Quel bon sens! quelle logique! Dira-t-on, comme les Arabes, que les Égyptiens croyaient à un nouveau déluge? Mais alors pourquoi choisir sur la chaîne Libyque les points les moins favorables à l'élévation de ces nouvelles tours de Babel, et quand le Mokattam domine de quatre à cinq cents pieds le site des Pyramides?

Et voilà cependant à quoi se réduit ce fameux argument dont on a tant abusé. Dans son impuissance de donner une raison sensée de la construction de ces prétendus tombeaux, l'illustre philosophe a érigé son impuissance en principe, et il ne s'est servi de son admirable talent que pour la rendre célèbre.

Après cette grande raison des modernes, examinons celles des anciens. Un trait de l'histoire va nous servir d'introduction. Hérodote (1) et Diodore (2) nous apprennent que ni Chéops, ni Chephren, ne furent enterrés dans ces magnifiques tombeaux, qui avaient coûté tant de dépenses, tant de peines à élever. Les peuples, irrités de ces travaux odieux, jurèrent qu'ils arracheraient les deux momies de leur sépulture pour les mettre en pièces. Ils se soulevèrent à la mort des deux princes, et l'on fut forcé, pour dérober les deux cadavres à l'indignation publique, de les ensevelir dans des lieux écartés et secrets. Ces rois, eux-mêmes, prévenus des dispositions du peuple, avaient ordonné à leurs serviteurs de prendre ce parti.

Voilà donc cette grande vanité royale qui n'a pu être satisfaite; ce caprice insensé est justement puni! Mais ce n'est pas la moralité que je veux tirer de ce trait curieux. Je demande comment ces deux faits réunis et se donnant la main, ont pu traverser si tranquillement les siècles. Bien

(1) Hérodote, liv. II, chap. CXXVIII.

(2) Diod. de Sic., *Bibl. hist.*, liv. I, chap. LXIII.

qu'ils soient évidemment séparés d'au moins vingt ans, par quelle singulière préoccupation n'a-t-on pas songé à les isoler? Chéops est contraint de renoncer, pour sa sépulture, à cette merveilleuse tombe, œuvre des efforts d'un peuple entier; à sa mort, ce peuple indigné se soulève, menace de sa fureur le cadavre de son souverain; et cependant voilà Chephren, le successeur de Chéops, qui n'a rien de plus pressé que de recommencer ces grands travaux. L'exemple et le désappointement de son frère ne l'éclairent pas; et, chose plus extraordinaire, cette nation, qui vient de se soulever contre un caprice insensé, se remet immédiatement au service de la même folie; elle attend, pour se révolter de nouveau, que le deuxième monument soit terminé, toute prête ensuite à commencer le troisième. Quelle inconcevable contradiction! Des rois qui mettent en œuvre toutes les forces d'un pays, qui bouleversent toute l'économie d'une nation pour élever de fastueux tombeaux, sans l'espoir ou, tout au moins, sans la certitude raisonnable d'y être enterrés; et des peuples indignés, toujours prêts à se soulever quand les travaux sont finis et toujours disposés à les recommencer. Les Pyramides ont-elles joui de tout temps du privilége de faire déraisonner les hommes! Mais qui a déraisonné? Est-ce l'Égypte ou l'histoire?

Maintenant, que faut-il dire de la sagesse des rois qui auraient entrepris ces grands travaux pour prévenir les rébellions? Singulière sagesse, qui provoquait comme à plaisir ce qu'elle voulait empêcher! Dans un pays où la civilisation tout entière n'est qu'un effort constant de l'industrie humaine sur la nature; où, sans parler de la lutte incessante du Désert, du combat perpétuel d'Osiris et de Typhon, il a fallu élever chaque ville, chaque village sur des collines artificielles, à l'abri des débordements du Nil, creuser des canaux, construire des digues innombrables, exécuter enfin les plus grands ouvrages économiques qui aient été faits dans le monde, le lac Mœris, le canal du Fayoum et celui des Deux-Mers; chez une nation qui, dans les constructions gigantesques de ses monuments, semble n'avoir été guidée que par la plus sage économie; qui ne les a faits éternels que pour n'avoir point à les refaire : conçoit-on cette raison d'État qui aurait commandé, pendant deux ou trois siècles, durée probable de la construction des Pyramides, d'amuser tout un peuple à des travaux inutiles? Est-il possible qu'une nation, si naturellement occupée des soins de sa vie agricole, industrielle, commerciale ou domestique, ait eu besoin, comme une armée dans ses quartiers d'hiver, d'un principe anormal d'activité; que son gouvernement n'ait su donner aucune direction utile à cette grande superfétation de l'industrie publique; et qu'enfin, une situation si extraordinaire se soit prolongée si fort au delà des bornes raisonnables d'une mesure politique? En vérité, l'absurdité est tellement manifeste que j'aurais honte de la discuter plus longtemps.

Quant à l'autre raison des anciens, la crainte des rois de laisser leurs richesses à leurs successeurs ou à leurs ennemis, elle est encore plus bizarre que la première. Quelle singulière idée se faisaient donc les philosophes de la Grèce et de Rome de la richesse des rois? Voilà des princes bien embarrassés, qui ne savent que faire de leurs trésors! Mais, la fortune d'un roi c'est le revenu public; et il n'est pas besoin d'entreprendre des travaux si extraordinaires pour mettre en équilibre les dépenses et les recettes. Ne rien laisser à sa mort dans les coffres de l'État qui puisse tenter l'avidité d'un ennemi, n'est pas pour un prince une affaire si difficile. Il a été de tout temps, je m'imagine, plus aisé de vider le trésor royal que de le remplir. Mais le plus curieux, c'est cette appréhension de transmettre sa fortune à ses successeurs. Chéops élève la Grande pyramide pour ne rien laisser à son frère Chephren; et celui-ci construit la Deuxième pour déshériter son fils Mycerinus, qui, à son tour, comme vingt rois ses prédécesseurs, s'empresse d'enfouir ses économies dans une autre pyramide. Voilà un roi, un homme qui a peur de laisser ses trésors à son fils, à ses proches. Quelle intelligence du cœur humain! Mais Pline qui nous transmet cette belle raison, aurait mieux fait de nous expliquer la monarchie et la famille. Car, une fois le sentiment de la transmission des biens et des avantages sociaux mis hors du cœur de l'homme, la monarchie et la famille seraient de bien autres mystères que les Pyramides.

Mais laissons là ces puérilités! Il s'agit bien de la dépense des Pyramides! Un pays qui a pu élever ces gigantesques monuments formait une société riche, bien réglée, bien administrée : voilà tout ce que prouve le chapitre des dépenses. Mais qu'est-ce que les trésors des rois auprès des sueurs de tout un peuple? L'extraordinaire, le merveilleux de ces grands travaux, c'est une nation entière mise en réquisition pour les exécuter; cent mille hommes relevés tous les trois mois (1), et pendant soixante-dix ans pour les seules pyramides de Gizeh (2)!

Quand on songe à la grandeur, à la durée d'une telle entreprise, à cet effort prodigieux, si vigoureusement commencé, si imperturbablement continué jusqu'à la fin, on n'a pas assez d'admiration pour ce magnifique spécimen de la volonté humaine. Toute la sagesse des philosophes si pompeusement opposée à la vanité des rois ne saurait en imposer. La folie qui a su élever les plus grands,

(1) Hérodote, liv. II, chap. CXXIV.

(2) Pline, *Hist. nat.*, liv. XXXVI, chap. XII.

les plus durables monuments de la terre, vaut bien, ce me semble, la sagesse qui n'a pu en donner aucune raison sensée.

Ici d'autres observations me paraissent indispensables. On a dit que de si prodigieux efforts, faits dans l'unique objet de couvrir la dépouille mortelle d'un seul homme, ne présentaient rien qui ne fût conforme à l'esprit général de la civilisation égyptienne; que le Labyrinthe et les Syringes de la nécropole royale des environs de Thèbes avaient coûté aussi inutilement presque autant de travaux et de peines. Comme cette assertion, qui va se répétant de siècle en siècle, n'a jamais été, je crois, sérieusement examinée, une juste appréciation des faits répandra peut-être quelque lumière sur la question.

De toutes les pratiques consacrées en Égypte par la religion, celles qui avaient pour objet le soin des sépultures nous donnent peut-être la plus haute idée de la sagesse qui présida à l'organisation de ce peuple. C'était là, en effet, une question de salubrité publique d'un intérêt capital dans un pays tour à tour inondé par le débordement d'un fleuve et desséché par le soleil le plus ardent. Aussi paraît-il certain que la peste, qui a fait tant de ravages en Égypte depuis la domination arabe, y était jadis inconnue. Mais on peut abuser des meilleures institutions. Voyons si dans les exemples cités on peut trouver quelque chose d'analogue aux travaux des Pyramides, et expliquer une folie par d'autres folies.

D'abord le Labyrinthe n'était pas un tombeau. Le témoignage d'Hérodote (1) et de Strabon (2) aurait dû suffire pour éclaircir entièrement ce point historique. Mais après les

(1) Hérodote, liv. II, chap. CXLVI.
(2) Strabon, *Géog.*, liv. XVII, chap. I.

travaux de la Commission d'Égypte (1), de Champollion (2), et la savante dissertation de M. Letronne (3), il n'est plus permis de mettre en doute la glorieuse destination du Labyrinthe. C'était le grand palais de la nation, le lieu de réunion des députés et des prêtres, et le Panthéon des différentes provinces : ce qui n'empêche pas, selon la remarque de M. Jomard, qu'il n'ait été consacré au soleil, et que les caveaux du palais n'aient servi à la sépulture des princes qui avaient concouru à sa construction.

Quant aux hypogées royaux des environs de Thèbes, sans parler de l'utilité sérieuse que donne à ces monuments leur caractère historiographique, nous pouvons apprécier facilement la nature des difficultés vaincues et l'ordonnance des travaux exécutés.

L'usage était sous les dynasties thébaines, comme nous l'a fait connaître Champollion le jeune, de commencer l'hypogée du roi à son avénement au trône, et d'arrêter les travaux à sa mort (4). La grandeur de l'excavation dépendait ainsi de la durée du règne. S'il y avait des hypogées composés de très-vastes galeries, d'autres ne formaient que de petits réduits à peine ébauchés et creusés à la hâte. Ce travail de patience, au fond d'une vallée solitaire, aidé peut-être de moyens expéditifs, et favorisé d'ailleurs, comme l'a remarqué la Commission d'Égypte (5), par une pierre tendre, facile à exploiter, constituait ainsi un service régulier, permanent; et ce service ne devait pas imposer une charge bien lourde à la maison royale; car, veut-on

(1) M. Jomard, *Desc. de l'Ég. ant.*, t. II, chap. XVII, p. 30.

(2) Champollion, *l'Ég. sous les Pharaons*, vol. I, p. 73.

(3) M. Letronne, *Essai sur le plan et la disp. gén. du Labyrinthe d'Eg.* (Malte-Brun, *Nouv. Annales des Voy.*, p. 133-134.)

(4) Champollion-Figeac, *l'Ég. ant.*, p. 51.

(5) M. Jomard, *Hypogées de Thèbes*, *Desc. de l'Ég. ant.*, sect. X, p. 313.

savoir combien d'hommes y pouvaient être employés? le nombre en est facile à déterminer. L'hypogée royal se composait d'une longue galerie interrompue de loin en loin, de manière à former une suite de chambres rectangulaires disposées sur le même axe et aboutissant à une pièce principale où se plaçait le sarcophage (1). Cette galerie avait quatre à cinq mètres de largeur sur autant de hauteur (2). En supposant trois rangs d'ouvriers mineurs, et donnant à chacun un mètre de large sur deux de hauteur, cela fait quinze hommes occupés à la fois à creuser le rocher; autant peut-être à transporter près de là les éclats de pierre, et enfin le double d'artistes à sculpter ou à peindre les galeries; qu'on double, qu'on triple ce nombre si l'on veut.

Et voilà ce qu'on a comparé aux Pyramides, à ces monuments qui ont mérité le nom de merveilles du monde, et dont chacun, dit M. Jomard, suppose presque autant de matériaux, et peut-être autant de travail et de dépense que la construction des plus grandes villes modernes (3) !

Qu'on se figure cent mille ouvriers (4) (trois cent soixante au rapport de Pline le naturaliste (5)) travaillant à la fois pendant quelque trente années pour une seule pyramide; toute la contrée autour de Memphis encombrée d'hommes et d'animaux, de machines et de matériaux; des montagnes mises en mouvement sur une rive du fleuve pour aller se reformer sur l'autre; la navigation du Nil gênée, interrompue peut-être par cet immense passage; enfin le pays entier ému de ce grand travail, et tout ce dérangement

(1) Costaz, *Tombeaux des rois*, *Desc. de l'Ég. ant.*, t. I, p. 399.

(2) Belzoni, *Voyages*, t. II, p. 378.

(3) M. Jomard, *Desc. de l'Ég. ant.*, t. II, chap. XVIII, p. 72.

(4) Hérodote, liv. II, chap. CXXIV.

(5) Pline, *Hist. nat.*, liv. XXXVI, chap. XIII.

dans l'économie d'une nation, sans autre objet que de couvrir la chétive momie d'un roi!

Les exemples cités ne servent donc qu'à mieux faire sentir l'invraisemblance d'une telle destination. Dans un pays riche comme l'Égypte, il était naturel que les pratiques si sages, si sensées, en ce qui concerne les sépultures, fussent pour les rois et les particuliers opulents, des occasions de déployer un certain luxe, une certaine magnificence; mais en dehors des Pyramides, on ne trouve rien que la plus froide raison puisse condamner. L'exagération n'a été que dans l'esprit de ceux qui ont imaginé de ridicules rapprochements.

J'ai dit que la grandeur des hypogées royaux dépendait uniquement de la durée du règne, et que les travaux commencés à l'avénement d'un prince se terminaient à sa mort. Mais dans la construction des Pyramides on ne voit rien de semblable. Tous ces monuments ont été terminés. Or, il n'est pas supposable que chacune des trente-neuf pyramides qui existent en Égypte ait été commencée et achevée par le même prince. On doit même présumer, qu'entre la pose de la première et de la dernière pierre d'une grande pyramide, plusieurs règnes ont pu s'écouler. Dans ce cas, à quel prince le monument servit-il de tombeau? Est-ce à qui le commença ou à qui le termina? A qui en arrêta le projet ou à qui l'exécuta? Question embarrassante qui n'a pas été résolue.

Cependant comme c'est là un point délicat qui secrètement tourmente la pensée des partisans de la destination funéraire, on a cherché quelques faits à opposer au premier adversaire qui viendrait signaler cette lacune du système. Mais l'on va voir quelle misère, quelle pauvreté.

On sait que la plupart des pyramides ont subi de fortes dégradations de la part des Arabes des villes ou villages voisins qui vont y chercher des matériaux comme à une carrière. Le désordre, la maladresse qui préside depuis des siècles à ces barbares spoliations, a amoncelé autour de chaque pyramide des masses énormes de pierres brisées, de décombres qui, en rendant l'accès de plus en plus difficile, servent au moins à protéger le reste des monuments.

Toutefois, on a trouvé deux pyramides, celle d'Abou-Roash et la plus méridionale du groupe d'Abousir, qui, presque entièrement détruites, ne présentent pas de décombres autour d'elles (1). Cette circonstance a paru singulière ; le colonel Howard Vyse, ou plutôt M. Perring qui, en l'absence du colonel, a exploré ces pyramides, a cru reconnaître dans ce fait exceptionnel la preuve que les deux monuments n'avaient point été terminés, et il en a été tiré des conséquences énormes.

Mais avant d'élever tout un système sur une simple présomption, il faudrait, ce me semble, qu'il fût impossible d'expliquer autrement cette absence de décombres, tandis que rien n'est plus facile. Nous savons, en effet, que les califes firent démolir plusieurs petites pyramides. Abd-Allatif, entre autres écrivains arabes, en rend compte en ces termes :

« On voyait autrefois à Gizeh une quantité considérable « de pyramides, petites à la vérité, qui furent détruites du « temps de Salah-Eddin-Yousouf, fils d'Ayoub. Leur des- « truction fut l'ouvrage de Karakousch, eunuque grec, qui « était un des émirs de l'armée de ce prince et homme de « génie (2). »

On peut donc appliquer sans témérité aux deux monuments en question le récit de l'écrivain arabe, puisque les res-

(1) Col. How. Vyse, *Appendix*, p. 8, 12.

(2) Abd-Allatif, *Rel. de l'Ég.*, trad de M. de Sacy, in-4°, p. 171.

tes de ces deux petites pyramides appartiennent à la province de Gizeh et sont situés près de cette ville. Or, une fois cette supposition si naturelle admise, l'absence de décombres autour des monuments s'explique d'elle-même; car, tandis que l'aspect des dégradations dont les autres pyramides ont été l'objet, témoigne des efforts inintelligents de populations barbares et indisciplinées, on reconnaît au contraire dans la démolition des deux pyramides d'Abou-Roash et d'Abousir une opération régulière, exécutée par l'ordre d'un gouvernement puissant, à l'époque la plus brillante de la domination arabe, et sous la direction enfin d'habiles ingénieurs. Il est, du reste, probable que beaucoup d'autres petites pyramides, également démolies par les Arabes, ont aujourd'hui leur base enfouie sous le sable; et si l'on voit encore les restes des deux constructions dont nous venons de parler, cela tient à des causes particulières qui figureront dans la résolution du problème scientifique, et dont je prie le lecteur de ne point se préoccuper.

Et c'est cependant sur cette futile circonstance de décombres qu'on a imaginé d'étendre aux Pyramides le système observé dans les Syringes royales de Thèbes, système, comme nous l'avons vu, qui faisait dépendre la grandeur des travaux de la durée du règne. Cette idée bizarre qui pour être raisonnable exigerait que la construction d'une pyramide pût être commencée par la pointe, a été cependant partagée par des esprits éminents. Un célèbre archéologue s'est laissé entraîner à ce système jusqu'à faire remarquer la connexion qui existe entre les proportions des deux grandes pyramides de Gizeh et la longueur des règnes de Chéops et de Chephren, d'après Hérodote et Diodore (1). Mais sérieusement peut-on croire que la construc-

(1) M. Raoul-Rochette, *Journ. des sav.*, mai 1844, p. 268.

tion d'une pyramide commencée sur l'énorme base d'un carré de deux cent trente-deux mètres de côté, et dont les travaux préparatoires seuls ont coûté dix, vingt ans d'efforts inouïs, ait été subordonnée à l'éventualité de la durée d'une vie d'homme? Se figure-t-on ces grands travaux interrompus par la mort du prince, ces gigantesques monuments arrêtés au quart, au tiers de leur construction; tant de peines, tant de dépenses inutilement sacrifiées! La raison repousse une telle supposition; des faits éclatants la démentent. Car, en admettant quelque incertitude au sujet des deux constructions dont on a parlé, il est du moins reconnu que sur trente-neuf pyramides qui existent aujourd'hui, trente-sept ont été terminées incontestablement; et il est désormais acquis à la science, depuis l'admirable, la lumineuse dissertation de M. Letronne, que non-seulement elles ont été terminées, mais toutes, même les pyramides à degrés, couvertes d'un revêtement de pierres polies et décorées d'innombrables hiéroglyphes (1).

Ainsi l'argument reste entier, absolu. La construction d'une pyramide commencée par un prince n'a pu être interrompue à sa mort; une seule pyramide a pu être l'ouvrage de différents rois et servir de sépulture à tous ses fondateurs. Nous voyons par une relation d'Abdoul-Rahhman (2), qu'une des grandes pyramides ouvertes par le calife Al-Mamoun renfermait quatre momies royales: voilà donc plusieurs princes, plusieurs règnes intéressés à une œuvre commune! Nous savons, d'ailleurs, d'une manière positive, par le grand nombre de momies découvertes dans la Huitième de Gizeh et surtout dans la Grande de Saccara (3), que ces pompeuses sépultures n'ont pas toujours

(1) M. Letronne, *Journ. des sav.*, cah. d'août 1841, p. 461.

(2) Abdoul-Rahhman, d'après Langlès, édit. de Norden, voy. t. III, p. 303.

(3) Col. How. Vyse, *Oper.*, t. II, p. 70, *Append.*, t. III, p. 58.

gratifié la vanité d'un seul homme : le merveilleux commence à se dissiper; la vérité se fait jour au milieu de ces ténèbres!

Ici, je ne dois pas oublier un autre argument des modernes, car on semble lui avoir accordé une grande importance; je le trouve en tête de toutes les raisons présentées par les partisans de la destination funéraire. Les Pyramides, a-t-on dit, sont situées dans la région des tombeaux de la Basse-Égypte. Chaque groupe et même chaque pyramide isolée signale l'emplacement d'une nécropole. Les Pyramides sont entourées d'innombrables sépultures : donc ces monuments sont des tombeaux. Singulier argument! Ces masses énormes n'ont pas eu l'honneur d'expliquer la présence des constructions qui rampent à leur pied, comme des cailloux au bas d'une montagne; c'est le caillou qui a rendu compte de la montagne.

Et d'abord, il n'est pas nécessaire, je pense, de rechercher quel motif a fait choisir pour l'emplacement des nécropoles un terrain improductif et désert, et préférer pour l'économie des constructions, les points les moins élevés de la chaîne Libyque. Mais ce qui ne semble pas aussi naturel, c'est que ces nécropoles soient toutes situés sur les bords du désert de Libye, et qu'il n'en existe aucune sur le Mokattam. Dans la Haute, comme dans la Basse-Égypte, tous les tombeaux sont sur la rive occidentale (1). Que faut-il penser d'une circonstance si remarquable? La religion des Égyptiens nous expliquera peut-être ce mystère.

Nous avons vu comment leur mythologie rattachait la lutte d'Osiris et de Typhon à l'idée des tombeaux. Nous savons leur crainte religieuse que Typhon ne vînt à découvrir le corps d'Osiris. Il est donc probable que, dans l'es-

(1) Ritter, *Géog. comp.*, t. II, p. 489.

prit de ce peuple, placer les sépultures aux portes de l'empire de Typhon, c'était concourir à la sécurité d'Osiris en augmentant les difficultés de la recherche de son ennemi. La grande quantité de momies, d'animaux trouvés dans les nécropoles (1), autorise à croire qu'élever des tombeaux, creuser des hypogées étaient autant d'œuvres pies conseillées par la religion aux riches particuliers, et multipliées peut-être par la superstition sans l'intelligence des sages prévoyances du culte.

Mais quant à la pensée raisonnable de ces pratiques, il ne faut pas douter, du moins dans de certaines circonstances, de l'utilité de ces constructions accumulées à l'entrée du Désert. Nous verrons, dans l'examen des questions physiques de la destination des Pyramides contre les sables, et particulièrement en ce qui concerne le col de Gizeh, des massifs de tombeaux de trente à quarante pieds de hauteur et de deux cents mètres d'épaisseur (2), jouer un rôle évident, incontestable dans l'ensemble des dispositions dont ce grand débouché du désert a été l'objet. Nous admirerons le génie de la religion égyptienne qui n'avait, sans doute, inspiré au peuple cette tendre compassion des malheurs de son dieu, que pour placer la sécurité publique sous la sauvegarde d'un sentiment sublime, capable d'inspirer les plus héroïques résolutions. Le charme singulier qu'éprouve l'homme, dans sa faiblesse même, à étendre autour de lui sa protection, ce généreux instinct de la nature humaine appliqué à la défense d'un dieu, peut avoir enfanté bien des merveilles. Il expliquerait mieux, à lui seul, l'obéissance des Égyptiens à se soumettre aux travaux des Pyramides, que toutes les raisons fondées sur le despotisme et l'autorité des rois.

(1) Savary, *Lett. sur l'Ég.*, t. II, p. 11.
(2) M. Jomard, *Desc. de l'Ég.*, t. II, chap. XVIII, p. 92.

Et, en effet, le despotisme royal, le caprice d'un seul homme rend-il compte de si prodigieux travaux? Et ce caprice a-t-il pu se satisfaire tant de fois? En vérité, je ne sais si, dans l'état présent des sciences morales et politiques, cette supposition mérite un examen sérieux. Car si certaines institutions permettent de soumettre un peuple aux plus onéreux, aux plus humiliants sacrifices, ne sait-on pas aussi que le despotisme a ses bornes; qu'il existe toujours autour d'un trône des classes élevées, des grands, des intermédiaires enfin du prince au peuple; que là gît l'opinion publique des États absolus, et que cette opinion est souvent mille fois plus terrible pour la personne royale que celle des États libres? Il ne suffit donc pas de nommer le despotisme royal pour nous faire concevoir qu'un grand pays ait été si souvent victime d'un caprice insensé, il faut aussi nous dire quel intérêt, quelle passion a pu soumettre les grands de ce pays aux exigences d'une vanité si humiliante pour eux-mêmes. C'est avant tout un si absurbe despotisme qu'il faut expliquer.

Mais que parlons-nous de despotisme dans l'histoire d'un peuple où les rois ne périssent de mort violente que devant l'ennemi; quand tout ce que nous connaissons de ce peuple prouve l'existence d'un gouvernement sage, modéré, sans cesse occupé des grands intérêts religieux et économiques du pays. Nous savons que, dès la plus haute antiquité, un corps de prêtres était le dépositaire tout à la fois des mystères de la religion, des raisons de la politique et des secrets de la science. Mais de si hautes attributions entre les mains d'une assemblée recrutée dans les mêmes familles et par conséquent indépendante de sa nature, sont inconciliables avec l'idée du despotisme royal. Tout semble prouver que la véritable puissance sociale émanait, au contraire, de ce corps extraordinaire; que la royauté en était la déléguée, la représentation extérieure, la force exécutive. On ne voit point, en effet, dans la longue série des rois d'Égypte, de ces monstres odieux qu'enfante parfois la puissance absolue. C'étaient ou des hommes nuls, ou de grands princes; ils avaient la faculté de s'illustrer par de belles actions et non le pouvoir de se rendre fameux par des crimes. On ne peut donc nier que l'autorité royale n'ait été du moins singulièrement limitée. Or, avec une pareille organisation politique, comment supposer que le seul intérêt d'un fol orgueil ait pu imposer de si grands sacrifices à un pays constamment en lutte avec une nature ingrate, où le travail des peuples était si précieux? Se peut-il que la caste sacerdotale ait autorisé un tel gaspillage des forces de l'homme, et se soit prêtée à une folie étrangère, sinon opposée, à tous les grands intérêts religieux et matériels de la nation?

Plus on étudie l'histoire de ce peuple, plus on est convaincu que tout ce qu'il a fait de grand appartient à cette caste d'hommes d'État, de savants et de pontifes. Cette caste cependant se rendit coupable d'une grande iniquité : elle usurpa pour elle seule le flambeau de l'esprit humain; elle ne dota les peuples que des effets sensibles et matériels de la science; elle leur en déroba les causes. Mais cette iniquité explique sa constante sagesse. Sans rivalité, elle fut aussi sans passion. Si elle exalta le sentiment religieux par les monuments les plus gigantesques, elle fit aussi les plus vastes entreprises économiques dont l'histoire ait conservé le souvenir. Garantie par le trône des séductions de la puissance extérieure, calme et recueillie au fond de ses sanctuaires, elle ne vit dans l'existence d'un peuple qu'un grand problème à résoudre, et s'y appliqua avec cette ardeur sublime qu'inspire la science et cet amour du bien public qui en découle. Longtemps d'épaisses ténèbres ont recouvert les traces innombrables de ses travaux ; mais à mesure qu'elles se dissipent, sa gloire éclate plus resplendissante ; car toutes ses créations révèlent un sens profond, tous ses actes une utilité sérieuse. Et les Pyramides, les plus merveilleux monuments des connaissances astronomiques, mécaniques et mathématiques de cette caste, n'auraient aucun sens, aucune utilité ! Non, cela n'est pas possible. Il y a là un grand mystère, et le temps est venu de le pénétrer.

Passons à d'autres considérations.

III

Souphi, l'auteur de la Grande pyramide, consacra dix ans à construire la chaussée qui devait servir à transporter les matériaux sur le plateau de Gizeh et dix à niveler le plateau, vingt ans de prodigieux efforts avant de poser la première pierre de son tombeau ; puis vingt autres années à élever le monument, en tout presqu'un demi-siècle (1). Quelle merveilleuse confiance dans la durée de sa vie !

Mais ceci est encore plus curieux. Il a été fait, sans aucun doute, de très-grands travaux de nivellement sur le plateau de Gizeh, et j'aurai l'occasion, dans l'examen de la question physique de mon hypothèse, de parler de cette opération très-importante et dont les traces sont irrécusables ; mais sait-on quelle partie de la montagne a été aplanie? C'est l'extrémité du plateau qui regarde le Nil, entre la Deuxième et Troisième pyramide, et surtout l'emplacement même de ces deux dernières (2). Quant à l'emplacement de la Grande pyramide, il est à peu près certain qu'on n'y a pas

(1) Hérodote, liv. II, chap. CXXIV.

(2) M. Jomard, *Memphis et les Pyr. ant.*, t. II, sect. III, p. 79.

touché, car c'est la partie la plus basse du plateau; elle est de 10ᵐ 70 au-dessous de la Deuxième pyramide, et de 12ᵐ 68 de la Troisième (1). Sans parler du choix très-extraordinaire de Souphi, en construisant la Grande pyramide sur le point le plus bas du plateau, ce prince aurait donc employé dix ans de sa vie à préparer l'emplacement du tombeau de son successeur : ce qu'on ne peut supposer. Il faut donc admettre, ou que les grands travaux préparatoires exécutés sur le plateau de Gizeh faisaient partie d'un plan général conçu à l'avance pour les trois pyramides, et l'on voit les conséquences à tirer d'un tel fait, ou qu'Hérodote qui nous a transmis ces détails ait été induit en erreur. Mais on ne peut supposer que les prêtres d'Héliopolis et de Memphis, dont il tenait ces renseignements, aient eu intérêt à lui cacher la vérité sur des faits purement historiques. Hérodote n'a pas connu le grand secret. Étranger, il était doublement profane; mais tout prouve qu'en ce qui ne touchait pas directement aux mystères sacrés, il a été bien informé. Il s'est trompé cependant d'une manière grave quant à la date des Pyramides; mais son erreur se comprend aisément. Une si haute antiquité devait choquer toutes ses idées. Il a pensé sans doute que les Égyptiens se vantaient. D'ailleurs, il écrivait pour les Grecs, et son récit devait se plier aux croyances, aux traditions, aux préjugés de son pays.

Il est un fait irrécusable, comme nous l'avons vu, c'est que la vallée du *Fleuve-sans-eau* est la première que les sables aient envahie (2). Le col de la vallée des Lacs de Natron, où se trouvent les pyramides de Gizeh, n'a pu par conséquent devenir une ouverture dangereuse qu'après l'occupation de la première vallée. Selon mon hypothèse, les

(1) Col. How. Vyse, *Operat.*, t. II, p. 106.
(2) Gén. Andréossy, *Desc. de l'Ég.*, état mod. t. I, p. 289.

pyramides placées aux divers débouchés de la vallée du *Fleuve-sans-eau* auraient donc précédé celles qui occùpent le col de la vallée des Lacs-Natron. Eh bien ! l'antériorité des pyramides d'Abousir, de Saqqârah et de Dahchour sur celles de Gizeh est incontestable. La supériorité, la magnificence de ces dernières constructions n'en laissent aucun doute. La critique historique a d'ailleurs parfaitement résolu cette question. C'est un fait admis de tous les archéologues (1). Continuons.

Les pyramides du Fayoum, d'Abousir, de Saqqârah et de Dahchour sont construites, quelques-unes en briques, la plupart en pierres. Celles de Gizeh sont toutes en pierres ; mais ce qui est encore l'objet de l'étonnement du monde savant, les matériaux de ces colossales constructions n'ont pas été entièrement empruntés à la chaîne calcaire sur laquelle elles reposent. Ils ont été tirés en grande partie de la chaîne Arabique (2), c'est-à-dire de l'autre côté du Nil, et comme il est aujourd'hui reconnu, des carrières de Thourah et de Messarah (3). Ainsi, les Égyptiens avaient sous la main les matériaux nécessaires et ils ont été les chercher loin de là, malgré les énormes difficultés du transport et du passage du fleuve ! Quelle raison les a déterminés ? Comment expliquer un fait aussi extraordinaire ? Jusqu'ici on n'avait d'autre ressource que d'invoquer encore quelques absurdes caprices du despotisme. Mais rien de plus simple et de plus naturel que ce mystère soumis aux calculs de mon hypothèse.

Les Pyramides n'ont pas été et ne pouvaient être construites uniquement avec des matériaux tirés de la chaîne Libyque, par des raisons intimement liées à la question du

(1) Champollion-Figeac, *l'Ég. anc.*, p. 278.

(2) Hérodote, liv. II, chap. CXXIV. — Diod. de Sic., liv. I, chap. LXII.

(3) M. Jomard, *Desc. de l'Ég. ant.*, t. II, chap. XVIII, p. 95.

Désert. Ce n'est pas assurément que la montagne dont il s'agissait de fortifier les parties faibles n'eût pu fournir des masses bien autrement considérables que toutes les pyramides réunies. Mais nous connaissons la configuration de cette partie de la chaîne Libyque : nous avons vu qu'elle se rattache au bassin du Nil par des pentes douces et insensibles; que ces pentes, couvertes de collines de sables, forment la lisière de terrain désert qui borde la vallée du Nil. Or, ces ramifications intérieures étaient évidemment trop faibles pour se prêter aisément aux vastes projets des constructeurs. L'encombrement des sables eût d'ailleurs augmenté singulièrement les difficultés de l'exploitation. Il restait, il est vrai, à s'attaquer au cœur de la montagne, où naturellement devaient se rencontrer les plus belles veines. Mais, pour y aborder, il fallait prendre la route des grands débouchés, et par conséquent s'exposer à des embarras de sable encore plus considérables, puisque ces débouchés sont les principaux passages du fléau. Les irruptions sablonneuses pouvaient à chaque instant arrêter le transport des pierres, et rendre ainsi l'opération impraticable. Les difficultés de l'entreprise étaient d'autant plus graves, qu'on devait s'avancer davantage vers le centre de la montagne pour trouver le massif favorable à de grandes excavations; car on ne pouvait songer à ouvrir des carrières à ciel ouvert, sous peine d'élargir les débouchés, d'affaiblir d'autant la ligne de défense et de bouleverser enfin l'état des faits anémographiques sur l'observation desquels a dû être conçu le système des différentes constructions.

En présence des grandes difficultés d'exploitation de la chaîne Libyque, qu'avaient donc à faire les Égyptiens? Exactement ce qu'ils ont fait. Leur conduite a été conforme à la plus sage économie. Ne pouvant ouvrir de vastes carrières dans le cœur de la chaîne Libyque, ils se sont contentés d'enlever, près des points à fortifier, tout ce qui se prêtait à une exploitation facile et ne pouvait causer de dérangements nuisibles à la ligne de défense, et ils n'ont tiré de la chaîne Libyque que le surplus des matériaux nécessaires. Il résulte, en effet, des recherches du colonel Howard Vyse et de son habile ingénieur, M. Perring, que le sol calcaire sur lequel reposent les Pyramides a concouru à la construction de ces monuments dans des proportions beaucoup plus considérables qu'on ne le supposait auparavant (1). Plusieurs pyramides n'ont emprunté aux carrières de Thourah que le revêtement et les parements intérieurs (2).

On comprend, du reste, pourquoi, dans aucun cas, les Égyptiens n'ont pu se dispenser de recourir aux carrières du Mokattam. Dès que l'encombrement des sables leur interdisait l'abord des grandes masses de la chaîne Libyque, et par conséquent des belles veines du massif calcaire, ils n'avaient à leur disposition que les matériaux grossiers enlevés çà et là à la superficie du sol, et se trouvaient forcés d'aller demander à des montagnes plus faciles à exploiter les pierres nécessaires aux parties délicates des constructions.

Si la chaîne Libyque eût dû fournir elle-même les moyens de fortifier ses ouvertures, c'est dans la Haute-Égypte où son escarpement permettait d'ouvrir aisément de très-vastes carrières. Et il existe, en effet, plusieurs traditions d'après lesquelles les matériaux des Pyramides auraient été tirés de la Haute-Égypte et apportés par le Nil (3). Cette version qui, appliquée généralement aux pyramides de Gizeh, serait en contradiction manifeste avec celle d'Hérodote, dont

(1) M. Jomard, *Desc. de l'Ég. ant.*, t. II, chap. XVIII, sect. III, p. 85.
(2) Idem, *App.*, t. III, p. 51, 52.
(3) Strabon, *Géog.*, liv. XVII, chap. I, § XIV.

on a reconnu l'exactitude, doit peut-être concerner quelques pyramides d'Abousir, de Saqqârah ou de Dahchour, et tout au moins la troisième pyramide de Gizeh, qui était revêtue en granit rose de Syène (1).

Quant aux points particuliers de la chaîne Libyque qui ont concouru à la construction des Pyramides, leur situation est remarquable. Dans les travaux du col de Gizeh, travaux que nous connaissons le mieux, on n'a pas touché aux deux embranchements qui encadrent le col au nord et au sud, et qui cependant devaient offrir l'exploitation la plus avantageuse. Les principales masses ont été prises sur le contre-fort qui rattache le col à la vallée du Nil. Là, un escarpement rapide a remplacé la pente douce qui devait exister auparavant; et le Sphinx est encore aujourd'hui le *témoin* de la place et de la hauteur du solide arraché à la montagne (2). C'est donc sur le versant du côté du Nil, et dans une position à ne pouvoir jouer aucun rôle dans la question des sables, qu'on a pris les matériaux utilisés par la construction. Cette circonstance prête une valeur singulière aux inductions précédentes. Elle prouve que les Égyptiens ont tiré de la chaîne Libyque tout ce qu'ils pouvaient lui enlever sans danger, et rien au delà. Elle achève d'expliquer la nécessité d'aller chercher si loin, et à tant de frais, les matériaux de ces montagnes factices.

Si donc de ce qui précède on ne peut rien conclure de positif, quant à la destination des Pyramides, il résulte au moins du scrupule des Égyptiens à ne point affaiblir la chaîne Libyque, et surtout des causes qui ont interdit l'ouverture des grandes carrières dans cette montagne, que la question du Désert a sérieusement préoccupé les ordon-

(1) Col. How. Vyse, *Operat.*, t. II, p. 109, 114, 119, *App.*, t. III, p. 8, 10, 12 42.

(2) M. Jomard, *Desc. de l'Ég. ant.*, t. II, chap. XVIII, p. 95.

nateurs de la construction des Pyramides. Entre ces monuments et le Désert, on aperçoit un rapport évident, manifeste, et ce rapport en laisse soupçonner d'autres.

Les faits se courbent devant mon hypothèse avec une si merveilleuse flexibilité, que si j'étais engagé dans une fausse voie, jamais erreur n'aurait été plus excusable. Hérodote rapporte qu'il y avait anciennement presque au milieu du lac Mœris deux grandes pyramides de cinquante orgyes de hauteur au-dessus de l'eau, et de cinquante au-dessous, surmontées chacune d'un colosse de pierre assis sur un trône (1). Certes, voilà le triomphe de la magnificence royale. Jamais d'orgueilleuses cendres ne reposèrent sous d'aussi merveilleux mausolées. La question du Désert semble rejetée bien loin; et j'avoue que cette inconcevable folie d'un peuple me parut d'abord l'un des nœuds du mystère les plus difficiles à délier. Mais on va voir ce qu'il faut en penser.

Le Fayoum, où se trouve le lac Mœris, est une province entièrement conquise sur le Désert. Il ne doit son existence, comme contrée cultivée, qu'au canal Jousef creusé à travers la chaîne Libyque. Mais ce grand ouvrage appartient à la plus haute antiquité, et le lac Mœris ne date que de la dix-huitième dynastie, dix-huit siècles seulement avant notre ère. La construction des fameuses pyramides dont parle Hérodote a donc précédé sans aucun doute la création du lac Mœris, comme le pensait lui-même cet historien. Or, dans mon hypothèse, la question des sables, à l'époque où le Fayoum fut arraché au Désert, dut être une des premières à résoudre; car cette province est encore aujourd'hui l'une des plus exposées à ce fléau (2). La Commission d'Égypte a constaté que son territoire avait été considérablement ré-

(1) Hérodote, liv. II, chap, CXLIX.
(2) M. Jomard, *Mém. sur le lac Mœris*, *ant*, *desc.*, t. II, p. 2.

duit par les invasions sablonneuses (1); et il suffit de jeter les yeux sur la carte du pays pour se rendre compte de sa situation critique. J'ai dit que le canal Jousef était protégé par deux pyramides situées sur les bords du plateau couverts de sables mouvants qui règnent au nord-est; mais ce n'est pas la seule partie menacée. Le danger semble tout aussi éminent au sud-ouest, où le Désert, entre le mont Birket et la chaîne Libyque, paraît aborder directement les terres cultivées, et sans rencontrer le plus léger pli de terrain qui puisse s'opposer à son passage (2).

C'est donc probablement dans la direction du sud-ouest qu'avaient été construites les pyramides d'Hérodote. Mais quand le lac Mœris fut creusé, et il le fut surtout aux dépens du Désert, en avançant au sud-ouest, les deux pyramides se trouvèrent comprises dans l'enceinte du lac. Il fallut donc reporter plus loin la défense artificielle et protéger le lac lui-même; et c'est ce qui fut fait, si l'on en juge par l'énorme butte pyramidale dite *Haram-Medaïe-el-Hebgad*, située à la pointe sud-ouest de l'ancien lit du lac, à 13 kilomètres du lit actuel (3), et dont la base présente aujourd'hui près d'un kilomètre de diamètre. Quant aux pyramides si majestueusement assises au milieu du lac, elles n'existent plus. A quelle époque faire remonter leur disparition; à quelles mains profanes en attribuer le sacrilége? Il n'est pas impossible de s'en rendre compte. Et en effet, Strabon, qui a visité l'Égypte, environ quatre cent trente ans après Hérodote, qui a donné des détails si précieux sur le Labyrinthe, et incontestablement vu lui-même le lac Mœris, ne parle pas des deux merveilles du lac (4). Or, le silence de Stra-

(1) Jacotin, *Desc. de l'Ég.*, *État mod.*, vol. III, p. 574.

(2) *Desc. de l'Ég.*, carte top., feuille XIX.

(3) Idem.

(4) Strabon, *Géog.*, liv. XVII, chap. I, § XV.

bon au sujet de monuments si extraordinaires est autrement significatif que ce qu'en disent Diodore de Sicile (1) et Pline le naturaliste (2), d'après la version d'Hérodote ou toute autre tradition, et qui n'ont pas visité ces lieux. Les deux pyramides n'ont donc pu être détruites que par les Égyptiens eux-mêmes, et à une époque où l'ancienne organisation civile et religieuse subsistait encore dans toute sa pureté, sinon dans tout son éclat; mais quoi qu'il en soit, il paraît certain que les Égyptiens ne se firent aucun scrupule d'en utiliser les matériaux, quand la situation de ces deux monuments les eut rendus sans objet. Et si ce n'est pas l'explication à donner de leur disparition, il est toujours très-curieux que les deux seules pyramides dont la position était étrangère à la question des sables aient complétement disparu. Je n'insiste pas sur les conséquences à tirer de faits si obscurs; il me suffit d'avoir démontré que les circonstances exceptionnelles qui se rattachent à ces deux monuments ne présentent rien de contraire à l'hypothèse de la destination des Pyramides contre les sables.

Toutefois, je dois ici faire une observation. M. Perring (3) et sir Gardner Wilkinson (4) ont cru reconnaître les pyramides d'Hérodote dans deux massifs en pierres calcaires de 30 pieds de hauteur sur 22 à 30 de base, qui se trouvent au nord des ruines de l'ancienne Arsinoé, et auxquelles, sous l'empire de cette idée, ils ont donné le nom de Pyramides de Bayhamou, du nom d'un village voisin. Mais, dans cette hypothèse, il faudrait d'abord accorder aux deux petits massifs, si pompeusement décorés du nom de Pyramides, des proportions que l'état des ruines ne permet en aucune

(1) Diod. de Sic., liv. I, chap. VIII.
(2) Pline, *Hist. nat.*, liv. XXXVI, chap. XII.
(3) Col. How. Vyse, *App.*, t. III, p. 84.
(4) Sir Gardner Wilkinson, *Thebes and general view of Egypt*, p. 354.

manière de soupçonner; puis supposer que les pyramides dont parle Hérodote étaient comprises, non dans le lac, mais dans les eaux de l'inondation; enfin admettre que les deux ruines en question, situées aujourd'hui sur la partie la plus élevée du Fayoum et loin des terrains inondés, pouvaient être, du temps d'Hérodote, atteintes par l'inondation.

Or, cette supposition ne supporte pas un examen sérieux. Si c'étaient là les fameuses pyramides du lac Mœris, Hérodote ne les aurait pas citées comme une preuve que ce lac était un ouvrage de mains d'hommes, et une création postérieure à l'érection des deux pyramides (1), particularité du texte d'Hérodote, que les deux éminents explorateurs et les savants qui ont accepté ces prétendues pyramides, semblent avoir oubliée. Ensuite, si les deux ruines ne sont pas aujourd'hui comprises dans les eaux de l'inondation, pourquoi l'auraient-elles été il y a deux mille ans? Je sais bien qu'on invoque la diminution présumée des eaux que le Fayoum reçoit du Nil. Mais dans une question de cette nature, il est, ce me semble, des causes beaucoup plus importantes dont il faut tenir compte, ce sont les diverses modifications que subit incessamment le territoire de l'Égypte par les dépôts successifs du limon du fleuve; en d'autres termes, la manière dont se répartit l'inondation. On sait que le Fayoum, par une disposition singulière, a, comme une île, son centre plus élevé que les extrémités, ce qui donne à son territoire une forme légèrement conique, et explique tout le système hydrographique de cette province (2). Un vaste canal conduit les eaux du Nil au sommet du cône, à Médinet-el-Fayoum, et se divise sur ce point en un grand

(1) Hérodote, liv. II, chap. CXLIX.

(2) Martin, *Descr. hydrog. du Fayoum*, *État mod.*, t. II, p. 205.

nombre de branches qui, rayonnant dans les différentes directions, étendent à toute la circonférence le bienfait du débordement du fleuve.

Or, il est clair que plus le limon du Nil exhausse les parties basses de la province, plus le centre, quel que soit d'ailleurs le volume des eaux, est accessible à l'inondation; et il arrivera sans doute un temps où, les extrémités du Fayoum s'élevant au niveau du centre, la répartition des eaux se fera également sur toute la surface du territoire. Les deux ruines de Bayhamou, situées au sommet du cône, ne devaient donc pas plus qu'aujourd'hui se trouver, il y a deux mille ans, dans les eaux de l'inondation. Toutes les présomptions autorisent même à croire qu'elles étaient alors plus éloignées qu'aujourd'hui des terrains inondés.

Quant à la destination des deux ruines, il faut dire que jusqu'ici tous les archéologues, et particulièrement la Commission d'Égypte, ont considéré les deux massifs comme les piédestaux de statues gigantesques semblables aux colosses de Thèbes. Le soin et la solidité des constructions, la forme des monuments qui n'a rien de pyramidal, et plusieurs passages d'Hérodote, de Diodore et de Pline autorisent cette opinion. (*Note* IX.) Peut-être même est-il permis de supposer que les deux massifs servaient de base à des machines hydrauliques destinées à l'arrosement des parties élevées du Fayoum. Ces ruines peuvent être l'objet de bien des conjectures, et M. Perring était libre assurément de présenter une autre hypothèse; mais comme il ne cite aucun fait, aucun détail archéologique ou architectural, qu'il ne s'autorise enfin d'aucune donnée positive pour justifier le nom de Pyramides dont il honore ces deux ruines, surtout quand il s'agissait de réformer une opinion établie par la Commission d'Égypte, cela seul suffit pour faire rejeter l'hypothèse de ces prétendues pyramides.

Ici se présente une autre considération. Elle va jeter un grand jour sur la question. La plupart des Pyramides d'Égypte sont aujourd'hui très-dégradées; il en est même presque entièrement ruinées, et dont il ne reste plus que d'informes débris. Or, si les Pyramides ont été destinées à contenir les dunes sablonneuses, la vallée du Nil a dû se ressentir de l'affaiblissement de sa défense. Examinons donc sous ce point de vue sa situation actuelle. Je parcours toute la partie descriptive du grand ouvrage de l'Égypte, je considère attentivement tous les indices de la belle carte topographique de l'ouvrage; je cherche à découvrir, sur la rive gauche du Nil, quelque irruption sablonneuse, quelque étendue de terrain conquise par le Désert; mais dans la Haute et la Moyenne-Égypte, je ne trouve rien de sensible. A Abydos même, dont on a vu une description si terrible, les sables ont envahi la partie de la ville située au pied de la montagne, mais ne se sont pas avancés plus loin (1). Depuis Meylaouy jusqu'à la vallée qui conduit au Fayoum, le grand canal qui longe la chaîne Libyque et forme la véritable limite des terres cultivées, n'a été forcé nulle part. Mais si l'on avance vers la région des Pyramides, la scène change complétement. La partie de la vallée qui correspond à la ligne des Pyramides, c'est-à-dire depuis Meydoun jusqu'à Gizeh, sur une étendue de 25 kilomètres, a été littéralement saccagée par le Désert. Sur huit ou dix points différents, les dunes sablonneuses ont débordé le canal d'El-Asarah, et se sont répandues dans la vallée (2). Trois de ces irruptions ont poussé jusqu'au Nil, couvrant un espace de 13 à 18 kilomètres de long sur 8 à 10 de large. Les autres varient entre 5 à 8 de long sur 3 à 6 de large. De telle

(1) *Desc. de l'Ég.*, carte top., feuille x.

(2) Idem, feuilles XVIII, XXI, XXIV.

sorte que cette petite partie de la province de Gizeh a perdu à elle seule 5,696 hectares par le débordement des sables. Le tableau statistique du colonel Jacotin (1), auquel j'emprunte ce chiffre, a une éloquence singulière. De toutes les provinces de la rive gauche du Nil, deux seules y figurent pour la perte de terrains cultivables causée par l'irruption des sables de l'Ouest, le Fayoum et Gizeh, les deux provinces des Pyramides. Mais ceci est remarquable, les points où le canal d'El-Asarah a été forcé correspondent exactement aux parties de la montagne les moins fortifiées, aux pyramides les plus dégradées. La plus vaste irruption se trouve en face des deux pyramides de Reqqah-el-Kebir, dont il ne reste que des débris informes répandus çà et là (2). Plus loin, et vis-à-vis les pyramides les plus ruinées du groupe de Dahchour, la vallée est également traversée dans toute sa largeur, tandis qu'elle déploie la plus riche végétation à l'abri des pyramides de Gizeh. Enfin, si l'on avance à une lieue plus au nord, c'est-à-dire à la position de la pyramide d'Abou-Roash, pyramide qui a été, comme nous l'avons dit, entièrement démolie par les Arabes, et qui, en raison de certaines circonstances topographiques que nous examinerons dans la résolution du problème scientifique, devait avoir une très-grande action contre les sables, on trouve une des plus graves irruptions entre ce monument et le village de Kerdassi. Le colonel Howard Vyse a découvert qu'une ancienne cité égyptienne était tout entière ensevelie sous cette irruption; il a cru y reconnaître la ville de Cochome, mentionnée par Africanus dans son extrait de Manéthon, et dont on n'avait pu jusqu'ici retrouver les traces (3).

(1) Col. Jacotin, *Desc. de l'Eg.*, *Etat mod.*, vol. III, p. 571.
(2) M. Jomard, *Desc. de l'Eg. ant.*, t. II, chap. XVI, p. 72.
(3) Col. How. Vyse, *App.*, t. III, p. 9.

Il ne faut pas croire, du reste, que le chiffre de la superficie du sol définitivement acquis au Désert donne la mesure de la gravité du fléau dont la province de Gizeh est aujourd'hui victime. La perte de ces bandes de terrain recouvertes de sable qui, sur différents points, pénètrent jusqu'au Nil, n'est rien peut-être auprès des désastres que la présence de ces sables dans l'intérieur de la vallée cause à l'agriculture. Sans cesse agités et balayés sur les champs cultivés par l'action des vents du nord ou du sud, ces sables très-fins couvrent et détruisent les récoltes. L'inondation peut ensuite débarrasser le sol de ces légères couches sablonneuses ou les recouvrir du fertile limon du Nil; mais le mal est fait, et la cause en est permanente.

Et l'on va voir comme tout concourt à nous éclairer. Nous avons dit qu'à défaut de moyens naturels la crédulité et l'ignorance ont invoqué la superstition, et que les auteurs arabes, entre autres Abd-el Rachid, le géographe, représentent le Sphinx placé près des pyramides de Gizeh comme un talisman pour arrêter les sables de la Libye. Cette superstition, très-répandue aujourd'hui parmi les Arabes, a paru d'autant plus ridicule, qu'entre le Sphinx et les terres cultivées un espace de 500 mètres est occupé par le Désert(1). Mais n'est-ce pas là, peut-être, le merveilleux qui a dû frapper l'imagination des Arabes? Ils ont devant les yeux l'un des plus grands débouchés du Désert, auquel ne correspond que la plus petite des irruptions sablonneuses de la province, irruption qui, depuis des siècles, et contrairement aux progrès incessants des sables, n'augmente pas, du moins sensiblement, et respecte le canal. Que faut-il davantage pour autoriser la superstition d'un peuple ignorant? D'ailleurs, les pyramides de Gizeh ont aussi subi des

(1) M. Jomard, *Desc. de l'Ég. ant.*, t. II, chap. XVIII, p. 95.

dégradations et par la perte de leur revêtement et par la ruine des Petites pyramides et autres circonstances fâcheuses. Les vagues de sable qui sont parvenues à forcer le passage du col et à s'établir au pied du Sphinx, peuvent être postérieures à ces dégradations. L'opinion des Arabes sur la vertu talismanique de cette statue a donc pu s'accréditer pendant les premiers siècles de leur domination, époque à laquelle toutes les pyramides devaient être intactes et la province de Gizeh efficacement protégée par ces montagnes artificielles. Eh bien! des témoignages imposants autorisent cette supposition. Le Sphinx est aujourd'hui presque entièrement enseveli sous le sable. Son corps a disparu, et l'on n'en voit plus que la tête. Mais, d'après les descriptions des anciens, et surtout celle de Pline qui est très-précise (1), la statue s'élevait alors de toute sa hauteur au-dessus du sol; d'où l'on a conclu avec raison que les sables qui l'entourent actuellement sont postérieurs à cet écrivain (2).

Mais voici un témoignage encore plus curieux : c'est un passage de Macrizi, l'un des plus sages historiens arabes, qui nous raconte la mutilation qu'un cheik fanatique fit subir à la figure du Sphinx, l'an 780 de l'hégire (1378-9 de l'ère vulgaire).

« Nous avons vu, dit l'écrivain, ce saint personnage al-
« ler aux Pyramides mutiler la figure du Sphinx et en dis-
« perser les morceaux. Cette figure est restée dans cet état
« jusqu'à présent, et, depuis cette époque, les sables inon-
« dent le territoire de Gizeh. Les habitants attribuent ce
« fléau à la mutilation du Sphinx (3). »

Ceci est clair. Les Arabes ont connu un temps où la pro-

(1) Pline, *Hist. nat.*, liv. XXXVI, chap. XVII.

(2) M. Jomard, *Descr. de l'Ég. ant.*, t. II, chap. XVIII.

(3) Al-Macrizi, d'après Langlès, édit. *des Voy. de Norden*, t. III, p. 339.

vince de Gizeh était garantie du fléau. Étonnés de la sécurité de cette province, en présence des grands débouchés du Désert qui la menacent, ils l'ont attribuée à des causes surnaturelles. Puis, quand l'envahissement des sables est venu se faire sentir, la superstition, qui ne s'embarrasse jamais de rien, a continué l'interprétation du phénomène. Ce n'étaient pas les Arabes qui pouvaient deviner qu'en démolissant les Pyramides, en renversant ces montagnes artificielles, ces grands agents modificateurs des causes météorologiques du fléau, ils détruisaient de leurs propres mains les véritables talismans de la protection du territoire.

Quant à toutes les particularités curieuses que présente aujourd'hui le sol tourmenté, envahi, de l'ancien nome de Memphis, il est inutile de les décrire. La carte topographique (1) en dira plus que tous les commentaires. Ces muettes révélations d'un secret gardé pendant six mille ans n'ont plus besoin d'interprète.

Et maintenant nous pouvons comprendre le terrible récit d'Hérodote. « Chéops fit d'abord fermer tous les temples « et prohiba toute espèce de sacrifices. Ensuite il condamna « les Égyptiens indistinctement à des travaux publics. Les « uns furent contraints à tailler des pierres qui traversaient « le fleuve sur des barques, les autres à les conduire dans « la montagne, du côté de la Libye. Cent mille hommes, re- « levés tous les trois mois, étaient continuellement occupés « à ces travaux (2). »

Quel est donc ce grand intérêt qui remue toute une nation? Chéops fait fermer les temples et prohibe les sacrifices. Qu'est-ce à dire? Est-ce un acte d'impiété? Le prince qui

(1) *Desc. de l'Ég.*, carte top., feuille XVIII, XXI, XXIV.

(2) Hérodote, liv. II, chap. CXXIII, trad. Miot.

va exiger d'un peuple des efforts, des travaux inouïs dans l'histoire du monde, commence-t-il par se jouer de la croyance et insulter à la religion de ce peuple? Mais doit-on supposer une telle absurdité? N'est-ce pas au contraire un grand acte religieux que ce royaume mis en interdit? — Diodore nous apprend qu'à la mort d'un bon roi, l'Égypte entière prenait le deuil, et que, pendant soixante-douze jours, les temples étaient fermés et les sacrifices interrompus (1). Ce cérémonial des grandes calamités, voilà donc le sens de la conduite de Souphi. La manière lugubre et solennelle dont commencent les travaux des Pyramides, c'est le spectacle d'une grande expiation publique. La colère divine a frappé l'Égypte; un fléau terrible a fondu sur elle. Il faut conjurer le mauvais esprit et, par les monuments les plus gigantesques, défendre le corps d'Osiris de la fureur de Typhon. Ainsi s'expliquent tout à la fois et la nécessité de ces grands travaux et l'intérêt de la politique et de la religion à en garder si fidèlement le secret.

Peut-être nous sera-t-il permis maintenant de rechercher par quels pieux artifices les colléges sacrés d'Égypte venaient à bout de déterminer les peuples à l'exécution de ces grands travaux. Sur un pareil sujet, nous n'avons à faire, sans doute, que de simples conjectures; mais les plus vagues spéculations, si elles sont conformes à l'esprit des choses connues, peuvent aider à l'intelligence des choses cachées. Quand il s'agit d'un secret dérobé au monde depuis quarante siècles, ce n'est pas trop de tous les procédés de l'esprit pour percer à jour un tel mystère. Essayons donc d'assister par la pensée au spectacle de l'entreprise des Pyramides, enfonçons-nous dans les ténèbres de l'antiquité, traversons les siècles qui nous séparent de

(1) Diod. de Sic., *Bibl. hist.*, liv. I, chap. LXXXIII.

l'Égypte, évoquons enfin l'ombre de ce grand peuple, tel que nous pouvons nous le représenter aux premières pages de l'histoire du monde, avec ses Pharaons superbes, son culte pompeux et magnifique, et tout cet imposant cortége de savants, d'hommes d'État et de pontifes voués aux méditations du sanctuaire.

Le Désert vient de signaler sa présence par les plus terribles ravages; d'immenses irruptions ont envahi le territoire de Memphis, embarrassé le cours du Nil et causé peut-être d'affreux débordements. La désolation s'est répandue dans toute la contrée. L'Égypte entière est émue de ce grand désastre.

Cependant le gouvernement a convoqué les différents ordres des colléges sacrés pour délibérer sur ces graves circonstances. On décide l'érection d'un groupe de pyramides à l'entrée du débouché qui donne passage au fléau; les projets scientifiques et économiques de l'entreprise sont étudiés, discutés, arrêtés; et la religion, qui doit soumettre la piété du peuple aux calculs de la science, est chargée de préparer l'esprit public à ce grand travail.

Au milieu des solennités les plus imposantes du culte, les prêtres viennent annoncer au peuple qu'un grand malheur menace l'Égypte; que le mauvais esprit a triomphé du génie bienfaisant; que Typhon enfin a attaqué et mis en pièces le corps d'Osiris (1). A cette nouvelle, les temples sont fermés, les fêtes prohibées, les sacrifices interrompus, toute la nation prend le deuil et s'abandonne à la douleur.

Mais il faut débarrasser la vallée, ainsi que l'emplacement des futures constructions, des masses de sables qui l'encombrent; d'innombrables populations sont appelées à la re-

(1) Plutarque, *Traité d'Osiris et d'Isis*, chap. XIX.

cherche du corps d'Osiris; puis on ouvre des excavations au centre du monument projeté, on creuse un puits profond jusqu'au-dessous du niveau du Nil (1), et quand on arrive à l'eau du fleuve, c'est le corps d'Osiris qui est retrouvé (2). La joie éclate dans toute la nation : plus l'inquiétude sur le sort du dieu a été vive, plus la nouvelle de sa délivrance excite d'allégresse. Exaltée par ces grandes circonstances, la piété du peuple ne connaît plus de bornes. Il faut élever au-dessus du corps d'Osiris un tombeau magnifique, à jamais à l'abri des attaques de Typhon, et la nation entière se met à l'œuvre.

Je pourrais, continuant ce tableau, y introduire avec ordre et sur des plans convenables tous les traits connus de l'histoire; montrer, après de longues années d'un travail accablant, l'enthousiasme du peuple éteint, le doute, le mécontentement se glissant parmi ces populations fatiguées; la nation accusant le roi de n'avoir donné de si grandes proportions au tombeau d'Osiris que pour gratifier son orgueil et s'en faire un mausolée; le gouvernement seul poursuivant imperturbablement ses desseins, et accomplissant son œuvre malgré la malédiction populaire. Mais je m'arrête; c'est déjà peut-être accorder trop d'attention à de simples conjectures. Il me suffit d'avoir indiqué avec quelle facilité les faits peuvent se ranger dans ce cadre et suivant l'ordre des événements.

Résumons maintenant en peu de mots tout ce travail. Les chambres intérieures des Pyramides ont incontestablement servi de sépultures. Le témoignage des plus anciens historiens est conforme en ce point avec le résultat des plus récentes explorations archéologiques. Mais quant à la

(1) Pline, *Hist. nat.*, liv. XXXVI.

(2) Plutarque, *Traité d'Osiris et d'Isis*, chap. XIX.

destination de ces merveilleux monuments, l'histoire ne présente qu'incertitude et confusion; c'est un chaos d'aberrations et de contes ridicules. Toutes les raisons des anciens et des modernes pour justifier ces grands travaux dans une intention funéraire, ne seraient admissibles que si l'Égypte avait été le peuple le plus insensé de la terre; il faudrait supposer que, par une exception inouïe, le bon sens, la logique de tous les temps, de tous les pays, lui eût été refusée. Qu'est-ce que ces moyens de prévenir les rébellions, de dérober les trésors des rois à leurs successeurs, de cacher au monde des dépouilles mortelles? Tout cela est puéril; rien ne supporte une discussion sérieuse.

Mais, au contraire, la destination des Pyramides contre le Désert, à part toute préoccupation sur l'efficacité réelle ou présumée de ces montagnes factices, justifie pleinement ces grands travaux, rend compte de toutes les invraisemblances de l'histoire, et satisfait enfin à toutes les exigences de la raison. L'Égypte a été de tout temps exposée à un fléau terrible; elle a dû employer pour le combattre toutes les ressources de sa civilisation. Cette lutte éternelle du Nil et du Désert, d'Osiris et de Typhon, forme le trait caractéristique de son existence; elle se reproduit sur tous ses monuments, dans tous ses actes civils et religieux. La province de Gizeh est la plus gravement menacée par le fléau; de nombreux débouchés ouvrent passage sur cette province au vaste océan de sables qui a envahi la vallée du *Fleuve-sans-eau*, et forme le Sahel de l'Égypte. Toutes les Pyramides sont à l'entrée de ces débouchés; et en face de ces monuments, de vastes irruptions qui ont saccagé la province de Gizeh signalent les dégradations, les démolitions, que la barbarie a fait subir aux plus magnifiques ouvrages de l'homme. C'est assez; le lecteur comprend maintenant que ce nouveau système sur la destination des Pyramides n'est pas une simple hypothèse. Il pressent qu'une des plus belles pages de l'histoire de l'Égypte va se retrouver; et il me continuera peut-être son attention pour m'aider à rechercher les éléments du problème et à pénétrer enfin tout ce grand mystère.

TROISIÈME PARTIE.

I

RECHERCHES DES ÉLÉMENTS DU PROBLÈME.

J'ai terminé l'exposé des diverses considérations géographiques et topographiques, historiques et archéologiques, qui se rattachent au système de la destination des Pyramides contre le Désert. Il s'agit d'examiner maintenant les faits particuliers et les circonstances diverses qui peuvent nous mettre sur la voie du phénomène physique d'après lequel a dû être conçue la construction de ces montagnes factices. Et d'abord, je dois faire connaître les difficultés qui se présentent.

On a beaucoup écrit sur les Pyramides, mais toujours sous l'empire de la même préoccupation. L'idée arrêtée de la destination funéraire de ces monuments a généralement présidé aux études et dirigé l'attention des explorateurs. On s'est donc plus particulièrement occupé de l'intérieur des monuments, des chambres royales, du sarcophage, des couloirs qui y aboutissent. On a décrit et mesuré tous ces détails avec le plus grand soin. C'était la partie sérieuse des recherches. D'un autre côté, l'admiration inspirée par la vue extérieure de ces masses énormes a voulu se rendre compte de ses émotions et les faire partager. On a mesuré les bases, les hauteurs, les angles d'inclinaison, calculé les volumes. Mais quant aux circonstances topographiques qui accompagnent chaque pyramide, aux mouvements des sables qui l'avoisinent, à l'exposition du lieu par rapport aux vents, à tout ce qui aurait enfin un intérêt capital pour la question actuelle, aucun des écrivains n'a songé à faire de ces faits particuliers le sujet d'observations sérieuses. Telle est cette désolante pénurie de matériaux, que de toutes les Pyramides d'Égypte, il n'y a qu'un seul groupe, celui de Gizeh, qui ait été l'objet d'opérations de nivellement et dont on ait dressé un plan topographique proprement dit; c'est celui du colonel Jacotin dans le grand ouvrage de l'Égypte (1). Les cartes de M. Perring, dans l'ouvrage du colonel Howard Vyse, si précieuses sous tant de rapports, n'ont malheureusement pas, quant à la configuration du sol, toute la clarté qui serait à désirer (2).

La même observation doit s'appliquer aux excellents ouvrages de M. Frédéric Caillaud (3) et de M. Hoskins (4), à qui l'on doit la connaissance des pyramides de Nubie; mais qui, malgré le soin extraordinaire de leurs recherches, ne pouvaient, sous l'empire de la préoccupation générale, accorder qu'une importance secondaire aux particularités du site des Pyramides. De sorte que le groupe de Gizeh est à

(1) *Desc. de l'Ég. ant.*, plan, t. V, pl. VI.
(2) Col. How. Vyse, *The Pyramids from actual survey*, part. I, II, et III.
(3) M. Fréd. Caillaud, *Voy. en Nubie*, atlas, t. I et II.
(4) G. A. Hoskins, *Esq. travels in Ethiopia*, Lond., in-4.

peu près le seul dont on puisse bien apprécier les circonstances topographiques. Quant au reste, il faut se contenter de vagues indices, recueillir çà et là quelques détails, quelques mots échappés à la préoccupation des écrivains, et c'est avec ces faibles lueurs qu'il s'agit de pénétrer l'un des plus grands mystères de l'histoire.

Pour nous guider dans ce nouveau travail, une méthode particulière nous est donc conseillée par la nature des rares matériaux à notre disposition; c'est de considérer d'abord l'ensemble des faits connus, soit en Égypte, soit en Nubie; d'en surveiller avec soin les caractères distinctifs, afin d'y découvrir quelques données, quelques lois générales, puis de concentrer les principales études et les observations les plus attentives sur le groupe des pyramides de Gizeh.

Or, voici, suivant l'ordre de ces recherches, les faits qui paraissent les plus dignes d'attention.

I.

Pyramides groupées ou isolées.

Un simple coup d'œil jeté sur les plans topographiques des Pyramides d'Égypte et de Nubie suffit pour démontrer que le mot groupe, dont on se sert généralement pour désigner une certaine région de pyramides, doit recevoir, dans l'esprit de ce travail, une acception plus restreinte et plus précise. Le sens de ce mot est clairement indiqué par la nature des choses; c'est une réunion de pyramides appartenant au même site topographique, et par conséquent rapprochées les unes des autres. Nous n'avons, du reste, à réformer les noms établis qu'en ce qui concerne les pyramides de Dahchour et de Saqqâra. Les premières, au nombre de quatre, ne forment point un groupe. Séparées chacune de 1,000 à 2,000 mètres, elles doivent être considérées isolément (1). Les pyramides de Saqqâra, au contraire, sont disposées sur deux groupes distincts, à 1,200 mètres l'un de l'autre; celui du nord de quatre pyramides, et celui du sud de trois (2).

Cette réforme faite, si nous examinons les quatre groupes d'Égypte (3), c'est-à-dire de Gizeh, d'Abousir et les deux de Saqqâra, ainsi que tous les groupes de Nubie (4), nous pouvons voir tout un système en chacun de ces assemblages de machines énormes, lesquelles seraient disposées sur un certain plan, pour s'entr'aider dans une action commune. (Pl. II, *Fig.* A; Pl. IV, *Fig.* A, B, C, D; Pl. V, *Fig.* B, C, D.) Quant aux pyramides isolées, il nous est permis de les considérer comme autant de puissances simples proportionnées aux besoins de la localité, c'est-à-dire à l'ouverture et aux dangers que présente le débouché de la montagne où chacune d'elles est située.

Nous verrons bientôt quelle valeur ces données conjecturales vont acquérir, à mesure que les faits viendront nous révéler la nature scientifique du problème. En attendant, voici une circonstance que nous ne devons pas oublier de mentionner : les pyramides isolées ne se rencontrent qu'en

(1) Col. How. Vyse, *App.*, t. III, p. 56, et Atlas, part. III, plate XIII.

(2) Idem, *App.*, p. 57; Atlas, part. III, plate V.

(3) Idem, *Op.*, t. I, p. 1, *App.*, p. 12, 37; Atlas, part. I, plate I, part. III, plate V, VI.

(4) M. Fréd. Cailliaud, *Voy. à Méroé*, t. II, Atlas, pl. XXXI, XXXV, XXXVIII, XLVII, XLVIII.

— G. Hoskins, *Esq. trav. in Ethiopia*, plate V, XVII, XXXII.

Égypte; il n'en existe aucune en Nubie (1). Mais ce que nous allons dire du nombre et des dimensions des pyramides de cette dernière contrée nous donnera aisément la raison de cette singularité.

II.

Rapports du nombre au volume et du volume aux intervalles.

Entre les Pyramides d'Égypte et celles de Nubie, on remarque une différence de volume considérable. La plus grande de Nubie n'a que 48 mètres de base, et elle est unique de cette dimension (2). Les autres varient de 5 à 28 mètres (3). Les plus petites sont à Méroé, les plus grandes à Nouri. Et ceci me suggère une réflexion qui n'est peut-être pas sans intérêt; c'est qu'en raison de leur dégradation, de leur peu de volume, et du caractère religieux qu'elles doivent aux petits sanctuaires qui y sont adossés (4), celles de Méroé paraissent les plus anciennes. L'origine de ces monuments semblerait donc appartenir à Méroé, et donner une preuve de plus aux conjectures qui font descendre la civilisation égyptienne de cette île célèbre.

Quoi qu'il en soit, si les pyramides de Nubie sont plus petites que celles d'Égypte, elles sont aussi en beaucoup plus grand nombre, et ce nombre paraît suppléer au volume dans

(1) Caillaud, *Voy. en Nubie*, t. II, p. 72, 142, 155; t. III, p. 199.
(2) Idem, t. II, p. 72.
(3) Idem, t. II, p. 72, 142; t. III, p. 199.
(4) Idem, t. II, p. 150.

des rapports singuliers (1). Ainsi, à Méroé, où se trouvent trois groupes distincts, le premier, et qui paraît aussi le plus ancien, renferme près de soixante constructions pyramidales; mais la plus grande n'a que 11 mètres de base, tandis que dans le troisième groupe, où les proportions commencent à s'agrandir jusqu'à 13 mètres, on n'en compte déjà que trente-huit; et cette progression se continue de telle sorte, qu'à Nouri, le plus considérable des différents groupes de Nubie, et qui présente la plus grande pyramide de cette contrée, celle de 48 mètres de base, le nombre des constructions ne s'élève qu'à quinze. Puis, si l'on arrive aux Pyramides d'Égypte, si fort au-dessus de celles de Nubie par leurs dimensions, on ne trouve plus que des groupes de deux, trois, quatre pyramides au plus, et enfin des pyramides isolées qui remplissent peut-être, chacune d'elles, une fonction égale à celle de tout un groupe de Nubie. Car il existe une seconde progression tout aussi curieuse, c'est que les intervalles des pyramides d'un groupe sont sensiblement proportionnels à la base des monuments, et que, par conséquent, l'espace occupé par un groupe croît ou diminue d'une manière remarquable avec le volume des corps pyramidaux.

Ainsi, tandis que les grandes pyramides d'un groupe d'Égypte présentent entre elles des intervalles considérables, les pyramides de Nubie, au contraire, sont toutes excessivement rapprochées les unes des autres. A Méroé, le groupe de l'ouest, le plus nombreux, mais composé des plus petits monuments, offre un amas de constructions entassées sans ordre, comme si c'était le premier essai de la science, et disposées sur des lignes confuses, de manière à former une espèce d'échiquier irrégulier. (Pl. IV, *Fig.* A.)

(1) Voir pour tous ces faits les indications ci-dessus.

Les deux autres groupes, dits du Nord et du Sud, offrent des intervalles fort étroits, et chaque groupe laisse voir deux ou trois lignes distinctes : l'une sur laquelle sont distribuées les plus grandes pyramides ; les deux autres composées de constructions plus petites, qui semblent placées en face des intervalles de la première ligne. On dirait des murailles brisées, opposant mutuellement les pleins aux vides. (Pl. IV, *Fig.* B.)

Mais pour nous rendre compte exactement de la proportionnalité des intervalles aux volumes, comparons le groupe de Nouri, où se trouvent les plus grandes pyramides de Nubie, à celui de Gizeh, le plus considérable d'Égypte. A Nouri (Pl. IV, *Fig.* D), une ligne principale de onze pyramides garnit à peine un espace de 330 mètres, espace où les onze bases figurent pour 269 et les dix intervalles pour 61 seulement (1); mais sur le col de Gizeh les trois Grandes Pyramides, considérées normalement à la direction de la vallée, dont elles occupent l'entrée, se développent sur une ligne de 924 mètres, dans laquelle les deux intervalles entrent pour 371, et les trois bases pour 553 (2). Ainsi le rapport des intervalles aux bases est, à Nouri, comme 61 : 269 : : 1 : 4,5, et, à Gizeh, comme 371 : 553 : : 1 : 1,5. Les intervalles ne sont donc pas seulement proportionnels aux bases; le rapport est tout à l'avantage des grands massifs, car les bases ne figurent à Gizeh que pour les trois cinquièmes de la ligne de défense, tandis qu'il faut les compter à Nouri pour les sept neuvièmes.

Certes, ces rapports curieux du nombre des pyramides au volume du corps, et du volume aux intervalles, ces progressions extraordinaires, qui semblent révéler tout à la

(1) M. Fr. Cailliaud, voy. Atlas, pl. XLVII.

(2) Col. How. Vyse, *Oper.*, t. II, p. 107, 109, 117, 120.

fois la marche de la civilisation et les progrès de la science, doivent être des éléments importants de la question. On peut y remarquer une proportionnalité frappante entre la masse des constructions et la grandeur des effets produits. C'est une première lueur au milieu de cet abîme d'obscurité.

III.

Orientation des Pyramides.

Il paraît résulter des documents déjà cités (1) que les gorges à l'entrée desquelles se trouvent les Pyramides d'Égypte, viennent toutes, une seule exceptée, déboucher dans la province de Gizeh, perpendiculairement au cours du Nil, c'est-à-dire de l'ouest à l'est, ce qui est conforme à la direction de la chaîne Libyque, véritable méridienne tracée par la nature. Ainsi, aux cols de Gizeh, d'Abousir, de Saqqâra (sud), de Dahchour, la montagne est coupée à angle droit. Or, si l'on rapproche de cette circonstance l'orientation généralement exacte des Pyramides d'Égypte, on reconnaît ce fait remarquable que chaque pyramide de la province de Gizeh se présente de face au Désert. (Pl. II, *Fig.* A; Pl. V, *Fig.* B, D.)

Pour ce qui est du Fayoum, nous n'avons point de notions précises sur les débouchés d'*El-Lahoun* et d'*Haoudrah*, où sont les deux pyramides de cette province; mais

(1) Col. How. Vyse, *Atlas*, *the Pyramids from actual survey*, etc., part. III, plate I, III, V, VII, XIII. — *Desc. de l'Ég. ant.*, planches, t. V, pl. I, VI. — *Atlas*, *Feuilles* XVIII, XIX, XX, XXI.

nous savons que le Désert qui la menace au point des deux pyramides est exactement au nord. L'orientation de ces deux monuments paraît donc également conforme à leur situation vis-à-vis du Désert.

Cependant, je viens de parler d'une exception relative à la province de Gizeh. Il s'agit d'une vallée qui s'enfonce dans la montagne par une direction entièrement différente des autres débouchés; c'est la vallée désignée par M. Jomard, comme le passage des sables qui ont enseveli les ruines de Memphis (1). Pour apprécier ce fait important, nous n'avons pas seulement la carte de M. Perring (2), l'ouvrage de la Commission d'Égypte est encore plus explicite. Comme le groupe qui occupe cette vallée se trouve entre les ruines de Memphis et la grande nécropole ou plaine des tombeaux de Saqqâra, l'intérêt de sa position l'a probablement fait étudier avec plus d'attention que les autres groupes du sud. Aussi le colonel Jacotin semble-t-il en avoir retracé les circonstances topographiques avec le même soin que pour le groupe de Gizeh (3). Il paraît donc établi que cette vallée, qui communique avec la plaine des tombeaux, se dirige à peu près au nord-ouest.

Dans ce cas exceptionnel, où la marche des sables doit se faire, suivant une ligne anormale aux quatre points cardinaux, il devient curieux d'examiner l'orientation des pyramides opposées à ce mouvement. Or, c'est précisément sur ce point que se rencontre la grande pyramide dont l'orientation a si fort étonné les archéologues. Cette pyramide, qui est la principale de Saqqâra, présente avec le nord une déviation à l'est de 4° 35′ (4). M. Perring ne dit

(1) M. Jomard, *Desc. de Memphis ant.*, t. II. chap. XVIII, sect. II, p. 57.
(2) Col. How. Vyse, *the Pyramids from actual survey*, part. III, plate VII.
(3) *Desc. de l'Ég. ant.*, pl., t. V, f. 1.
(4) Col. How. Vyse, *Append ix*, t. III, p. 12.

pas si l'orientation des autres pyramides de ce groupe est également irrégulière; mais le colonel Jacotin indique une autre pyramide du même groupe tout aussi mal orientée. Sans les décombres qui entourent ces pyramides presque ruinées et en rendent l'approche très-difficile, peut-être faudrait-il compter en Égypte quatre pyramides étrangères dans leurs dispositions architecturales à la considération des points cardinaux.

Mais nous allons voir bien d'autres sujets d'étonnement en examinant les pyramides de Nubie. (Pl. IV, *Fig.* A, B, C, D (1). Chaque groupe de cette contrée a son orientation particulière, c'est-à-dire que la majeure partie des pyramides d'un groupe obéissent à la même orientation, et que les autres en diffèrent peu (2). Quelques pyramides du Mont-Barkal, par exemple, sont à peu près orientées vers les quatre points cardinaux selon les faces; celles de Nouri selon les angles, et celles de Méroé ni selon les angles, ni selon les faces. Si l'on observe attentivement la position des pyramides de Nouri sur la carte détaillée du cours du Nil et le plan topographique de M. Caillaud (3), on s'explique aisément l'orientation particulière de ce groupe.

Ces pyramides sont situées, comme nous l'avons dit, au pied de la montagne de grès qui borde la vallée du Nil et à la rencontre de deux grands passages. L'un de ces passages, du

(1) Je n'ai point fait figurer dans mes planches le groupe du sud de Méroé qui, très-rapproché du groupe du nord, en reproduit presque exactement les dispositions. La même observation s'applique aux pyramides du Mont-Barkal : le groupe du nord-ouest donnera une idée très-juste des deux autres petits groupes peu importants qui l'avoisinent.

(2) M. F. Caillaud, *Voy. à Méroé*, *Atlas*, *Pyr.*, *Mont-Barkal*, t. I, pl. XLIX, *Nouri*, pl. XLVII, *Méroé*, XXXII, XXXV. — Hoskins, *Méroé*, p. 66; *Nouri*, p. 168; *Mont-Barkal*, p. 154.

(3) M. F. Caillaud, t. II, *Carte du Nil*, pl. XLVIII.

sud-ouest au nord-est, conduit de Dongalah à Barbar; l'autre, du nord-ouest au sud-est, forme la grande route qui traverse le désert de Bahiouda, de Nouri et du Mont-Barkal à Kourkab et à Assour, ou les ruines de Méroé. (Pl. IV, *Fig.* D). De sorte que la vallée du Nil est menacée sur le même point par deux débouchés à la fois, ce qui explique les deux lignes distinctes que présente le groupe de Nouri : l'une opposée au sud-est, où se trouve la Grande Pyramide; l'autre et la principale ligne, au sud-ouest. Il est donc facile de se rendre compte de l'orientation de ce groupe, puisque les pyramides, en tournant à peu près les angles vers les points cardinaux, présentent toutes une de leurs faces au Désert.

Du reste, voici en détail l'orientation de ce groupe : sur les quinze pyramides qui le composent, sept sont orientées de manière à ce que l'axe de la base de chacune d'elles forme avec le nord un angle de 35°, quatre un angle de 45°, trois de 50° et une de 55°, ce qui peut donner une idée de l'orientation de tous les groupes de Nubie. Chaque groupe est disposé suivant une ligne principale, un plan général que l'on reconnaît aisément; mais les nombreuses pyramides distribuées sur cette ligne ne sont assujetties à aucun ordre, à aucune symétrie. Les unes débordent la ligne, les autres reculent; celles-ci s'inclinent un peu d'un côté, celles-là d'un autre, et selon sans doute les effets particuliers que chacune doit produire dans l'ensemble du système.

Au surplus, et quelle que soit la disposition bizarre et l'orientation singulière des groupes de Nubie, on reconnaît, en examinant les plans topographiques indiqués plus haut, que chaque groupe se présente de face au Désert. Dans le plan des pyramides du nord et du sud de Méroé, par exemple, pyramides auxquelles M. Caillaud paraît avoir donné le plus d'attention, les deux lignes, en se développant du nord au sud, longent exactement la chaîne de monticules devant laquelle sont situés ces monuments, comme ce savant voyageur le dit positivement dans sa relation (1). Ainsi, les pyramides de Nubie n'offrent aucun rapport avec les points cardinaux; tandis qu'avec le Désert, la connexion est évidente, incontestable.

Or, il résulte clairement de ces faits que la pensée qui a donné une direction aux différents groupes de pyramides n'a rien de commun avec les lois ordinaires de l'orientation. Il est manifeste que tout ce qui a été dit des rapports mystiques des Pyramides avec le soleil est erroné, et il est acquis aux éléments de la question que toutes les pyramides d'Égypte et de Nubie présentent une de leurs faces au Désert. Ainsi, le même intérêt rend compte des diverses orientations des monuments, en même temps qu'il explique une grande contradiction archéologique. Si une pensée religieuse avait, en effet, déterminé la construction des Pyramides sur la considération des points cardinaux, tous les édifices religieux auraient dû être soumis à la même loi. Or, l'on sait que les Égyptiens n'orientaient jamais leurs temples, mais les dirigeaient suivant le cours du Nil (2), ce qui n'empêche pas que les méridiennes des monuments, dont la position devait être conforme aux points cardinaux, n'aient été déterminées par des calculs astronomiques. Le magnifique temple d'Edfou, par exemple, semble exactement orienté selon les angles, tout en présentant sa façade au cours du Nil (3). La civilisation égyptienne a donc été en cela parfaitement logique; elle a tourné vers le Nil les temples destinées à célébrer la gloire d'Osiris, et vers le Désert les monuments opposés à la fureur de Typhon.

(1) M. F. Caillaud, *Voy. en Nubie*, t. II, p. 155.
(2) Ritter, *Géog. comp.*, t. II, p. 447.
(3) M. Jomard, *Desc. de l'Ég. ant. d'Edfou*, t. I, p. 5.

Mais n'est-ce pas là un nouveau trait de lumière? Nous avons déjà vu qu'une certaine proportionnalité semblait exister entre la masse des Pyramides et la grandeur des effets. Maintenant nous voyons clairement que l'action se produit par les faces, et qu'on s'est efforcé de leur donner les plus vastes dimensions. Il s'agit donc d'une action anémographique : c'est une surface qu'on a opposée au vent, une question d'aérostatique qui s'ouvre devant nous; nous sommes sur la voie d'une grande découverte physique.

IV.

Raison de la présentation des faces au Désert.

Nous venons de voir que les Pyramides se présentent de face au Désert. C'est un fait dont la généralité indique suffisamment l'importance; mais, pour en comprendre toute la valeur, examinons sur-le-champ à quelles lois physiques il se rattache.

On sait que la résistance d'un fluide en repos à la vitesse d'un corps, ou celle d'un corps immobile à un fluide en mouvement, varie selon la forme du corps et la manière dont il reçoit l'action du fluide. L'expérience, comme le raisonnement, démontre en effet que le choc d'un fluide contre une surface plane perpendiculaire au mouvement, peut différer beaucoup de l'action produite sur un corps angulaire; car, selon que la *proue* de ce corps est plus ou moins aiguë, elle favorise plus ou moins l'écoulement latéral du fluide et diminue les effets d'une déviation trop brusque. Nous pourrions donc concevoir, dès à présent et sans de plus amples développements, l'intérêt qui a fait opposer les faces, et non pas les angles des Pyramides, au vent du Désert; mais il importe d'apprécier ce premier élément de la question aussi exactement que possible dans l'état de la science.

On sait qu'en mécanique la résistance des milieux est exprimée par la relation suivante :

$$R = k\,p\,A\,V^2.$$

dans laquelle on appelle A l'aire de la plus grande section du corps, normale au mouvement, V la vitesse, *p* la densité du fluide, et *k* un coefficient constant pour les corps semblables, dépendant de la forme et déterminé par l'expérience.

Mais ici, pour comparer la résistance d'une pyramide au choc d'un fluide élastique, dans ces deux cas distincts de la face ou de l'arête présentée au choc, nous n'avons à nous préoccuper ni de la densité, ni de la vitesse du fluide. Il suffit de considérer la relation de la forme et de la section de la pyramide dans les deux positions.

Soit donc une pyramide de 1 décimètre de base sur 2 décimètres de hauteur. L'aire de la plus grande section du corps, dans le cas de la face présentée à la direction du fluide, sera de 1 décimètre carré, et dans celui de l'arête, de 1,41 décimètre carré. Mais le coefficient de la forme va singulièrement changer ces rapports. En négligeant, en effet, la considération de l'inclinaison des faces de la pyramide, circonstance égale dans l'une et l'autre hypothèse, et prenant le coefficient déterminé par les expériences de Dubuat et approuvé de M. Poncelet (1), pour le prisme droit, immobile, dont la surface serait de 1 décimètre carré, nous

(1) M. Poncelet, *Introduction à la Mécanique industrielle*. édit. de 1841, p. 591.

avons $k = 1,85$, et d'après M. Poncelet (1), pour le corps présentant sa proue au choc du fluide, $k = 0,56$. De sorte que la pyramide donnée entrerait dans la relation ci-dessus avec la valeur de 1,85 décimètre carré dans le premier cas, et de 0,79 décimètre carré seulement dans le second. Sans attacher à ces rapports aucune idée d'exactitude absolue, on peut du moins considérer ce résultat comme une démonstration suffisante du grand avantage pour la résistance des Pyramides de la présentation des faces.

Mais pour apprécier toute l'importance de ce fait, n'oublions pas que la position des Pyramides correspond à l'entrée des gorges, des débouchés de la montagne; car, sans cette circonstance capitale, nous ne pourrions concevoir en aucune manière l'utilité absolue de la direction des faces. Supposons, en effet, un site découvert au bord d'une plaine sablonneuse. Dans une situation pareille, les vents de tous les rumbs du Désert seraient à peu près également redoutables, et cependant la pyramide ne recevrait aucun de ces vents de la même manière. L'importance de la direction des faces serait donc singulièrement modifiée. Mais, dans la situation réelle des Pyramides, la difficulté disparaît. Nous pouvons, en effet, considérer une gorge de montagne, une vallée, comme une veine fluide dont la montagne forme les parois. Par conséquent, de quelque rumb que souffle le vent, dès qu'il s'engage dans la vallée, il en suit les mouvements, et sa direction subordonnée à celle des parois de l'espèce de canal, d'orifice qui lui est ouvert, devient constante, invariable. L'opposition des faces à la direction du fluide a donc une valeur positive, absolue.

(1) M. Poncelet, *Introduction à la Mécanique universelle*, édit. de 1841, p. 684.

V.

Angles d'inclinaison des faces.

Maintenant, la direction des plans opposés aux vents par les Pyramides ne saurait être l'unique élément d'une question de cette nature ; l'inclinaison des faces sur le plan de la base n'est peut-être pas moins importante à considérer. Cherchons donc si nous ne trouverons pas quelque donnée nouvelle dans l'examen comparatif des angles d'inclinaison des différentes pyramides.

Les pyramides de Nubie sont généralement construites sous un angle beaucoup plus ouvert que celles d'Égypte, et cet angle ne varie guère qu'entre 70° et 73°, ce qui donne à peu près le même aspect à toutes les pyramides de cette contrée (1). Plus hautes que larges, elles témoignent qu'on a voulu par le développement de l'apothème racheter, autant que possible, au profit de la surface, l'infériorité de la base.

Quant aux Pyramides d'Égypte, il faut distinguer les différentes formes qu'elles affectent. Pyramides régulières, elles sont construites sous un angle beaucoup moins ouvert que celles de Nubie, angle généralement compris entre 50° et 52°, et qui se rétrécit jusqu'à 43° 36′ 11″, pour la grande pyramide de Dahchour (2). Quoique d'une prodigieuse élévation, les grandes pyramides régulières présentent donc une forme écrasée, plus large que haute, circon-

(1) M. Fr. Cailliaud, *Voy. en Nubie*, t. II, p. 72, 142, 150 ; t. III, p. 199.
(2) Col. How. Vyse, *Op.*, t. II, p. 109, 117, 120 ; t. III, p. 65.

stance certainement favorable au but qu'elles remplissent. En négligeant, du reste, cette considération, on comprend que l'angle peu ouvert des faces sur la base était commandé par l'intérêt de la solidité. Le poids de ces énormes masses ne permettait pas une inclinaison plus rapide. Qu'on se représente un massif, comme la grande pyramide de Gizeh, de 146 mètres de hauteur (hauteur primitive) (1), et l'on ne s'étonnera pas qu'il ait fallu une base de 232 mètres de côté pour supporter cette effrayante charge. Or, une fois l'inclinaison de la surface à opposer au vent déterminée par l'intérêt de la solidité, la formée carrée de la base résultait elle-même de la donnée première, car le besoin de solidité était égal de tous côtés. Aussi voit-on que toutes les pyramides régulières ont pour base un carré parfait. Mais il n'en est pas ainsi des pyramides irrégulières, soit à degrés, soit à deux inclinaisons. Ces pyramides doivent être l'objet de considérations particulières.

Parlons d'abord des pyramides à deux inclinaisons. Au nombre de quatre, la pyramide du sud de Dahchour (2), la pyramide de Reegah (3), la plus méridionale d'El-Métanich (4) et une autre de Saqqâra (5), elles ont ceci de commun, que la partie inférieure de la construction est sous un angle beaucoup plus ouvert que la partie supérieure, ce qui forme deux pyramides, l'une tronquée qui sert de base à l'autre. Comment expliquer la bizarrerie de cette construction? On avait supposé qu'après avoir élevé une partie de l'édifice, les Égyptiens s'étant aperçus des dépenses énormes qu'aurait exigées la construction totale du monument sous un

(1) Col. How. Wyse, *Operations*, t. II, p. 109.

(2) Idem, *Appendix*, t. III, p. 65.

(3) Idem, idem, p. 10.

(4) M. Jomard. *Desc. de l'Ég. ant.*, t. II, chap. XVI, p. 73.

(5) Id., id., cap. XVIII, p. 3.

angle si ouvert, avaient été forcés de changer le plan primitif et de terminer l'ouvrage par un angle plus aigu (1). Mais il n'est pas croyable qu'une telle erreur ait pu se reproduire quatre ou cinq fois. Il est bien plus naturel de penser qu'un intérêt réel, positif, a déterminé la figure particulière de leur construction; et cet intérêt s'explique de lui-même dans la pensée de ce travail, puisqu'à hauteur et à base égales une plus grande ouverture de l'angle de construction à la partie inférieure de l'édifice augmente tout à la fois et la surface et la valeur du coefficient de la forme. Ainsi, la même raison doit s'appliquer aux pyramides à degrés, à celle de Dahchour en briques, à la Grande de Saqqâra, à celle de Meydoun et aux Petites de Gizeh (2); car, selon que les différents gradins sont plus ou moins rapides, plus ou moins rapprochés de la verticale, la résistance au fluide atmosphérique croît ou diminue dans des proportions analogues.

Toutefois, si les pyramides irrégulières développent une plus grande surface et dans des conditions plus favorables à la résistance, elles présentent aussi une construction plus difficile, plus dispendieuse. Mais ce désavantage est en partie racheté par la disposition rectangulaire de leur base. Ainsi la grande pyramide de Saqqâra a 393 pieds d'un côté sur 351 de l'autre (3); la pyramide à deux inclinaisons de Dahchour, 235 pas sur 178 (4); la pyramide en briques du même nom, 175 sur 100 (5). Rien n'était, en effet, plus naturel que l'économie de cette disposition. Dès que l'angle

(1) Sir G. Wilkinson, *Thebes and general View of Egypt.*, p. 354. — Col. How. Vyse, *App.*, t. III, p. 65.

(2) Col. How. Vyse, *Op.*, t. II, p. 126; *App.*, t. III, p. 42, 70, 78.

(3) Idem, *App.*, t. III, p. 42.

(4) M. Jomard, *Desc. de l'Ég. ant.*, t. II, chap. XVI, p. 75.

(5) Idem, id. id.

sous lequel commençait la construction d'une pyramide ne devait pas se continuer jusqu'au sommet, que, par conséquent, la hauteur verticale du monument devait être inférieure à celle d'une pyramide régulièrement construite sous cet angle, la base carrée devenait inutilement trop considérable. Il fallait la réduire dans les proportions de la différence du poids des deux monuments comparés.

Quant à la direction des pyramides à base rectangulaire, on ne saurait douter, d'après ce qui précède, qu'elle ne soit à l'avantage de la plus grande résistance. Il résulte, en effet, des descriptions, que la pyramide à deux inclinaisons de Dahchour, la seconde pyramide en briques du même groupe et une petite de Saqqâra, tournent toutes les trois leur grand côté vers l'ouest (1), et la grande pyramide de Saqqâra vers l'ouest-ouest-nord (2), ce qui est conforme à la direction du débouché où se trouve cette dernière. Toutefois, on rencontre à ce sujet quelques contradictions dans les relations; en ce qui concerne la grande pyramide de Saqqâra, par exemple, le récit du colonel Howard Vyse est contraire à celui de M. Jomard, qui place au nord le plus grand côté du rectangle. Mais ne nous arrêtons pas à discuter des faits de cette nature; ce qu'il importait de découvrir, c'est la pensée des formes singulières, bizarres, de certaines pyramides, et nous voyons avec quelle facilité se déroulent maintenant les fils embrouillés du mystère.

(1) M. Jomard, *Desc. de l'Ég. ant.*, t. II, chap. XVI, p. 78, chap. XVIII, p. 3.
(2) Col. How. Vyse, *Appendix*, t. III, p. 42.

VI.

Situation des sables près des Pyramides.

Ici ce serait le moment d'examiner attentivement les dunes sablonneuses qui avoisinent chaque pyramide. Mais, je l'ai déjà dit, nous manquons de renseignements à ce sujet. La carte topographique des Pyramides d'Égypte montre bien que l'emplacement de chaque pyramide et de chaque groupe est accompagné de mouvements singuliers; mais, à l'exception peut-être de ce qui concerne le groupe de Gizeh, dont nous aurons bientôt à faire une étude plus approfondie, ces vagues indices ne suffisent pas pour apprécier des faits d'une nature si délicate.

Cependant, il n'est pas impossible de nous faire, dès à présent, une idée très-nette de la question. Nous connaissons la situation critique de la province de Gizeh, les irruptions qu'elle a subies, la marche incessante des dunes sablonneuses qui assiégent le canal d'El-Assarah, et l'ont déjà forcé sur plusieurs points, pour aller s'attaquer au Nil lui-même. Nous savons aussi, par le lumineux mémoire de Costaz (1), de quelle manière se comportent, par rapport aux obstacles, les matières pulvérulentes qui constituent ce redoutable fléau; comment le moindre objet, le moindre corps qui fait saillie au-dessus de la surface du sol, devient le noyau d'un amas, d'un monticule de sables; par quel mécanisme enfin

(1) Costaz, *les Sables du Désert*, déc. égyptienne, t. II, p. 175.

le monticule s'immobilise en s'agrandissant sans cesse, quand le noyau qui l'a formé continue de s'élever. Mais si cette loi de la formation des montagnes de sables était constante, si elle s'appliquait aux grandes surfaces comme aux petits obstacles, comme aux arbrisseaux, aux murailles, aux habitations, quelles masses de sables ne devraient pas entourer les Pyramides? Ne semble-t-il pas que ces montagnes artificielles devraient être le centre, le noyau des dunes sablonneuses les plus gigantesques? Et ce sentiment est si naturel, qu'avant les explorations sérieuses dont les Pyramides ont été l'objet, plusieurs voyageurs avaient supposé l'existence d'épaisses couches de sables autour de ces monuments. Savary, entre autres, frappé de voir le Sphinx enseveli sous quarante pieds de sables, concluait de ce fait qu'on ne pouvait connaître la véritable élévation des Pyramides, et qu'une prodigieuse masse nous était dérobée par les sables. « Si le Sphinx, disait-il, quoique placé derrière « les Pyramides et protégé par ces monuments contre les « vents de la Libye, a cependant été couvert de quarante « pieds de sables, quelle énorme quantité a dû s'amonceler « au pied d'un édifice qui présente une base de sept cents « pieds de long (1) ! »

Mais Savary était dans une étrange erreur. Quand on a voulu trouver la base de la Grande Pyramide, il a suffi d'enlever quelques pieds de décombres (2) ; et, pendant que quarante pieds de sables couvrent le Sphinx, la plate-forme de la Deuxième Pyramide qui, creusée dans le roc, forme, à l'ouest et au nord du monument, comme une espèce de fossé d'environ vingt pieds de profondeur (3), est encore visible aujourd'hui, malgré l'amas prodigieux de pierres bri-

(1) Savary, *Lettres sur l'Égypte*, t. I, p. 192.

(2) M. Jomard, *Desc. de l'Ég. ant.*, t. II, ch. XVIII, p. 62.

(3) Col. How. Vyse, *Oper.*, t. II, p. 109.

sées et de décombres qui entourent les constructions. Il en est de même pour les autres pyramides. M. Perring donne la mesure des couches de sables qu'il a dû enlever pour arriver à la base des monuments; c'est six pieds pour la grande pyramide de Saqqâra, et huit pour la grande de Dahchour (1). Quelques pieds de sables, voilà tout ce que le Désert a pu produire, dans une lutte de cinq mille ans, contre ces colosses. Qu'aurait dit Savary de ce singulier résultat?

Ainsi, les sables ne peuvent pas aborder les Pyramides. Ce fait éclatant nous révèle la nature même du phénomène physique; il nous permet déjà de soulever le voile qui couvre le mystère.

Si nous concevons, en effet, qu'à la rencontre du moindre objet qui s'élève au-dessus de la surface du sol, la vitesse du courant d'air se puisse ralentir assez pour permettre aux sables de s'établir autour de l'obstacle, comme Costaz nous l'a démontré; en songeant aux prodigieuses surfaces des Pyramides, nous ne devons pas douter que la diminution de la vitesse ne se fasse sentir à des distances considérables en avant de ces grands massifs. Dès lors, et sans nous préoccuper encore des grandes difficultés du problème, nous en comprenons peut-être la pensée. Les sables dirigés sur les Pyramides par la vitesse du vent se déposent sur le sol, à mesure que la vitesse devient inférieure à celle qui est nécessaire pour en continuer le mouvement. Des masses énormes s'arrêtent ainsi à de certaines distances des Pyramides; et, tandis que tout l'effort des vents du Désert ne peut leur en faire forcer le passage, elles sont sans cesse renvoyées au Désert par les vents opposés.

Tel est, en effet, le problème que nous avons à étudier

(1) Col. How. Wyse, *Appendix*, t. III, p. 42 et 65.

dans ses diverses parties ; mais sur lequel nous sommes bien loin de posséder tous les documents nécessaires. Dans une question où les circonstances topographiques jouent un si grand rôle, le peu de documents de cette nature, à notre disposition, augmente singulièrement les difficultés du travail.

Il faut donc nous borner à étudier sous ce point de vue le seul groupe de pyramides qui ait été l'objet d'opérations de nivellement, et dont nous possédions un plan topographique détaillé. Ce plan lui-même est bien vague. Entre la montagne et les dunes sablonneuses, il n'établit aucune distinction; mais nous avons pour y suppléer le plan en relief de la bibliothèque Royale. Ce dernier travail n'a pas sans doute, quant à la situation réelle des Pyramides, toute l'exactitude qu'on aurait pu désirer; mais il repose sur des opérations de nivellement d'une précision suffisante pour nous faire comprendre, au moins approximativement, les dispositions générales du plateau, et surtout l'aspect, la forme, la hauteur des rideaux sablonneux voisins des Pyramides. Nous allons donc essayer de découvrir parmi les faits qui résultent de ces documents les divers éléments du problème.

VII.

Description du col de Gizeh (1).

Le col de la vallée *des Lacs-Natron*, qui forme le célèbre plateau de Gizeh, a environ 1,600 mètres de large du sud

(1) M. Jomard, *Desc. de l'Ég. ant.*, t. II, chap. XVIII, p. 56 et suiv.

au nord, et s'élève d'environ 45 mètres au-dessus des hautes eaux moyennes du Nil. (*Voir la* Pl. II.) Les deux chaînons de la montagne Libyque qui l'encadrent au nord et au sud ont trois fois cette hauteur, 135 mètres; le plateau se trouve ainsi d'environ 100 mètres plus bas que la montagne; sur 1,600 mètres de large c'est une vaste porte ouverte au Désert. Les deux pointes de la chaîne sont environ à 2,000 mètres l'une de l'autre; celle du nord, plus en arrière, permet au plateau de s'avancer en éperon sur la vallée du Nil et laisse à la Basse-Égypte toute la magnificence du spectacle, circonstance dont le génie artistique des Égyptiens a dû tenir compte dans les calculs de la science.

La disposition des Pyramides sur le plateau frappe tout d'abord le regard. (*Voir la* Pl. III.) On croit y reconnaître aussitôt une pensée première, un plan général; mais si l'on veut en préciser le caractère et chercher une combinaison qui puisse embrasser tous les détails dans un cadre simple et régulier, la pensée, fatiguée de ses pénibles efforts, s'affaisse d'abord sous le poids de ce grand mystère. Tout donne, en effet, un aspect mystérieux à ce tableau déjà si imposant : la forme et l'orientation de ces masses énormes, la disposition et les proportions des lignes géométriques, enfin ce Sphynx colossal, emblème de la science chez les Égyptiens, et qui semble avoir été placé au pied des Pyramides pour défier la postérité d'en deviner le secret. Mais comprimons ces sentiments; des choses si propres à égarer l'imagination ne doivent être considérées que par la raison la plus froide et la plus austère.

Les trois pyramides occupent la partie la plus élevée du plateau. A douze cents mètres en avant dans le Désert, le sol, d'après le plan en relief de la bibliothèque Royale (Planche II, *Fig.* B), est inférieur d'environ 30 mètres à la base de la

Grande Pyramide. Mais ce n'est pas la seule inclinaison que présente le plateau. Il en est une autre du sud-ouest au nord-est qui place la base de la Grande Pyramide à 10^{m} 70 au-dessous de la Deuxième Pyramide, et à 12^{m} 68 également au-dessous de la Troisième (1); tandis que de l'autre côté de la Grande Pyramide, le sol se lève rapidement pour se lier à la chaîne du nord. Ainsi la Grande Pyramide se trouve au point le plus bas de la ligne tracée par les pyramides d'une chaîne à l'autre. Sa situation topographique répond donc évidemment à la partie la plus exposée aux courants sablonneux; car, par le seul fait de l'inclinaison du sol, l'action aérostatique de la Grande Pyramide doit avoir à arrêter sur le plateau une dune sablonneuse d'environ 13 mètres plus élevée que celle qui fait face à la Troisième Pyramide. C'est une première et importante donnée de la question.

La partie du plateau sur laquelle reposent les Pyramides a été l'objet de grands travaux de nivellement. Non-seulement il a fallu aplanir l'emplacement de la Deuxième Pyramide, mais encore tailler dans le rocher une vaste plate-forme à l'ouest du monument (2). Si l'on en juge par le mouvement général du plateau et les bords de la plate-forme, cette pyramide aurait été construite au pied d'une crête qu'on a dû enlever presque entièrement, et la construction du monument n'aurait profité que de quelques mètres de ce massif, comme l'indiquent les deux angles de l'ouest. Il paraît bien que l'emplacement de la pyramide a été subordonné aux exigences d'un plan général qui n'a pas permis d'utiliser les avantages du terrain; car si la pyramide eût été construite plus à l'ouest, sa base eût reposé sur un sol beaucoup plus élevé, et cette situation eût évité

(1) Col. Howard Vyse, *Operations*, etc., t. II, p. 106.
(2) Idem, idem, t. II, p. 114.

les grands travaux de la plate-forme. La même observation s'applique à la Troisième Pyramide, placée dans des conditions à peu près semblables (1). Il a fallu, en outre, pour niveler le terrain entre les deux pyramides, appliquer au sol un dallage d'énormes blocs de pierre qui, à partir du côté nord de la Troisième, se prolonge très-loin dans la direction de la Deuxième, et ce travail considérable eût encore été évité en plaçant la Troisième Pyramide un peu plus à l'ouest.

On peut donc conclure de ces faits que la position relative des Pyramides est un élément important de la question, que les constructions forment entre elles tout un système, et que les intervalles d'une pyramide à l'autre ne sont pas moins intéressants à considérer que les hauteurs, les bases et les inclinaisons des masses.

Voyons maintenant la position des Pyramides. Les trois monuments exactement orientés sont à peu près disposés sur une ligne tracée du nord-est au sud-ouest. Selon le colonel Jacotin, la Grande Pyramide est à 483 mètres à peu près N.-E. de la Deuxième, et à 926 mètres N.-E. 1/4 N. de la Troisième. Les déviations des deux dernières par rapport à la ligne principale qui est la diagonale de la Grande, sont importantes à remarquer. Si l'on prolonge cette diagonale sur la Deuxième Pyramide, la ligne, au lieu de couper l'angle N.-E. de cette dernière comme le voudrait la symétrie de leur position, passe sur le côté nord de sa base à 40 mètres environ de l'angle; mais la déviation de la Troisième Pyramide est encore plus sensible. La diagonale de la Deuxième, prolongée sur la Troisième, ne la rencontre pas et passe environ à 50 mètres en avant de son angle N.-O. Cette disposition des lignes, si contraire à toute idée de régularité, ne saurait s'expliquer que par un intérêt réel.

(1) Col. How. Vyse, *Operations*, etc., t. II, p. 120.

C'est, sans aucun doute, un autre élément du problème, et peut-être en découvrirons-nous bientôt la secrète pensée.

Quant aux dimensions des Pyramides, elles sont aujourd'hui parfaitement connues. Comme il résulte de la manière la plus certaine, des travaux si dignes d'éloges du colonel Howard Vyse, que les pyramides de Gizeh étaient anciennement toutes les trois revêtues, les calculs ont été faits d'après les angles des pierres du revêtement. Nous allons donc nous servir des chiffres du colonel Howard Vyse, et établir nos recherches sur les dimensions primitives qui sont naturellement et les plus exactes et les plus favorables au but que nous nous proposons.

La Grande Pyramide avait anciennement pour base un carré de 232^{m}86 (764 p. mesure anglaise) de côté, et pour hauteur verticale 146^{m}53 (490^{p}9.). L'angle d'inclinaison des faces sur le plan de la base est de 51° 50′ (1).

La Deuxième Pyramide : 213^{m}.25 de base (707^{p}.9); et 138^{m}45 de hauteur verticale (454^{p}13), angle d'inclinaison 52° 20′ (2).

La Troisième Pyramide : base 108^{m}05 (354^{p}6); hauteur verticale 66^{m}70 (218^{p}.), angle 51° (3).

Ces chiffres semblent d'abord fort étrangers les uns aux autres; mais nous allons en voir les relations.

Si la hauteur verticale des Pyramides est, sous le point de vue monumental ou artistique, bien plus intéressante à connaître que la hauteur selon la ligne horizontale, il n'en est pas de même assurément dans la question dont il s'agit. Comparons donc les hauteurs horizontales des trois monuments. Entre la Grande et la Deuxième, il existe, quant à la hauteur monumentale, une différence de 8 mètres en fa-

(1) Col. How. Vyse, *Operations*, etc., t. II, p. 109.
(2) Id., id., id., t. II, p. 117.
(3) Id., id., id., t. II, p. 12 .

veur de la Grande; mais la base de la Deuxième est plus élevée de 10^{m}70 (1) : ce qui compense et même au delà son infériorité monumentale. Les deux Grandes Pyramides sont donc à peu près au même niveau. La légère différence signalée par les calculs à l'avantage de la Deuxième, ne provient peut-être que de l'impossibilité d'apprécier exactement la différence de niveau entre le centre des deux monuments. Quant à la Troisième, elle avait 66^{m}70 d'élévation monumentale; mais comme sa base est au-dessus de la Deuxième de 28^{m}28, nous devons compter 69 mètres; c'est la moitié exacte de la hauteur de la Deuxième, c'est-à-dire de 138 mètres. Certes, voilà des rapports singuliers, et qui ne sauraient résulter que d'un plan général. Nous allons en voir d'autres non moins curieux en examinant les intervalles.

Malheureusement on n'a pas, pour les intervalles, des chiffres aussi exacts que pour les dimensions des monuments. La position relative de chaque pyramide, comme par exemple de la Deuxième par rapport à la Grande, aurait dû être donnée par les coordonnées géométriques de sa distance à l'ouest et de sa distance au sud; mais rien de semblable n'a été fait. Sous l'empire de la préoccupation qui a dirigé les recherches, aucun intérêt n'a été attaché aux intervalles : on s'est contenté d'indiquer généralement la distance d'un angle à un autre. Il faut donc nous en tenir aux indications du plan topographique du colonel Jacotin, au risque de se tromper de quelques mètres. Du reste, la limite des erreurs doit être fort restreinte; en comparant le plan dressé par M. Perring (2) avec celui du colonel Jacotin, on ne remarque aucune différence sensible entre ces

(1) Col. How. Vyse, *Operations*, t. II, p. 106.
(2) *The Pyramids from actual survey*, part. I, plate I, II.

deux plans. Enfin, le colonel Howard Vyse (1) a donné dans sa relation le chiffre approximatif des deux intervalles du nord au sud, et ce chiffre, qui est de 400 pieds anglais pour le premier, et de 750 pour le second, se rapproche beaucoup des indications du plan.

Examinons donc l'intervalle du nord au sud entre chaque pyramide. Cet intervalle est très-important, car il peut être considéré comme la base d'un orifice où une veine fluide venant de l'ouest sera rencontrée par deux autres veines qui, après avoir frappé la face de deux pyramides voisines, se précipiteront dans l'orifice. Or, l'intervalle entre la Grande et la Deuxième pyramide étant de 136 mètres, et l'intervalle entre la Deuxième et la Troisième de 230 mètres, nous trouvons que le premier chiffre 136 = 116 (demi-base de la grande) + 20, et le second 230 = 213 (base entière de la Deuxième pyramide) + 17, différence presque constante. Il paraît donc résulter de ces chiffres, qu'entre deux pyramides la base de la plus grande et le plus à l'est, a servi de mesure à l'intervalle qui les sépare du nord au sud, et cela dans des rapports remarquables ; car entre les deux grandes pyramides, toutes les deux d'égale hauteur horizontale, l'intervalle a été mesuré sur la demi-base seulement de la Grande ; tandis qu'entre la Deuxième et la Troisième, qui diffèrent de moitié en hauteur, c'est deux fois la demi-base ou la base entière de la plus grande des deux qui a déterminé l'intervalle.

Voici un autre rapprochement non moins curieux qui se lie sans doute à celui dont je viens de parler, et qui résulte du plan topographique du colonel Jacotin (planche 6e, vol. V des *Antiquités*), plan dont je reproduis les principales dispositions (*voir la planche* III). Si d'un point M qui partage

(1) Col. How. Vyse, *Operations*, etc., t. II, p. 107.

également le côté ouest de la base de la Grande pyramide, on mesure la distance de ce point au point B, centre de la Deuxième pyramide, on trouve une distance égale à celle mesurée du point M', qui partage également le côté ouest de la base de la Deuxième, au centre C de la Troisième.

Je ne veux pas multiplier les rapprochements de ce genre; ils ne serviraient qu'à prouver davantage l'existence d'un plan général, ce qui est, je crois, suffisamment démontré, sans éclairer beaucoup la question. Je me suis borné à citer ceux qui m'ont paru plus intimement liés au problème.

Mais il est temps d'examiner la situation des dunes sablonneuses en avant des Pyramides. On remarque d'abord que la base des monuments et les constructions circonvoisines sont recouvertes de sable, circonstance qui se rattache peut-être aux dégradations qu'ont subies les Pyramides; mais devant les prodigieux colosses dont elles viennent toucher les pieds, ces couches sablonneuses de quelques mètres de hauteur s'aperçoivent à peine : évidemment ce n'est pas là le danger qu'on a voulu prévenir. Si une masse comme la Grande pyramide, dont chaque face présente aux vents une surface d'environ vingt-deux mille mètres carrés, a des effets utiles contre le fléau, ces effets doivent être proportionnés à de telles dimensions.

Quand nous considérons l'action d'une pierre de quelques décimètres de diamètre placée au milieu d'un léger courant d'eau, nous ne nous étonnons pas de voir certains mouvements se produire dans le liquide et en amont du courant à une distance double, triple et plus encore de la largeur de l'obstacle; ici, et sans vouloir comparer, quant à la nature des effets, les fluides élastiques aux liquides, nous avons un corps de 232 mètres de base. Ne nous effrayons donc pas des distances, et jetons hardiment les yeux à trois ou quatre fois cet espace, c'est-à-dire à 900 mètres environ des Pyramides, au milieu de la plaine sablonneuse qui s'étend à l'ouest des monuments.

Le plan topographique indique à cette distance deux mouvements de terrain qui présentent avec la ligne des pyramides les rapports les plus frappants. Le premier mouvement à 900 mètres et parallèlement au front de la Grande pyramide, traverse du nord au sud la moitié du plateau, c'est-à-dire de la chaîne du nord à la hauteur de la Deuxième pyramide; le second commence à la hauteur et également à 900 mètres de cette dernière, traverse l'autre moitié du plateau, et va se réunir à la chaîne du sud. (Pl. II, *Fig.* A.)

De quelle nature sont ces mouvements singuliers? le plan n'indique rien positivement. Comme toute la carte d'Égypte, il confond les dunes sablonneuses avec les accidents de la montagne, et cela devait être; aucun intérêt ne commandait de faire cette distinction, et, moins encore, l'opération difficile de sonder la profondeur des rideaux sablonneux pour séparer ce qui provient du désert de ce qui appartient à la montagne. Mais on ne saurait avoir aucun doute à ce sujet. Nous savons qu'une vaste plaine de sable s'étend à l'ouest des Pyramides. Or, comme les mouvements indiqués, et dont les deux lignes en question ne sont que les points culminants, commencent au pied même de la Grande pyramide, il est évident que les hachures de la gravure s'appliquent aux accidents de cette plaine sablonneuse. D'ailleurs, le plan en relief de la bibliothèque Royale, qui embrasse un espace de 1,200 mètres à l'ouest de la Grande pyramide, et comprend par conséquent le premier des deux mouvements, dissipe toute incertitude. C'est un rideau de sable parfaitement indiqué, une dune sablonneuse comme toutes celles qui bordent la chaîne Libyque dans la province de Gizeh, et dont l'aspect tourmenté révèle l'action des vents.

Mais ce n'est pas tout; voici une autorité bien autrement imposante. M. Jomard, que j'ai eu l'honneur de voir depuis la présentation de mon mémoire à l'Académie des sciences, a bien voulu me donner des renseignements particuliers sur ce point important de la question, et m'autoriser à les publier. A l'époque où cet illustre membre de l'Institut d'Égypte s'occupait d'explorer les faits archéologiques du groupe de Gizeh, il s'avança à quelque distance dans l'intérieur du Désert, c'est-à-dire en suivant le col de Gizeh, à l'ouest des Pyramides, et ne vit partout que des masses de sable. Il ignore naturellement si les rideaux bien ou mal indiqués sur la carte sont entièrement sablonneux ou formés par un noyau rocheux recouvert de sable; si ces masses sont permanentes, ou bien si, déplacées par l'action des vents, selon les lois ordinaires, elles couvrent ou découvrent tour à tour le sol ferme sur lequel elles s'agitent; mais, dans son excursion, il ne vit que du sable, et nulle part le rocher. Il remarqua, du reste, que, derrière les mouvements indiqués, et quelle que fût leur nature, d'autres mouvements se succédaient à mesure qu'on s'avançait dans le Désert, circonstance conforme à ce que nous savons de l'aspect de l'océan de sable dont les vagues, semblables à celles de la mer et quelle que soit l'élévation de ces montagnes, collines, rideaux ou simples ondulations, sont disposées selon des lignes parallèles (1). Enfin, M. Jomard pense, quant à l'existence de grandes masses de sable à l'ouest des Pyramides, qu'on ne saurait les mettre en doute; l'extraordinaire serait qu'il n'y en eût pas.

Après un témoignage d'une si grande valeur, il nous est donc permis de croire, sans trop de témérité, que les mou-

(1) Ritter, *Géog. comp.*, t. III; *Desc. du Sahara et du Sahel*. Malte-Brun et Huot, éd. 1841, t. V, p. 395.

vements si bizarres qui, dans les cartes topographiques, traversent le col de Gizeh perpendiculairement à la direction des deux chaînes de la montagne, sont bien réellement des collines de sable immobilisées par l'action aérostatique des Pyramides. Nous pouvons, par conséquent, accorder une attention sérieuse aux indications du plan topographique du colonel Jacotin, et surtout au plan en relief de la bibliothèque Royale.

D'après ce plan, la crête du premier rideau sablonneux est d'environ 40 à 45 mètres plus élevée que la base de la Grande pyramide. Sa plus grande hauteur correspond au centre de la pyramide. De ce point, le mouvement s'abaisse insensiblement de chaque côté, en décrivant concentriquement à la face de la pyramide une espèce de demi-lune dont les deux branches vont rejoindre, l'une la chaîne du nord, l'autre le centre de la Deuxième pyramide, où elle se confond avec le sol, très-près de ce monument.

Quant au second rideau, comme il n'est pas compris dans le cadre du plan en relief, on ne peut en connaître la hauteur; mais ce que l'on sait de l'inclinaison du plateau, qui est de 13 mètres plus élevé à la base de la Troisième qu'à la base de la Grande pyramide (1), ne permet pas de douter qu'il ne soit bien inférieur au premier. L'aspect des deux rideaux, sur le plan topographique du colonel Jacotin, peut d'ailleurs en faire apprécier la différence. Le premier, vaguement dessiné, confus, tourmenté, projette des ramifications jusqu'au pied des deux Grandes pyramides, tandis que le second, nettement tracé à l'extrémité d'une plaine sablonneuse parfaitement unie, laisse voir que le peu d'élévation de sa crête n'a pas permis les éboulements qui semblent caractériser le premier. Et ceci me donne l'occa-

(1) Col. How Vyse, *Operations*, etc., t. II, p. 106.

sion de parler des massifs de tombeaux qui avoisinent les pyramides. On conçoit que la mobilité des sables ne leur permettant pas de se disposer sur un talus rapide, l'élévation du premier rideau devait causer des éboulements qui pouvaient gagner de proche en proche les intervalles des pyramides, et se dérober à l'action du système. Le massif de tombeaux, élevé d'environ 10 mètres au-dessus du sol (1), qui forme comme une vaste plate-forme à l'ouest de la Grande pyramide, et se continue, d'après les explorations du colonel Howard Vyse, jusqu'à la chaîne du nord (2), me paraît destiné à remédier à cet inconvénient. (Pl. II, *Fig.* A.) En permettant aux couches sablonneuses d'arriver jusqu'à lui et de s'établir à son niveau, ce massif a déterminé la formation d'un nouveau sol qui, plus élevé de 10 mètres, corrige l'inclinaison du plateau et diminue d'autant la hauteur relative du rideau sablonneux.

Je termine par une dernière remarque cette longue description. On trouve au pied du rideau, vis-à-vis de la Grande pyramide, des tombeaux creusés dans le rocher et remplis de momies d'Ibis (3), autre emblème de la science chez les Égyptiens. Si l'on considère que, de tous les animaux, les oiseaux paraissent avoir la plus grande horreur du Désert, on peut voir là une ingénieuse allégorie du génie de l'homme satisfait qui semble dire au Désert : *Tu n'iras pas plus loin!*

(1) M. Jomard, *Desc. de l'Ég. ant.*, t. II, chap. XVIII, p. 92.

(2) Col. How. Vyse, *Operations*, t. I, p. 340.

(3) Idem, id., t. I, p. 235.

II

SOLUTION DU PROBLÈME.

Je me hâte d'arriver à la solution du problème lui-même. Mais ce n'est qu'avec une véritable humilité que j'aborde de telles difficultés. La science qui a pour objet l'équilibre et le mouvement des fluides, et des fluides élastiques surtout, est encore enveloppée de mystères. L'ignorance où l'on est de la figure, de la forme des particules du fluide, la difficulté, l'impossibilité d'en soumettre au calcul les mouvements compliqués, et surtout l'insuffisance des faits reconnus par l'expérience, n'ont pas encore permis d'asseoir une théorie complète et définitive des lois du choc et de la résistance des milieux indéfinis.

La question a été l'objet des recherches d'un grand nombre de savants. Galilée, Léonard de Vinci, Newton et Descartes essayèrent de découvrir les éléments de cette nouvelle science et mirent en honneur l'étude des tourbillons. Newton (1) donna une première théorie de la résistance

(1) Newton, *Principes mathématiques de la Philosophie naturelle*, t. I, liv. II.

des fluides. Il supposait le corps frappé par chacune des molécules du milieu opposé au corps. Après lui, Daniel Bernouilli (1) et Euler (2) proposèrent le système du mouvement des *filets* sur le pourtour antérieur du corps; mais d'Alembert combattit ce système, dont le moindre défaut était de supposer connues la forme des filets fluides et la vitesse à l'instant où les molécules quittent la face antérieure du corps.

D'Alembert (3) étendit beaucoup les conséquences de la loi de Mariotte sur la dilatation et la contraction des fluides élastiques. Les expériences de Robins, de Borda (4), de Bossut (5), de Vince (6), de Hutton (7), jetèrent quelque lumière sur d'autres points plus compliqués, plus difficiles de la science. L'influence de la forme des corps solides, en ce qui concerne la résistance des milieux, devint l'objet principal des recherches. Beaucoup de savants des différentes contrées de l'Europe renouvelèrent les expériences; mais ce fut le chevalier Dubuat, officier de la marine française, qui, chargé, en 1786, par le gouvernement d'étudier les phénomènes de la résistance des fluides, donna la plus grande impulsion à cette partie de la science. Ses belles expériences démontrèrent que ce qui se passe sur les faces latérales et à la face postérieure du corps exerce dans certains cas une influence notable sur la résistance. Jusqu'alors on avait assimilé les corps prismatiques aux places minces; mais Du-

(1) *Commentaires de l'Académie de Saint-Pétersbourg*, t. VIII, année 1736.

(2) L. Euler, *Nouveaux principes d'artillerie*, de B. Robins, avec des remarques de L. Euler. Paris, 1783, p. 306 et suiv.

(3) D'Alembert, *Traité de l'équilibre et du mouvement des fluides.*

(4) Le chevalier de Borda, *Mémoire à l'Académie des Sciences*, de 1763.

(5) L'abbé Bossut, *Hydrogynamique.*

(6) Vince, *Transactions philosophiques de la Société de Londres*, 1778.

(7) Hutton, *Nouvelles expériences d'artillerie.*

buat reconnut que l'épaisseur du corps joue un rôle important dans la résistance (1) ; que selon la difficulté qu'éprouvent les filets à remplir le vide qui tend à se former à la partie postérieure du corps, dans le cas des corps en mouvement, ou de la durée de la contraction le long des faces latérales, quand le corps est immobile et le fluide animé de vitesse, les lois de la résistance sont sensiblement modifiées; que les *remous* et les *tourbillons* animés de mouvements giratoires à la partie postérieure du corps, et dans de certaines circonstances aux parties latérales, sont pour la force vive autant de causes de perte; qu'enfin, dans les deux cas, du choc et de la résistance, le corps est constamment accompagné d'une *proue* et d'une *poupe fluides* qui, par l'effet de la déviation des filets, sont comme en repos par rapport à ce corps, et forment en quelque sorte partie de sa propre masse (2).

De nos jours, les résultats principaux des observations de Dubuat ont été confirmés par de nombreuses expériences. MM. J. Macneill et John Russel (3), en Angleterre, MM. Thibault (4), Lechevalier (5), de Pampour (6), Savart (7), le colonel Duchemin, Didion, Piombert, Morin (8), en France, sont venus augmenter les données expérimentales déjà possédées sur cette question difficile. Navier (9) a fait aussi un travail remarquable sur la résistance des fluides; et enfin M. Poncelet, qui, dans sa belle *introduction*

(1) Dubuat, *Principes d'hydraulique*, t. II, partie III, art. 482 et suiv.

(2) Idem, t. II, sect. I, chap. VII, p. 235, et sect. II, chap. I, p. 346.

(3) M. Poncelet, *Mécanique industrielle*, p. 602.

(4) M. Thibault, *Recherches expérimentales de la résistance de l'air*, Brest.

(5) M. Lechevalier, *Mémoire sur le mouvement des fluides*. Metz, 1828.

(6) *Comptes rendus de l'Académie des Sciences*, 1839, 2ᵉ sem., p. 212.

(7) *Annales de Chimie et de Physique*, t. LV, année 1833.

(8) *Comptes rendus de l'Académie des Sciences*, mémoires, 1836 et 138.

(9) *Architecture hydraulique*, de Bolidor, nouv. édit., p. 339.

à la mécanique industrielle, résume tout ce qui est connu sur cette matière épineuse (1), a essayé d'en ramener les lois au principe général des forces vives (2). Mais comme cette théorie ne rend pas compte de la loi des pressions individuelles et des déviations des filets résultant de la forme particulière du corps ; qu'il faut toujours recourir à la détermination expérimentale de certains coefficients de contraction ou de correction relatifs à la forme, aux dimensions des filets, ou à l'inégalité d'intensité et de direction de leurs vitesses dans certaines sections du courant, la grande difficulté n'en subsiste pas moins (3).

Ainsi, l'on connaît la loi générale de la résistance des milieux ; on sait que des corps semblables et semblablement dirigés éprouvent dans un fluide une résistance proportionnelle au carré de la vitesse relative, à la densité du milieu et à l'aire de la projection transversale du corps sur un plan perpendiculaire à la direction du mouvement; que, par conséquent, la résistance d'un fluide est proportionnelle au poids d'un prisme de ce fluide, qui a pour base la plus grande section du corps normale à la direction du mouvement, et pour hauteur la hauteur due à la vitesse.

Mais quant aux causes particulières qui modifient cette loi, aux effets résultant de la forme du corps, de la cohésion et du frottement des fluides, etc., on est réduit à de vagues données expérimentales, souvent contradictoires, et qui, généralement obtenues à l'aide d'observations faites sur des corps de fort petites dimensions, donnent à peine des notions conjecturales pour ce qui concerne les grandes surfaces. D'ailleurs, quelque nombreuses que soient les

(1) M. Poncelet, *Introduction à la Mécanique industrielle, physique ou expérimentale*, 2e édit., p. 522-674.

(2) Idem, p. 675-697.

(3) Id., id., p. 689.

données expérimentales, elles sont loin d'embrasser toutes les circonstances. Comment, par exemple, apprécier exactement la différence de la position d'un corps immobile, exposé dans l'espace au choc d'un fluide, ou reposant sur le sol pour recevoir la même action, puisque le sol s'opposant à la déviation des filets, devient lui-même obstacle et se confond avec le corps? La difficulté augmente encore quand il s'agit des fluides élastiques, et particulièrement à de grandes vitesses, car l'expérience a démontré que la densité du fluide croissant avec la pression contre la face antérieure du corps, la résistance croît plus rapidement que le carré de la vitesse (1).

Je ne doute pas que la question des pyramides ne donne une grande impulsion à l'aérostatique. La recherche des faits qui intéressent les divers groupes de pyramides, la comparaison des effets produits par les différents systèmes, et les observations du phénomène physique faites sur les lieux mêmes, nous révéleront le résultat des longues méditations des Égyptiens. Toute une science, perdue depuis des milliers d'années, se retrouvera. Mais, en attendant que de tels travaux se puissent faire, et dans une question où l'expérience est tout, le calcul et le raisonnement peu de chose, mon embarras est grand, ma situation difficile. Aussi, en essayant de donner l'explication d'un problème de cette nature, ai-je à peine besoin de dire que je décline d'avance toute prétention scientifique. Il ne s'agit pas, du reste, de soumettre aujourd'hui à une démonstration rigoureuse le problème scientifique des pyramides : si je puis expliquer la pensée principale et faire comprendre le mécanisme de ces grandes machines, cela suffira amplement au but que je me propose.

(1) Navier, *Leçons de Mécanique à l'École Polytechnique*, p. 484.

Les montagnes de la région inférieure du Nil, soit qu'elles appartiennent à la vallée du fleuve, ou aux oasis de l'ouest, sont généralement peu élevées; et plusieurs des chaînes de ce système peuvent à peine rivaliser de hauteur avec les dunes sablonneuses du Désert. Or, comment concevoir l'efficacité de leur protection? La seule différence de niveau avec le Désert ne l'explique pas. Il faut donc invoquer une autre cause, la résistance que les montagnes opposent aux vents. Tout le monde sait que les fluides peu compressibles présentent parfois des phénomènes singuliers; que sous l'influence de certaines circonstances, de certains obstacles, une même veine liquide, par la dénivellation qu'elle éprouve, peut offrir deux courants contraires, comme on le remarque près de l'écluse d'un canal ou de l'embouchure d'une rivière. Les fluides élastiques, en vertu de leur propriété de se dilater ou de se condenser à l'infini, n'ont sans doute pas des effets moins surprenants. Seulement, ces effets sont moins connus, parce qu'ils se dérobent plus aisément à l'observation. Mais les mouvements des corps légers agités par l'air à la surface du sol, des feuilles, par exemple, dans de certaines localités, peuvent nous faire pressentir les merveilleux phénomènes que nous cache ce fluide invisible.

Si des couches d'air, animées d'une vitesse suffisante pour entraîner les sables du Désert, viennent à rencontrer une chaîne de montagnes perpendiculaire à la direction de la vitesse, il est évident que la percussion du fluide contre l'obstacle ne saurait se faire sans causer une certaine perturbation dans l'ensemble des forces qui sollicitent le mouvement des sables. Or, l'on conçoit déjà que la condensation du fluide contre l'obstacle et son mouvement pour le contourner puissent, dans de certaines limites et dans de certaines proportions, neutraliser quant aux sables l'impulsion reçue. La vitesse primitive n'existe certainement qu'au point où la condensation, provenant de la réflexion du mouvement, ou, si l'on veut, le trouble causé par la rencontre de l'obstacle, ne se fait pas sentir. La vitesse diminue donc à mesure qu'elle approche de l'obstacle, et les corps étrangers, mis en mouvement par la vitesse du fluide, doivent s'arrêter sur le sol, quand la vitesse devient inférieure à celle qui est nécessaire pour en entretenir le mouvement. Grâce à cette diminution de la vitesse, le vent, cause principale du fléau, peut donc servir lui-même à en éloigner la présence. Et c'est sans doute sur l'observation de pareils faits qu'aura été conçu le système des pyramides. Les savants égyptiens auront remarqué que, devant certains accidents de la montagne, les dunes sablonneuses affectaient constamment la même forme, et probablement aussi la même place, puisque la condensation provenant de la rencontre de l'obstacle dépend évidemment de la vitesse. Ils se seront placés en observation sur les points signalés, pendant les grands ouragans du Désert, et auront surpris le secret du phénomène. Toute une science sera née de ces observations; et quelle science, celle qui a sauvé des provinces entières de la destruction, et inspiré les plus merveilleux monuments qui soient sortis de la main de l'homme!

Tâchons de démontrer clairement l'existence du phénomène. Voici d'abord une expérience bien simple et dont rien n'est plus facile que de vérifier l'exactitude. Peut-être suffira-t-il de l'indiquer pour rappeler au lecteur bien des faits analogues.

Si par un vent d'une vitesse sensible, des feuilles ou autres corps légers sont exposés à quelque distance d'un grand édifice perpendiculaire à la direction du mouvement, quelle que soit la vitesse du courant, jamais ces corps légers ne parviendront à toucher l'obstacle. Il arrivera généralement, qu'après avoir été entraînés un moment dans la direction de l'édifice, ils s'en détourneront subitement à une certaine distance pour aller contourner l'obstacle en suivant une courbe qui passera sur un point souvent très éloigné de l'angle du bâtiment. Si l'édifice présente un grand développement, le phénomène pourra être plus curieux encore. Les feuilles, arrivées à une certaine distance du centre de l'obstacle, se montreront subitement animées de mouvements giratoires, dont l'orbe, se rétrécissant de plus en plus, laissera bientôt ces corps légers se déposer sur le sol. On verra alors se former en avant de l'obstacle des tas irréguliers, fréquemment agités de secousses plus ou moins brusques, mais toujours retenus éloignés du bâtiment par une force invisible.

Si, dans cette situation, l'observateur s'avance entre le dépôt de feuilles et le centre de l'édifice, il trouvera l'air dans un calme presque parfait, ou tout au plus agité d'une espèce de frémissement, je dirai presque de léger bouillonnement, sans direction appréciable. Cet état singulier du fluide élastique se continuera sans changement sensible, pendant que l'observateur longera le pied de l'édifice, en se dirigeant vers l'un des angles; mais à ce point, et presque sans transition, le courant se manifestera par une impétuosité bien supérieure à la vitesse régulière du milieu ambiant, pour s'affaiblir plus loin et se confondre avec cette vitesse.

Si l'observateur a choisi, pour théâtre de ses investigations, un édifice isolé, de grande dimension, convenablement exposé, et éloigné enfin de tout ce qui peut troubler le mouvement de l'air, il aura vu se passer, sous ses yeux, les principaux phénomènes du choc des fluides élastiques. Une partie des secrets de ces milieux invisibles lui sera connue; et sans être familier avec les recherches physico-mathématiques dont la résistance des fluides a été l'objet, il en comprendra du moins très-aisément les résultats.

Au surplus, et pour bien apprécier les phénomènes que peut présenter le milieu indéfini qui nous environne, ne perdons pas de vue la nature et la cause de ses mouvements. Nous savons que l'air porte en lui-même le principe des dérangements comme du rétablissement de son équilibre; que son élasticité, sa propriété de se dilater et de se condenser à l'infini, est la raison des principaux phénomènes atmosphériques. Tant que la densité de l'air est égale partout, l'équilibre n'est point troublé, l'air ne se met point en mouvement; mais s'il devient plus léger sur un point, il s'élève; et les couches plus denses qui se précipitent pour remplir le vide ainsi formé déterminent les vents. Un courant aérien n'est donc que l'action d'un ressort qui se déploie dans le sens de la plus faible résistance; sa cause est où va le vent et non pas d'où il vient. Par conséquent, dès que le fluide en mouvement a rempli le vide formé par la raréfaction, dès que la résistance devient égale à la force élastique déployée, l'action cesse, l'équilibre se rétablit.

Mais si, au lieu de la densité du fluide lui-même qui, par sa résistance à la force élastique du courant, rétablit le calme atmosphérique, nous supposons une surface solide, au moins égale à l'air de la section transversale du courant, il est bien évident que le phénomène du rétablissement de l'équilibre aura lieu de la même manière. Si, par exemple, un courant aérien s'engage dans un tube à parois solides, et que la seconde ouverture, celle sur laquelle se dirige le fluide en mouvement dans ce tube, vienne à se fermer hermétiquement, il est clair qu'aussitôt le fluide se mettra en équilibre, et que le calme se rétablira tout à fait. C'est le phénomène qui se passe tous les jours entre deux fenêtres d'un appartement. Et, en effet, quelque vitesse que l'on suppose au fluide en mouvement dans le tube, dès que l'orifice par lequel il doit s'échapper sera clos, une partie de la colonne fluide, se condensant contre l'obstacle, fera équilibre à l'autre. Que l'on donne au tube toutes les proportions imaginables, le phénomène se passera de la même manière. Que l'on suppose le tube de cent lieues de long et l'air chargé des matières pulvérulentes du Désert, les sables s'arrêteront à l'ouverture du tube, c'est-à-dire à cent lieues de l'obstacle.

Maintenant, si nous supposons que l'orifice n'est pas entièrement fermé, si nous en faisons varier l'ouverture, la vitesse du fluide subira évidemment des modifications proportionnées au degré d'ouverture, elle sera plus ou moins ralentie, selon la grandeur de l'obstacle, les difficultés du passage, les causes qui pourront augmenter plus ou moins le frottement, la cohésion, la contraction de la veine fluide. Enfin, entre l'orifice complétement ouvert ou complétement fermé, nous pouvons supposer une foule d'états intermédiaires auxquels correspondront une foule de vitesses, depuis une vitesse donnée jusqu'à une vitesse nulle. Les lois qui règlent ces diverses modifications ne sont pas entièrement connues, mais comme il n'y a aucune incertitude, quant aux termes extrêmes de la proportion, le phénomène existe incontestablement. Ainsi, partout où un fluide élastique en mouvement rencontre un corps solide et inébranlable, il y a pression du fluide contre l'obstacle; où il y a pression, il y a condensation; où condensation, diminution de vitesse.

Appliquons ces notions si simples, si évidentes, à la question des Pyramides. Supposons la vallée où se trouvent les pyramides de Gizeh entièrement fermée par une immense muraille. Élevons cette muraille jusqu'au-dessus des régions de l'air en mouvement. Dans cette hypothèse, la résistance pouvant être considérée comme infinie, toute la colonne fluide engagée dans la vallée serait en repos. La vitesse nécessaire pour entraîner les sables n'y existerait donc nulle part. Cette vitesse ne pourrait en effet s'y faire sentir que si la hauteur de la muraille, s'abaissant au-dessous des couches d'air en mouvement, permettait à un courant supérieur de déborder l'obstacle. Dans ce cas, le point où les couches inférieures quitteraient le sol pour aller, par une pente insensible et en cheminant au-dessus des couches tranquilles, gagner le sommet de la muraille, devrait nécessairement varier avec la hauteur de l'obstacle. Sur l'obstacle même, s'il ne s'agissait que d'un corps faisant à peine saillie au-dessus de la surface du sol, il serait au contraire à une distance infinie du corps, si l'obstacle s'élevait de toute la hauteur de l'atmosphère.

Si donc, au lieu des trois grands massifs de Gizeh, nous avions à considérer une seule muraille, ou, pour parler plus correctement, une montagne élevée, comme la Grande pyramide, de 146 mètres et fermant exactement le col de Gizeh, nous n'aurions certainement pas à douter de l'immense action aérostatique d'une telle barrière. La résistance d'une si vaste surface devrait infailliblement mettre en équilibre un prisme fluide d'une hauteur prodigieuse, et par conséquent déterminer le dépôt des sables à une distance énorme de l'obstacle. Nous comprendrions donc aisément que les collines de sables pussent se former à une distance suffisante de la montagne artificielle, pour que le talus nécessaire à leur immobilité ne vînt pas encombrer le pied de l'obstacle, réduire peu à peu son élévation relative, diminuer par conséquent son action aérostatique, et causer ainsi la marche progressive de la colline sablonneuse sur la barrière, comme il arriverait infailliblement si l'obstacle n'était qu'une muraille ordinaire. Enfin le problème, en ce qui concerne l'*arrêtement* des sables à une distance suffisante de l'obstacle, serait certainement résolu. Mais laissons cette hypothèse. Nous n'avons pas besoin d'imaginer des choses surnaturelles. Ce que nous avons à considérer dans la réalité est bien assez merveilleux.

Telle est en effet la disproportion entre la masse énorme du monument et le rideau sablonneux en face de la pyramide, si toutefois il est permis de raisonner sur les indications des documents connus en ce qui concerne ce rideau; que lorsqu'on jette les yeux sur le plan en relief de la bibliothèque Royale, on est d'abord surpris qu'il ait fallu de si prodigieuses masses pour obtenir ce résultat. Mais s'il est vrai qu'en présence d'un massif de cette dimension un rideau de sable de 40 à 45 mètres paraisse peu de chose, la réflexion corrige bientôt cette première impression. D'abord, si l'on songe aux désastres que causerait éternellement à l'Egypte le déversement dans la vallée du Nil d'un tourbillon sablonneux de cette hauteur sur 1,200 à 1,500 mètres de large, on ne s'étonne plus que de si grands travaux aient été entrepris et exécutés. Ensuite si l'on conçoit aisément que l'espace occupé par de si prodigieuses masses puisse être protégé par ces masses, il n'en est pas de même quant aux intervalles des Pyramides. A la première surprise succède un sentiment tout différent. Si l'on jette les yeux sur les intervalles, ces énormes masses ne paraissent plus disproportionnées, et l'on comprend que c'est la grande, la véritable difficulté du problème.

Voyons donc dans quelles proportions sont les intervalles par rapport aux Pyramides. J'en ai déjà donné une idée approximative; il ne s'agit plus que de la compléter.

Et d'abord, comme nous l'avons vu, le plan des Pyramides, y compris les Petites qui avoisinent la Troisième, considéré selon une ligne du nord au sud, embrasse 1,002 mètres; dans ce chiffre, les bases des monuments figurent pour 631 mètres et les intervalles pour 371, ce qui montre que, pour les couches inférieures de l'air, la ligne de la résistance est bien supérieure à celle des orifices ouverts au fluide.

Ensuite, si (Pl. VI, *Fig.* 1re, *section transversale des trois grandes pyramides de Gizeh*) nous considérons ABGD comme la base d'un prisme formé par une colonne d'air, nous trouvons que cette base, déduction faite du massif qui résulte de l'inclinaison du sol, est de 50,810 mètres carré, dans lequel chiffre la somme des surfaces des deux demi-faces des pyramides entre pour 15,782 mètres carrés et l'intervalle CBGE pour 35,028. De sorte que la surface des deux demi-faces est à l'intervalle comme 1 est à 2,2.

En calculant de la même manière le rapport des surfaces de la demi-face de la Deuxième et de la demi-face de la Troisième avec leur intervalle GHLM, et tenant compte de la différence de niveau, nous trouvons que la somme des deux demi-faces est de 9,096 mètres carrés, et l'aire de la section de l'intervalle 30,532; le rapport est donc comme 1 est à 3,3.

Ces rapports peuvent nous donner une idée de la puissante modification qu'éprouve la vitesse du fluide à la rencontre des trois grands massifs; et cependant, nous avons, négligé de considérer dans le calcul, un élément important de la résistance, l'inclinaison du sol. La Deuxième pyramide, par exemple, située sur une crête élevée de 10 mètres au-dessus de l'emplacement de la Grande, profite incontestablement, pour son action aérostatique, du massif de rocher qui lui sert de base, et nous devons en tenir compte. Si donc nous faisons figurer dans le calcul la section de la saillie du roc, nous arrivons à ces rapports remarquables que l'aire de la section des deux intervalles restant comme ci-dessus à 35,028 mètres carrés pour le premier intervalle, et à 30,532 pour le second, et la surface totale de la résistance augmentant jusqu'à 17,532 mètres carrés d'un côté, et à 12,996 de l'autre (*Voir les indications de la figure*), le rapport des surfaces de la résistance est au premier intervalle comme 1 est à 2, et au second comme 1 est à 2,3.

Maintenant que ces rapports si curieux sont connus, si nous pouvions soumettre au calcul mathématique les divers éléments de la résistance, la question serait bien vite décidée. Car, quoique nous ne sachions pas positivement la vitesse nécessaire à l'entraînement des sables, si nous avions la mesure exacte de la pression supportée par les différents massifs, nous pourrions du moins en déduire aisément la diminution totale de la vitesse. Mais, comme nous l'avons dit, l'état de la science ne permet pas de résoudre le problème par les mathématiques. Le calcul exigerait la connaissance complète du mouvement du fluide, c'est-à-dire l'intégration des équations différentielles qui expriment les conditions de ce mouvement, et cette intégration ne peut avoir lieu par aucune des méthodes analytiques que connaissent aujourd'hui les géomètres.

Nous pourrions bien essayer d'appliquer à la résolution du problème la formule connue de la résistance des milieux $kp\,AV^2$, en choisissant parmi les valeurs expérimentales du coefficient k, celle qui paraîtrait convenir davantage à la forme pyramidale. Mais, je le répète, les données générales de la question sont si compliquées, la forme et la position des Pyramides sur le sol qui placent la plus grande résistance à la partie inférieure du massif; le rapprochement des obstacles qui contrarient l'écoulement du fluide par les canaux ou ajutages intermédiaires; leur disposition en échelons qui multiplie ces difficultés; la grandeur des dimensions, autre grave sujet d'erreurs, surtout dans la considération des fluides élastiques où la résistance croît plus rapidement que le carré de la vitesse, toutes ces causes réunies, enfin, rendraient un tel calcul si vague, si incertain, que nous devons le rejeter. Le résultat n'en saurait être en aucune manière aussi satisfaisant à l'esprit que la simplicité si remarquable des rapports déduits ci-dessus entre les surfaces des masses résistantes et l'aire des intervalles.

D'ailleurs, ce qu'il importe de considérer, ce n'est pas tant peut-être la diminution de la vitesse totale, que la manière dont se répartit cette vitesse sur le développement de la ligne de résistance. La pression n'étant pas égale sur tous les points de cette ligne, la vitesse éprouve en chaque point une modification particulière; c'est ce que nous allons essayer d'apprécier.

Et d'abord, nous devons dire que la diminution de la vitesse, provenant de la pression du fluide contre l'obstacle, ne doit pas se faire sentir seulement en face du corps, mais aussi, et quoique à différents degrés, à une certaine distance de chaque côté de l'obstacle, c'est-à-dire dans tout l'espace où le mouvement des filets autour du corps cause la contraction du fluide. Sans vouloir représenter exactement ce mouvement des filets, qui d'ailleurs commencent à dévier à une grande distance de l'obstacle, comme l'a reconnu Dubuat (1), nous pouvons, pour la facilité de la démonstration, supposer, d'après l'ancienne manière, que chaque filet vient frapper la face antérieure du corps avant de s'échapper par les faces latérales.

Voyons donc ce mouvement, en ce qui concerne les pyramides considérées isolément.

(1) Dubuat, *Principes d'hydraulique*, t. II, 3e partie, art. 437 et suiv.

Le fluide, après s'être condensé sur la face antérieure de la pyramide, se divise en deux tranches qui contournent l'obstacle, parce qu'après avoir fait l'angle de réflexion égal à l'angle d'incidence, elles rencontrent des tranches d'égal volume et d'égale vitesse qu'elles déplacent et détournent de leur direction, et par lesquelles elles sont elles-mêmes détournées en vertu de la résultante des forces. Ce mouvement forme donc de chaque côté de la pyramide une nappe dont la partie antérieure tend à reproduire l'arête de la face antérieure, et dont la partie postérieure longe la face adjacente.

Or, il est évident que si l'action des tranches qui frappent la face de la pyramide, et le mouvement qu'elles décrivent pour contourner l'obstacle, produisent une diminution de vitesse suffisante pour arrêter les sables, cela peut être vrai aussi quant à celles qui viennent rencontrer la nappe formée par la première tranche, et ainsi de suite. Car ces différentes tranches se faisant obstacle, se comporteront l'une par rapport à l'autre de la même manière que la première tranche à l'égard du corps solide lui-même.

Ainsi (Planche IV, *figure 2 d'une pyramide vue de face*) la tranche qui vient frapper le triangle ADC, contourne l'arête de la pyramide et se place en AA'C, et celle qui était dirigée sur ce dernier triangle contourne l'obstacle que lui oppose la première tranche, et se place en A'A''C, ainsi de suite. Précisons bien ce mouvement des nappes

Les premières tranches rencontrent sur la face antérieure de la pyramide un obstacle solide et inébranlable; elles se condensent contre cet obstacle et le contournent. Les autres tranches qui viennent successivement en contact avec celles qui les précèdent ne rencontrent plus sans doute un obstacle inébranlable, mais une force suffisante pour les détourner violemment, changer leur direction et les obliger de contourner un obstacle selon la résultante des forces réciproques. Par conséquent, dans la lutte qu'elles subissent, dans le changement de direction qu'elles éprouvent, elles obéissent comme les premières aux lois de la réflexion du mouvement et de la condensation. Pour ces tranches, comme pour les premières, la vitesse est donc modifiée par la condensation; et si le phénomène de *l'arrêtement* des sables a lieu pour les unes, il a lieu également, dans de certaines proportions, pour les autres.

Ici, je n'ai pas besoin de dire que les lignes droites tracées dans la figure, pour donner une idée approximative du mouvement des filets contractés les uns par rapport aux autres, ne représentent en aucune manière ni la disposition, ni la dimension des nappes relativement à la forme du corps pyramidal. Il paraît du reste établi par les expériences que la forme des nappes, ou filets contractés, reste invariable pour un corps donné, à toute espèce de vitesse, et que, pour des corps semblables et semblablement dirigés, les dimensions absolues des filets sont seules modifiées, mais non leurs rapports de grandeur et de position relatives (1).

Quant à l'épaisseur des nappes, autrement dit l'espace occupé tout autour du corps par les filets contractés, et au delà duquel le milieu ambiant cesse d'éprouver le dérangement de la rencontre de l'obstacle, il est reconnu que cet espace surpasse peu la moitié de la largeur correspondante du corps (2). Si, par exemple, un plan mince circulaire est exposé à l'action d'un fluide élastique indéfini, le mouvement des filets contractés autour de l'obstacle ne se propage qu'à une distance à peu près égale au rayon du

(1) M. Poncelet, *Int. à la Méc. ind.*, art. 379, p. 356.
(2) Idem, idem, art. 392, p. 560.

plan. Pour les prismes dont la longueur est égale à la largeur, l'épaisseur du courant latéral est un peu plus considérable; elle correspond aux 0,77 des dimensions transversales du corps (1). Mais, pour une pyramide reposant sur le sol, comme le côté de la base n'offre pas d'issue au fluide, le mouvement s'étend d'une manière beaucoup plus sensible de chaque côté du corps. On peut le reconnaître par l'expérience suivante :

Si l'on expose, sur le sol, un petit corps pyramidal au choc d'un courant d'air rapide, et qu'en amont de l'obstacle on abandonne à la vitesse du fluide une poussière déliée, des grains quartzeux, par exemple, très-fins et colorés pour rendre visible le mouvement des filets contractés, on verra se dessiner assez distinctement la forme des nappes. Une ligne courbe qui, partant un peu au-dessus du sommet de la pyramide, irait aboutir de chaque côté à une distance au moins égale à la base du corps, représenterait assez bien ce mouvement. La vue géométrale des pyramides de Gizeh, où la forme et la dimension des nappes sont reproduites, en donnera une idée satisfaisante (Pl. VI, *Fig.* 7).

Il est du reste bien évident qu'en ce qui concerne les dispositions particulières de ce groupe, toute représentation figurative de la masse fluide contractée autour des massifs ne saurait être exacte, puisqu'il faut négliger une foule de circonstances qui nécessairement doivent modifier et la forme et la dimension des nappes, et qu'enfin il est impossible de représenter, par une figure, le concours des saillies de la montagne dans la résistance totale.

Mais considérées isolément et en dehors des circonstances particulières dont il s'agit, les dimensions des nappes indiquées par la figure sont dans des rapports assez exacts avec

(1) Dubuat, *Princ. d'hyd.*, t. II, art. 581, 582, 583.

les corps solides qu'elles contournent. En effet, et pour compléter ce que nous avons dit de l'épaisseur du courant latéral, il est généralement reconnu que, pour les corps solides dont la longueur égale la largeur, l'aire de la section transversale du prisme formé tant par le corps lui-même que par les nappes est égale à 6, 24 fois celle du corps (1). Appelant, par exemple, A la section de la pyramide *a b c*, (*même figure*), et A' la section totale qui embrasse le mouvement des filets contractés *a' b' c'*, on a : A' = 6, 24 A ; ce qui indique suffisamment que les dimensions données aux nappes dans la figure ne sont nullement exagérées.

Ainsi, quelque imparfaite que soit la figure, elle peut du moins nous faire concevoir d'une manière sensible les modifications que doit éprouver cette immense colonne d'air dont aucune molécule ne peut traverser le col de Gizeh sans avoir été soumise au choc direct ou indirect des trois grands massifs. Ce n'est pas tout : en nous montrant le croisement des nappes, l'une derrière l'autre, dans chaque intervalle, elle nous donne en quelque sorte la mesure de l'influence exercée par le rapprochement des Pyramides. Ceci a besoin de quelques éclaircissements.

Nous venons de voir que la section transversale du courant latéral formé par les filets contractés autour de l'obstacle, offre un rapport déterminé avec celle du corps ; et, ici, on suppose le corps isolé dans un fluide indéfini. Mais si des corps voisins sont situés à une distance moindre que l'épaisseur naturelle du courant latéral contracté, le rétrécissement du passage peut modifier singulièrement les lois connues ; l'influence de la proximité des corps étant, en effet, de refouler le fluide en avant des obstacles, par conséquent d'augmenter la pression et la résistance totale (2),

(1) M. Poncelet, *Int. à la Méc. ind.*, art. g., p. 683.

(2) M. Poncelet, *Int. à la Méc. ind.*, art. 302, p. 559.

le rétrécissement du passage devient, pour la vitesse générale, une cause importante de diminution.

On ne connaît pas, comme nous l'avons dit, la mesure exacte de cette modification; on ne sait pas davantage quelle influence peut exercer sur la résistance la position relative des corps, selon qu'ils se trouvent placés sur une même ligne normale à la direction du mouvement ou disposés en échelon; mais nous pouvons du moins nous faire une idée assez nette de l'importance de la proximité des pyramides de Gizeh, en considérant, d'après la figure, le rapport des intervalles avec l'étendue des nappes. Nous avons, du reste, un moyen beaucoup plus exact de nous rendre compte du rétrécissement des passages: c'est de comparer le rapport des demi-faces des Pyramides à l'intervalle, qui est de 1 à 2, comme nous l'avons vu, avec l'équation mentionnée ci-dessus, $A'=6,24\ A$, qui exprime la relation de la section du prisme fluide contracté à celle du corps. Dans le cas d'une pyramide isolée et éloignée de toutes les causes qui pourraient déranger le mouvement du fluide, nous aurions en effet: $A'=6,24\ A$; tandis que pour les pyramides de Gizeh, l'influence de leur proximité est telle, qu'elle transforme cette relation jusqu'à faire $A'=3\ A$ seulement. Nous reconnaîtrons bientôt l'importance de cette puissante modification.

Maintenant, et avant d'examiner le mécanisme du système, résumons ces différentes notions sur le mouvement des fluides élastiques indéfinis. La figure 3 (Pl. VI) empruntée à l'ouvrage de M. Poncelet (1) représente très-bien ce que l'on connaît de ce mouvement.

D'après l'idée ingénieuse de Dubuat (2), on considère la

(1) M. Poncelet, *Int. à la Méc. ind.*, fig. 55.

(2) M. Dubuat, *Princ. d'hyd.*, t. II, 3e partie, art. 437.

veine fluide dirigée sur un corps solide A, comme limitée de tous côtés par des parois fictives LM, L'M', au delà desquelles l'influence de la rencontre de l'obstacle sur le fluide ambiant cesse de se faire sentir. Le fluide s'écoule ainsi en amont du corps, dans une espèce de canal prismatique ou cylindrique, selon la forme du corps, et dont l'axe B*a* est parallèle à la direction du mouvement; puis, contraint de se dévier de tous côtés, il s'échappe en se contractant par l'espèce d'orifice annulaire que les parois fictives forment autour du corps.

Dans ce mouvement du fluide pour franchir le passage, on voit que les filets infléchis présentent deux courbures différentes : l'une P*m*, P'*m'*, qui tourne sa convexité à la face antérieure CD et à l'axe du mouvement B*a*; l'autre *mp*, *m'p'*, qui leur oppose sa concavité. Ces deux courbures ont ceci de distinct que, dans la première, le mouvement des filets infléchis s'accélère jusqu'en *m*, *m'*, point de la plus grande vitesse, pour se ralentir ensuite dans la seconde en se dirigeant sur *p*, *p'* (1), c'est-à-dire vers la partie postérieure du corps où le mouvement du fluide est peu connu. Il paraît, cependant, qu'après s'être infléchis en arrière du corps, les filets reprennent bientôt la marche parallèle qu'ils possédaient en amont, en laissant derrière la face postérieure une masse fluide en apparence immobile, mais douée en réalité de mouvements concentriques ou circulaires, appelés *tourbillons* et marchant par couples, comme l'indique la figure (2).

Quant à la répartition des vitesses et des pressions en avant des corps, ce qui est le point capital de la question, il est reconnu par l'expérience, comme par le raisonnement,

(1) Navier, *Leçons de Mécanique à l'École Polyt.*, art. 439, p. 481.
(2) M. Poncelet, *Int. à la Méc. ind.*, art. 374, p. 327.

que la plus grande pression est en *a;* mais qu'à partir de ce point, elle va de chaque côté en s'affaiblissant jusqu'en *n*, *n'*, sur les parois fictives, où elle est égale à la pression *statique* (1). Or, la vitesse suit les mêmes lois; seulement il faut distinguer les vitesses particulières dues à l'inflexion des filets contractés, dans leur effort pour contourner l'obstacle, de la vitesse normale dans le sens de l'axe B*a* du mouvement. Les premières sont le résultat de la force élastique du fluide accumulé sur l'obstacle, qui cherche à se frayer un passage par une route détournée dont la longueur augmente la vitesse relative, mais diminue proportionnellement la vitesse normale. Cette dernière, au contraire, est exactement conforme aux lois de la pression. Où est la plus grande pression, est la moindre vitesse; où la plus grande vitesse, la moindre pression.

Dès que la pression exercée en *a* communique, par la réflexion du mouvement, au fluide en amont, la sensation, si l'on peut s'exprimer ainsi, de la rencontre de l'obstacle, la vitesse sur l'axe B*a*, suivant les lois de la pression qui va sans cesse en augmentant et en s'ajoutant à elle-même, va sans cesse en diminuant jusqu'en *a*, où elle est nulle. De là, considérée toujours normalement à chacun des points de *a* en *n*, *n'*, et conformément aussi aux modifications en sens inverse qu'éprouve la pression sur ces points, la vitesse va en augmentant jusque sur les parois fictives, où elle se confond avec la vitesse du milieu ambiant.

Ainsi, dans tout l'espace situé entre la face antérieure du corps, les parois fictives et un point déterminé en amont du corps par la réflexion du mouvement, la vitesse du milieu ambiant n'existe nulle part. Du point *B* en amont du corps, ou de *n*, *n'* sur les parois fictives, la vitesse va sans

(1) M. Poncelet, *Int. à la Méc. ind.*, art. 378 (n.), p. 601.

cesse en diminuant à mesure qu'on approche de *a*, centre du système, où elle est zéro.

Telles sont les lois claires, précises, incontestables d'où nous allons faire sortir la résolution du problème.

Nous avons dit que Dubuat avait le premier signalé l'existence de la *proue* et de la *poupe fluides* qui accompagnent constamment le corps, et font en quelque sorte partie de sa propre masse, soit que le corps se meuve dans un fluide en repos, ou, qu'immobile lui-même, il reçoive le choc du fluide. Comme ce phénomène n'est que la conséquence naturelle des lois qui règlent, ainsi que nous venons de l'exposer, les modifications de la vitesse, nous allons, pour donner une idée bien claire de l'existence du phénomène, choisir celle des expériences de Dubuat où le corps est en mouvement dans un fluide indéfini en repos (1).

L'expérience consistait à faire osciller un globe de deux pieds de diamètre, vis-à-vis du centre duquel pendait librement, à un pied de distance, un petit plumasseau attaché au bout d'un fil, ou simplement un fil de laine; et voici quel en fut le résultat : ces corps légers suivirent le mouvement du globe en oscillant comme lui et en même temps que lui, avec autant de précision que s'ils eussent tenu au globe, avec cette différence que leurs oscillations avaient des amplitudes moindres que celles du globe; si on les approchait plus près du globe, ils allaient et venaient avec la même régularité que quand on les en tenait plus éloignés, et l'amplitude de leurs oscillations croissait ou décroissait en raison inverse de leur distance. Enfin, à quatre pieds de distance du globe, c'est-à-dire à cinq pieds de son centre, le plumasseau oscillait encore très-régulièrement, mais moins sensiblement.

(1) Dubuat, *Princ. d'hyd.*, t. II, art. 532, expérience 358.

Ainsi, pour le cas d'un globe mis en mouvement dans l'air, le phénomène se manifestait encore régulièrement à deux fois et demie le diamètre du globe. Or, si au lieu d'une surface sphérique, d'un petit diamètre et libre dans l'espace, nous supposions un corps à surface plane, de prodigieuse dimension, et mis en mouvement, en le faisant glisser sur le sol, de manière à empêcher le fluide repoussé de s'échapper entre le sol et la base du corps, il est bien évident que les proportions du phénomène seraient singulièrement agrandies. Ce n'est plus à deux ou trois fois le diamètre du corps, mais peut-être à une distance double, triple, que se ferait sentir sur les corps légers dont il vient d'être parlé, l'action du solide en mouvement.

Continuons l'hypothèse. A la place du globe de Dubuat, supposons une des Grandes pyramides de Gizeh, mise en mouvement sur le sol, et au lieu du plumasseau de l'expérience ci-dessus, les matières pulvérulentes du Désert; nous pouvons représenter ainsi qu'il suit la manière dont se produira le phénomène (Pl. VI, *Fig.* 4). A étant la pyramide en mouvement dirigée en *a*B; B plus ou moins éloigné, selon la hauteur de la pyramide, sera le point extrême où pourra se manifester le phénomène, et NB, N'B, partant d'un point situé sur chaque nappe, la ligne de démarcation, où se fera sentir latéralement l'action du prisme fluide déplacé par la vitesse du corps. Or, dans cette hypothèse, il est bien évident que la proue fluide NBN' produira, selon la vitesse du corps, exactement la même action sur le sable que le vent animé d'une égale vitesse. Il n'est pas douteux que si l'énorme machine s'avançait dans le Désert avec la rapidité d'un ouragan, on ne vît s'élancer devant elle les tourbillons sablonneux que soulève l'ouragan lui-même.

Eh bien! il suffit de renverser les termes de la question pour produire le phénomène de l'*arrêtement* des sables;

car nous savons par l'expérience (1), comme par le raisonnement, que le phénomène signalé par Dubuat existe aussi bien dans le cas du corps en repos, recevant le choc du fluide en mouvement, que dans le cas contraire (2). Toute la différence se réduit donc à ceci, qu'au lieu des sables soulevés par la proue fluide en mouvement, c'est la proue fluide relativement en repos dans laquelle les sables en mouvement viennent s'arrêter. Et voilà sur quel simple phénomène repose ce grand mystère historique qui, pendant cinq mille ans, a confondu la raison humaine!

Nous allons essayer maintenant de démontrer le mécanisme du système; mais il est entendu que, dans une question où toute solution mathématique est aujourd'hui impossible, nous n'avons point à nous préoccuper des grandes difficultés scientifiques du problème, du point exact où s'arrêtent les sables, de la manière dont ils se déposent sur le sol, du jeu des tourbillons dans la formation des rideaux de sable, enfin de tous les détails que l'expérience seule peut faire connaître. Ces faits curieux et intéressants, qui doivent nous révéler les secrets les plus cachés des fluides élastiques, seront un jour connus. L'observation les constatera, les fera entrer dans le domaine de la science. Mais, maintenant, nous n'avons qu'à présenter en peu de mots quelques idées simples, naturelles, conformes surtout aux principes rappelés au lecteur par l'ensemble de ce travail.

Dans l'hypothèse d'une pyramide en mouvement, glissant sur la surface du Désert et soulevant les sables à l'aide de la proue fluide, nous avons figuré cette proue (Pl. VI, *Fig.* 4) par le triangle NBN', ce qui est conforme à la répartition des pressions et des vitesses en amont du corps. Si donc, pour expliquer le mécanisme du système, nous considérons

(1) Dubuat, *Princ. d'hydr.*, t. II, art, 532, expériences 337e, 338e et 539e.
(2) Poncelet, *Int. à la Méc. ind.*, art. 380, p. 537, 538.

la pyramide isolément, et en dehors de toutes les causes capables de modifier le mouvement du fluide, nous devons représenter également les points d'arrêt du sable par les lignes BN, BN'; sauf toutefois la considération de la vitesse acquise par les sables, qui sans doute doit rétrécir cette limite. D'après ces idées, un rideau de sable s'établirait donc le long des faces BN et BN'; mais, comme le dépôt sablonneux serait évidemment plus considérable en B, sur l'axe de la résistance, qu'en NN', il est naturel de penser que le sommet de l'angle de plus en plus envahi, à mesure que le monticule s'élèverait davantage, tendrait à donner au rideau sablonneux la forme d'une demi-lune concentrique à la pyramide, selon la ligne ponctuée *ggg* inscrite dans la figure.

Ceci compris, rappelons une des notions expérimentales que nous devons au baron Costaz. Nous avons vu, par son lumineux mémoire sur les sables du Désert, que, lorsqu'un monticule de sable est formé, quelle que soit la cause qui l'a fait surgir et le maintient au-dessus de la superficie du sol, le monticule tend sans cesse, du moins dans de certaines proportions, à s'agrandir en hauteur et en largeur; et il nous est facile maintenant de comprendre la raison qu'en donne le célèbre membre de l'Institut d'Égypte, raison tout à fait conforme aux principes connus : c'est que le monticule devenant lui-même un obstacle pour l'air en mouvement, il se fait tout autour de lui, selon l'ingénieuse expression de l'auteur du mémoire, une espèce de voûte pénétrable, au-dessous de laquelle règne un calme relatif; et que, sollicités par leur poids dès qu'ils arrivent très-près de cette surface, les grains de sable se précipitent dans l'espace tranquille et y demeurent (1).

(1) Costaz, *Desc. égyp.*, t. II, p. 176.

Appliquons ces idées si simples, si naturelles, à l'intelligence de ce qui doit se passer en amont des Pyramides, sur le monticule arrêté par la proue fluide et disposé en demi-lune, comme nous l'avons dit ci-dessus. Les causes qui ont déterminé la formation du monticule subsistant toujours, et par conséquent les masses de sable accumulées sur ces points y demeurant immobiles, comme si elles avaient pour noyau un corps solide et inébranlable, le phénomène signalé par Costaz se produira incontestablement. A mesure que le monticule s'élèvera à la hauteur déterminée par la topographie du lieu, les sables, continuant de s'avancer et de se déposer contre la face antérieure du monticule, en élargiront la base ; en d'autres termes, le centre de la demi-lune augmentant en hauteur et en largeur, les deux branches du croissant s'étendront proportionnellement de chaque côté, et couvriront un plus grand espace. Ainsi les deux phénomènes, celui de la puissance aérostatique des grandes surfaces pour arrêter les sables en amont de l'obstacle, et celui de l'amoncellement des sables sur un monticule une fois formé, tous les deux fondés sur les mêmes lois physiques, et qui ne sont distincts qu'en raison des dimensions de l'obstacle, se prêteront un appui réciproque.

Si donc, la masse sablonneuse arrêtée par la proue fluide de la pyramide se trouve formée au centre d'une gorge de montagne et dans des rapports convenables avec la largeur et la profondeur du débouché, il arrivera infailliblement qu'elle s'opposera elle-même au passage des tourbillons du Désert; car, non-seulement elle sera retenue en avant de la pyramide par l'action aérostatique de l'énorme machine, mais elle s'unira par les deux branches du croissant aux parois de la montagne et continuera la montagne même.

Dans cette situation, la colline de sable, agitée par les

vents, comme une vague de l'océan sur le rivage, s'élèvera ou s'abaissera, s'avancera ou reculera, mais sans pouvoir franchir de certaines limites; car plus elle tendra à s'approcher du massif, plus la résistance croîtra. Enfin tour à tour poussée sur la pyramide par les vents du Désert et renvoyée au Désert par les vents opposés, elle reproduira éternellement le même phénomène.

Ici, rappelons-nous, pour l'intelligence de ce qui précède et de ce qui doit suivre au sujet des rideaux de sable formés par l'action aérostatique des Pyramides, la loi générale des mouvements du Désert. Nous avons vu que les sables se disposent dans le Désert, non en massifs continus, mais en lignes parallèles, montagnes, collines, rideaux ou simples ondulations, toujours régulièrement espacées les unes derrière les autres, comme les vagues de la mer; et ce phénomène qui paraissait si extraordinaire est maintenant bien simple. Il s'explique de la même manière que le système des Pyramides, par le même principe de la résistance des milieux, par la puissance aérostatique des grandes surfaces, enfin par la diminution de la vitesse.

Dès qu'une colline de sable, quelle que soit la cause de sa formation, est parvenue à une élévation suffisante pour faire sentir son action aérostatique à une distance convenable, une autre colline s'élève au point déterminé par les proportions de la première, et ainsi de suite. De sorte que tous ces mouvements échelonnés et réglés sur le premier, en subissent les diverses modifications; car, selon que la première montagne se met en marche ou devient immobile, toute la colonne s'ébranle ou s'arrête.

Il faut, du reste, ne pas oublier une considération importante : comme ces ondulations, déterminées les unes par les autres, ne sauraient être de la même hauteur, mais doivent s'abaisser sans cesse à partir de la première, il arrive nécessairement, ce qui est conforme aux observations de Costaz, que, pendant la durée d'un même vent, les proportions de ces bandes successives tendent sans cesse à s'agrandir, parce que chacune s'augmente des sables que le rideau antérieur, dans le sens du mouvement, n'a pu arrêter. Or, par la même raison, dès que l'action d'un vent contraire se fait sentir, les collines de sable doivent s'abaisser d'autant plus rapidement que le monticule voisin sur lequel elles sont poussées possède, par ses proportions, une moindre puissance aérostatique.

On peut voir par là sur quelles observations topographiques et anémographiques a dû être déterminée la somme des forces aérostatiques nécessaires pour arrêter la tête de colonne du Désert, et quelle importance peut acquérir dans la question la forme ou la disposition des premiers rideaux qui viennent en quelque sorte se mouler sur les proues fluides des Pyramides. Continuons maintenant la démonstration du système.

Dans les considérations relatives aux pyramides isolées, nous avons négligé de tenir compte des causes qui peuvent augmenter la résistance, en resserrant le passage des filets contractés de chaque côté du massif, comme cela doit arriver infailliblement à l'entrée d'une gorge. Mais ce que nous allons dire des pyramides groupées s'appliquera naturellement aux pyramides isolées, la proximité de deux ou trois grands massifs pouvant, à certains égards, jouer le même rôle dans la résistance, et exercer la même influence sur la grandeur et la forme de la proue fluide que l'étranglement de la montagne même.

Soit A, C, D (Pl. VI, *Fig.* 5), un groupe de trois pyramides d'égale base et d'égale hauteur, disposées sur une même ligne perpendiculaire à la direction du mouvement, et placées réciproquement à une distance moindre que celle nécessaire au libre développement des filets contractés autour de chaque massif; d'après la loi de la répartition des vitesses et des pressions en amont du corps, nous pouvons représenter les trois proues fluides par les lignes N*bn*, *nb'n'*, *n'b''*N', à l'intersection desquelles *b*, *b'*, *b''* figurent leur sommet, et *n*, *n'* les points où, à partir de leur sommet, elles commencent à se réunir.

Il est évident que plus les trois pyramides seront rapprochées, plus les trois proues fluides tendront à se confondre et à s'agrandir; car, dans l'hypothèse des trois corps réunis en un seul, nous devrions représenter la proue fluide par NBN'. De sorte que le point où cesse le contact de deux proues voisines s'avance ou recule selon le degré d'étranglement du passage. En *n*, *n'* dans l'état régulier des dispositions que représente la figure, ce point se rencontrerait vers C, si l'on faisait disparaître la pyramide C.

Cette figure peut donc servir à nous faire comprendre tout le mécanisme du système. On conçoit, en effet, que, selon les relations de base, de hauteur, de position, d'horizontalité, d'orientation même entre deux pyramides, on puisse faire varier à l'infini les points de contact de deux proues fluides, et déterminer par conséquent une infinité d'effets différents, conformément aux circonstances anémographiques et topographiques du lieu.

Supposons, par exemple, d'après la même figure, les trois pyramides A, C, D, égales de base et de hauteur, à la même distance l'une de l'autre, sur la même ligne perpendiculaire au mouvement, sur le même plan horizontal, enfin exposées à un tourbillon sablonneux d'une égale intensité; dans cette hypothèse d'une parfaite égalité de conditions pour chaque pyramide, il est évident que les sables s'établiront dans les angles *bnb'*, *b'n'b''*. Comme il n'y aura aucune raison pour qu'un monticule de sable soit plus élevé et s'étende plus que l'autre, la limite des deux massifs de sable sera régulièrement déterminée par la figure même. Cette circonstance ne paraît pas, du reste, favorable à un *maximum* d'effet. On ne voit point quel rôle aurait à jouer dans cette hypothèse le phénomène de l'amoncellement des sables sur un monticule une fois formé, puisque les rideaux de sable *ggg* ne pourraient s'étendre pour augmenter les effets du système ni à droite, ni à gauche, mais seulement en *n*, *n'*, c'est-à-dire parallèlement à l'axe du mouvement et en face même des intervalles. Aussi cette disposition ne paraît-elle se rencontrer, si toutefois elle existe réellement avec cette égalité de conditions pour plusieurs pyramides voisines, que dans les groupes de Nubie. On ne saurait, en effet, accorder à ce système une efficacité complète, absolue, qu'en supposant une seconde ligne de pyramides sur *n*, *n'* pour contenir la pointe des rideaux qui menacent les intervalles, ce qui est également conforme aux dispositions des groupes de Nubie.

Mais si nous supposons une des trois pyramides, C par exemple, ou supérieure ou inférieure aux deux autres, placée en avant ou en arrière, disposée enfin de telle sorte dans le groupe, que le rideau de sable qui doit résulter de son action aérostatique puisse se former soit en avant, soit en arrière des deux autres rideaux : dans cette situation isolée, le monticule, naturellement élargi par le courant sablonneux qui tendra à le contourner, pourra par conséquent se développer plus aisément et couvrir un plus grand espace que dans la première hypothèse. Il nous est donc permis de le représenter, soit en avant des deux autres monticules par la ligne ponctuée en croissant *hhh*, soit en arrière par la ligne *mmm*. Dans ce dernier cas les deux branches du croissant venant aboutir vis-à-vis du centre des deux pyramides voisines, c'est-à-dire dans une région de l'air de plus en plus calme, le courant sablonneux forcé, pour continuer sa marche, de contourner le monticule, sera dirigé par le monticule même sur l'axe de la plus grande résistance où il viendra expirer. Dans l'autre cas, celui du rideau *hhh*, les mêmes conditions seront évidemment satisfaites; et du moment que le monticule formé par la pyramide C ne sera plus disposé sur la même ligne que les monticules résultant des pyramides A et D, ces derniers, obéissant aux mêmes lois, reproduiront les mêmes dispositions; chacun d'eux servira de la même manière à diriger le courant sablonneux suivant une diagonale insensible sur l'axe de la pyramide C.

Ainsi, au lieu de s'opposer directement au courant sablonneux par une seule ligne de monticules réunis, comme dans la première hypothèse, où chaque monticule dirige l'effort du Désert sur le point le plus faible de la défense, la disposition des rideaux en échiquier, en détournant insensiblement le courant sablonneux, l'amènera toujours sur le point de la plus grande résistance.

Tel est le mécanisme qui résulte de l'ensemble des lois et des faits connus. Les vitesses se trouvant inégalement réparties en amont d'un corps, et par la même raison sur toute une ligne de pyramides, la plus grande résistance étant sur l'axe de chaque pyramide, la plus petite sur l'axe de l'intervalle, le problême à résoudre était évidemment celui-ci : attirer toutes les forces du courant sablonneux sur les Pyramides et lui dérober les intervalles. Or, par la disposition en échiquier des monticules dont chaque massif, formé sur le prolongement de l'axe d'une pyramide, rejette le courant sablonneux sur l'axe des deux pyramides voisines, le problème est complétement résolu.

Maintenant on ne peut guère douter que cette disposition ne s'applique à tous les groupes de pyramides. Et en effet, que les Pyramides soient elles-mêmes disposées en échiquier, comme le premier groupe de Méroé, ou en échelon, comme les pyramides de Gizeh et de Saqqâra (groupe du nord), ou sur des lignes irrégulières, comme celles de Nouri et de Méroé (groupes du nord et du sud) ; quelle que soit enfin la physionomie particulière d'un groupe, dès qu'on a fait varier les bases, les hauteurs, les formes, les positions, tous les éléments du problème, on a fait varier en même temps les dimensions des proues fluides, on a déterminé la formation des rideaux de sable sur des lignes différentes, et par conséquent, l'isolement des monticules doit produire incontestablement l'importante déviation des courants sablonneux.

Il est, du reste, bien évident que la disposition scientifique des Pyramides dut particulièrement se régler sur les circonstances topographiques des lieux. Telle pyramide qui, considérée seulement d'après ses dimensions, semble insignifiante, joue peut-être par l'inclinaison du sol, l'élévation de son emplacement ou autres circonstances locales, un des rôles importants du système. Nous avons vu qu'en face d'une seule pyramide démolie, toute une ancienne ville est aujourd'hui ensevelie sous les sables. Cependant cette pyramide dite d'*Abou-Roash*, et dont l'entière démolition a sans doute causé cette catastrophe, n'avait que 320 pieds de base, un peu moins que la Troisième de Gizeh; mais il faut dire que son emplacement domine de 510 pieds la plaine du Nil (1). Du haut de cette position, elle devait avoir une énorme puissance ; et l'on conçoit tout à la fois et les terribles résultats de sa disparition, et la raison qui a soustrait son emplacement à l'envahissement des sables. Ce seul exemple suffit pour faire comprendre à combien de combinaisons diverses le système des Pyramides a pu se prêter.

(1) Col. Howard Vyse, *Appendix to oper.*, t. III, p. 8.

Il est en effet probable, comme plusieurs plans topographiques paraissent l'indiquer, que les Pyramides n'ont pas toujours été placées au centre du débouché dont elles devaient fermer le passage. Dans certains cas, l'extrémité de la vallée, par exemple, formant un coude avec sa direction principale, il était infiniment plus avantageux d'élever les Pyramides sur la crête de l'embranchement de la montagne faisant face à la vallée, et de profiter pour la résistance de la montagne même.

Après avoir déduit tout le système scientifique des Pyramides, des lois de la résistance des milieux et particulièrement de la répartition des vitesses en amont du corps, lois devant lesquelles sont venus se ranger si merveilleusement et l'orientation des Pyramides, et le rapport du nombre au volume, et celui du volume aux intervalles, enfin tous les faits connus, il serait utile de pouvoir soumettre chaque groupe en particulier à une application rigoureuse des principes établis ; mais comme nous ne possédons pas de documents précis sur les circonstances topographiques qui accompagnent les différents groupes, contentons-nous d'examiner sous ce point de vue le groupe de Gizeh.

La figure suivante (Pl. VI, *Fig*, 5), qui reproduit les principales dispositions de ce groupe, en expliquera d'elle-même le mécanisme. Les deux grandes pyramides A, B, toutes les deux d'une égale hauteur horizontale, ont évidemment une égale puissance aérostatique. Les deux monticules qui résultent de leur action doivent donc se trouver séparés l'un de l'autre, de l'est à l'ouest, par la distance même des deux monuments, distance qui, comptée d'une face à l'autre, est de 310 mètres. A côté de ces deux grands massifs, la Troisième pyramide C, dont l'élévation égale seulement la moitié de la hauteur verticale de la Deuxième, ne peut sans doute faire sentir son action qu'à une distance proportionnelle à ce rapport; mais elle est située à 490 mètres plus avant dans le Désert que la Grande pyramide. Elle doit donc, grâce à sa position, agir probablement sur un point aussi éloigné que la Grande pyramide.

Dans ce système, tel qu'il résulte des rapports de grandeur et de position des Pyramides, les trois rideaux de sable *ggg*, *mmm*, *hhh*, se couvrent réciproquement; celui de la Deuxième *mmm*, formé le plus loin dans le Désert, doit d'autant plus aisément détourner le courant sablonneux sur les deux autres que, se trouvant au centre de la vallée, il permet à la déviation du courant de s'effectuer de chaque côté par une moindre compression.

On voit donc que la Deuxième pyramide, au centre du système, y joue le rôle principal. C'est là peut-être le sens mystérieux de la pensée religieuse qui fit de ce monument le tombeau même d'Osiris, dans la personnification du bœuf Apis.

Ici, je dois dire un mot de la différence que l'on remarque entre les dimensions des trois monuments. Il semble d'abord que le besoin d'obtenir la disposition des trois rideaux de sable en échiquier, cet intérêt capital de la question n'explique pas entièrement cette différence; car, pourquoi n'avoir pas placé les Pyramides elles-mêmes en échiquier? Mais, d'un autre côté, l'inclinaison du sol ne permettait pas de leur donner les mêmes dimensions. La base de la Grande pyramide est de 13 mètres au-dessous de l'emplacement de la Troisième. Cette dernière n'a donc pas seulement un courant sablonneux de 13 mètres moins élevé à contenir, elle profite pour sa résistance d'un massif de rocher de 13 mètres de hauteur. Or, si l'on ne pouvait pas leur donner les mêmes dimensions à cause de l'inclinaison du sol, on ne pouvait pas non plus les placer en échiquier, puisque les rideaux de sable subordonnés aux proportions des Pyramides n'auraient plus été dans les mêmes rapports. Enfin, il fallait disposer les Pyramides de telle sorte que les intervalles fussent convenablement resserrés. Sans parler des autres éléments topographiques et anémographiques de la question, on voit combien le problème scientifique est compliqué. Ce sera un jour une étude curieuse que de vérifier des calculs mathématiques faits il y a cinq mille ans.

Quant aux petites pyramides qui avoisinent la Grande et la Troisième (Pl. III), leur présence est également conforme aux lois ou aux données expérimentales de la plus grande résistance. Les trois qui sont situées près de l'angle sud-est de la Grande tirent peut-être de leur position un avantage considérable : comme elles se trouvent précisément au point où se forment les tourbillons, l'obstacle qu'elles opposent à leurs mouvements giratoires et à leur écoulement dans la masse fluide, peut augmenter beaucoup la résistance. Il est d'ailleurs probable qu'elles ont été destinées à corriger quelque erreur signalée par l'expérience.

Les trois autres n'ont certainement pas moins d'importance. Il semble, il est vrai, au premier aperçu que, lorsque deux corps se trouvent placés l'un derrière l'autre dans la direction du fluide, la résistance soit considérablement diminuée; mais il n'en est pas ainsi. Il résulte des expériences de M. Thibault (1), faites sur deux plans carrés minces l'un derrière l'autre, à une distance égale à leurs côtés parallèles, de manière à se recouvrir et à s'abriter exactement, que la résistance directe ou perpendiculaire de deux plans ainsi disposés est fort peu différente de la résistance de ces mêmes plans isolés ; ce qui permet de croire que, pour des prismes, elle serait presque égale. La résistance varie du

(1) M. Thibault, *Recherches expérimentales sur la résistance de l'air*. Brest, p. 66 et 71.

reste d'une manière très-curieuse, selon que l'on fait plus ou moins démasquer le dernier plan. En appliquant le résultat des expériences à la plus grande des trois petites pyramides, laquelle se trouve démasquée de chaque côté d'environ 0,4 de sa surface, la résistance de cette pyramide au lieu d'être amoindrie par sa position derrière les deux autres, serait au contraire sensiblement augmentée (1). Au surplus, il est bien évident que le principal effet de la présence de ces petites pyramides est de resserrer le passage des filets contractés le long de la face latérale du grand monument. C'est la véritable explication de leur disposition particulière.

J'aurais encore une foule d'observations à présenter, soit sur les accessoires du système, soit sur le système lui-même, soit enfin sur les conséquences des dégradations qu'ont subies les Pyramides. Mais tous ces détails augmenteraient beaucoup trop les proportions de ce travail. Il ne s'agit pas d'ailleurs de faire ici un traité complet de la matière, traité aujourd'hui impossible, et dans l'état de la science, et par le manque de documents topographiques. Mais je crois avoir rempli le but que je m'étais proposé; car, si la science a encore beaucoup à connaître de ce grand problème, la raison du moins est complétement satisfaite.

(1) M. Poncelet, *Int. à la Méc. ind.*, art. 399, p. 572.

CONCLUSION.

Jusqu'ici l'antique mystère des Pyramides semblait défier toute interprétation raisonnable. On ne pouvait se rendre compte de ces gigantesques constructions qu'en supposant le peuple qui eut la gloire de les élever, le peuple le plus insensé de la terre. Pour justifier la ridicule destination qu'on leur prêtait, il fallait, avec un philosophe célèbre, refuser d'abord à notre raison le droit de juger la pensée des sociétés anciennes, c'est-à-dire proclamer ces grands travaux inexplicables, pour s'autoriser à les expliquer par une folie ! Et, chose curieuse, le seul grand intérêt qui, *à priori* et en dehors de toute considération scientifique, pouvait les justifier, est le seul auquel on n'avait pas songé. Devant ce prodigieux déploiement de la volonté d'un peuple, qui osa entreprendre de réformer l'ouvrage même de la nature et, comme elle, de créer des montagnes, on invoquait des idées métaphysiques ; aux plus immenses résultats on supposait les plus petites causes ; c'est la souris qui avait accouché de la montagne : jamais mystère historique n'avait à ce point confondu la raison humaine.

Mais si, rejetant toute idée systématique et s'affranchissant du plus ancien préjugé de l'histoire, aux plus grands monuments de la terre on eût cherché une grande cause, cette cause était naturellement indiquée par ce qui fut l'objet des constantes préoccupations de l'Égypte, par sa lutte incessante contre le Désert, par le combat éternel d'Osiris et de Typhon, qui forme le trait caractéristique de son histoire.

Placée entre un immense bienfait et un fléau terrible, l'Égypte n'eut d'autre pensée que d'étendre l'un et de restreindre l'autre. Cette loi des circonstances physiques de son territoire explique toutes les créations économiques de ce peuple ; elle rend compte de la physionomie particulière, de la durée et du prodigieux développement de sa civilisation. La nécessité de défendre sans cesse son existence en péril excita son activité, et cette activité enfanta les merveilles qui l'ont illustrée entre tous les peuples du monde.

Rien n'était donc plus naturel que de demander au principe même de la civilisation égyptienne la raison des faits incompréhensibles de son histoire. Nous connaissons la grandeur de la lutte qu'elle eut à soutenir. Sur cette étroite vallée qui forme son territoire, il lui fallut abandonner, de chaque côté, une lisière, souvent de deux à trois lieues de large, comme une part faite à Typhon sur le domaine d'Osiris; et non-seulement elle dut se résoudre à ce sacrifice énorme, mais multiplier les travaux et invoquer toutes les ressources de la science, pour contenir les sables accumulés sur cette lisière et en diminuer l'encombrement.

Nous savons quels sont les divers éléments de son premier système de défense : sur la montagne, des plantations d'acanthe, des acacias épineux, des *bois sacrés* entretenus avec le plus grand soin, et dont la merveilleuse propriété de croître dans les sables, déterminant la formation de collines sablonneuses de plus en plus élevées, fait concourir le Désert lui-même à la défense de l'Égypte; des murailles, des digues, des enceintes destinées non-seulement à remédier sur certains points à l'abaissement de la montagne, mais aussi à corriger les défauts d'escarpement du versant du Nil, et à créer ainsi des abris factices pour décider la chute des sables sur des points rapprochés du pied de la montagne; enfin, au bord de la lisière déserte, un large canal, ou plutôt un bras du Nil qui sert de limite aux sables, entretient la végétation des arbrisseaux contre lesquels se forment les dunes sablonneuses, et déverse dans la mer les matières pulvérulentes qui se détachent des dunes.

Ces moyens de défense, particulièrement fondés sur la manière dont se comporte un fluide élastique en mouvement à la partie postérieure d'un corps en repos, servent encore puissamment au salut de l'Égypte. On les reconnaît sur tout le développement de la ligne naturelle de défense que forment l'une et l'autre montagne de chaque côté de la vallée du Nil. Mais ce système ne rendait pas compte de la sécurité de l'Égypte, à l'entrée des vallées qui, de la région des sables mobiles, dite le *Fleuve* ou la *Mer-sans-eau* (*Bahar Belama*), débouchent sur la plaine du Nil, c'est-à-dire aux points où la montagne elle-même faisant défaut, présentant des solutions de continuité en face du *Sahel* de la Libye, livre l'Égypte aux seules ressources de l'industrie humaine.

Sur des points si gravement exposés, où le tourbillon sablonneux arrive dans toute sa hauteur et avec le redoublement d'énergie que lui imprime le courant aérien comprimé entre les parois de l'espèce d'orifice qui lui est ouvert à travers la montagne, tous les moyens ordinaires de défense étaient impuissants. Devant de si graves irruptions, des plantations auraient été ensevelies en quelques instants, et par conséquent toute végétation détruite. Des murailles, des digues continues, si efficaces sur certains points de la montagne, avaient au contraire, en face d'une vallée, ce désavantage énorme de laisser former contre elles, à l'abri des vents opposés, des dépôts de sable permanents dont la masse s'élevant sans cesse aurait fini par déborder l'obstacle et par rendre presque inutiles les travaux exécutés. D'ailleurs, l'élévation de murs ordinaires, et à moins de supposer de véritables montagnes, c'est-à-dire des pyramides continues, ne pouvait pas rivaliser avec l'élévation que paraissent atteindre les matières pulvérulentes du Sahel, soulevées par un vent violent.

Le problème à résoudre était donc d'arrêter les sables poussés par les vents du Désert, sans les mettre à l'abri des vents contraires; et ce problème ne pouvait être résolu qu'en s'attaquant aux causes mêmes du fléau, en opposant au courant aérien des surfaces résistantes isolées, capables d'en modifier la vitesse. Toute la difficulté se réduisait enfin à une simple question de mécanique, c'est-à-dire à présenter au vent une résistance égale à l'excès de la vitesse nécessaire pour entraîner le sable.

Ainsi, la loi de la plus grande résistance et de la répartition des pressions et des vitesses en amont d'un corps solide et inébranlable exposé au choc d'un fluide élastique en mouvement, explique toutes les dispositions des Pyramides groupées ou isolées. Elle rend compte de leur forme, de leurs dimensions, de leur inclinaison, de leur nombre, de leur volume; elle justifie leur présentation de face au Désert, suivant l'axe des vallées dont elles occupent l'entrée, et par conséquent normalement à une direction constante du vent; elle nous fait comprendre la raison des rapports du nombre au volume et du volume aux intervalles; elle donne enfin la solution de ce grand problème, et dévoile le plus antique mystère de l'histoire.

Et maintenant qu'il me soit permis de jeter un regard sur l'avenir de l'Égypte. La vallée du Nil a perdu depuis son ancienne civilisation, la trente-deuxième partie de son territoire cultivable ; et c'est peu de chose si l'on songe aux siècles de barbarie qui ont suivi la décadence de l'empire des Arabes. Mais aujourd'hui qu'un grand homme semble avoir mis un terme à l'anarchie qui désolait ce beau pays, et que la civilisation européenne commence à rendre à cette contrée célèbre les sciences, les arts, les connaissances qu'elle en reçut jadis, espérons que les travaux de l'antique Égypte ne seront pas perdus pour son avenir.

En réparant les digues, les murailles, les canaux qui bordent ses frontières ; en entretenant avec soin les plantations, soit sur la montagne, soit au bord des canaux ; en relevant surtout ses gigantesques monuments aérostatiques dégradés par la barbarie ; en complétant enfin tout son système de défense : non-seulement l'Égypte pourra reconquérir sur le Désert tout ce qu'elle a perdu depuis deux mille ans, par les invasions de ce terrible ennemi, mais étendre l'empire d'Osiris bien au delà des bornes de son ancien territoire. Car il n'est pas vrai, comme on l'a cru si longtemps, que l'Égypte soit fatalement destinée à disparaître un jour sous les vagues du Désert. Loin de là ; dans la lutte éternelle du Nil et du Désert, le Nil tend sans cesse à acquérir de plus grandes forces ; car, à mesure que le sol de la vallée s'exhausse par le limon du fleuve, l'inondation du Nil peut atteindre un point plus élevé de la lisière déserte qui borde chaque côté de la vallée, et par conséquent embrasser un plus grand espace. (*Note* XI.)

Mais je m'arrête ; il ne serait pas convenable de tirer maintenant des conclusions pratiques des données théoriques de ce travail. Il faut attendre que le monde savant ait décidé si l'une des plus glorieuses pages de l'histoire de la civilisation égyptienne est retrouvée; si le Sphynx, confondu, n'a plus qu'à se précipiter dans le Nil; si enfin une nouvelle carrière est ouverte aux investigations de la science.

FIN DU MÉMOIRE.

APPENDICE.

DU SECRET DES PYRAMIDES ET DE LA FABLE D'OSIRIS.

La destination des Pyramides contre les sables du Désert ouvre un champ très-vaste aux conjectures historiques, et soulève une foule de questions importantes. Ce n'est assurément ni le lieu ni le moment de les examiner; mais comme parmi ces questions, il en est plusieurs qui se trouvent intimement liées à la question même de la destination des Pyramides, je crois devoir en faire l'objet de quelques considérations particulières.

Le secret qui présida à la construction des Pyramides d'Égypte n'a rien qui doive nous étonner; il était conforme au génie mystérieux de cette société singulière. La caste sacerdotale ne pouvait révéler la pensée de ce grand mystère sans ébranler en même temps l'édifice de sa puissance. Il serait superflu d'énumérer tous les intérêts politiques et religieux liés à ce secret : un seul mot explique tout ce mystère. Il était mille fois plus facile d'imposer au peuple ces immenses travaux par la crainte de la religion, que de lui en faire comprendre la démonstration scientifique. Le système seul des trois pyramides de Gizeh coûta soixante ans de travaux inouïs. Ce sacrifice de toute une génération, au profit des générations futures, ne pouvait s'accomplir que par une pensée religieuse.

Le merveilleux de l'histoire des Pyramides, ce n'est donc pas que la destination en ait été cachée au peuple égyptien, mais qu'elle ait pu être dérobée au monde entier-

C'est, en effet, un des traits les plus curieux de l'histoire de la civilisation égyptienne que le secret de ses mystères, si fidèlement gardé pendant sa prospérité, ait été enseveli sous ses ruines. Subjuguée tour à tour par les Perses, par les Grecs et par les Romains, il ne paraît pas que cette société extraordinaire ait livré son secret à ses vainqueurs. Après César, comme après Alexandre, les historiens grecs et romains en sont réduits à de simples conjectures. Ils n'en savent pas plus que ceux qui ont visité l'Égypte avant la dynastie des Lagides. Ce que les prêtres d'Héliopolis et de Memphis ont bien voulu dire à Hérodote, ceux d'Alexandrie l'ont répété à Strabon, à Diodore, à Plutarque, mais pas davantage. Les vainqueurs ont pu soumettre le peuple égyptien; ils n'ont pu violer le sanctuaire de ses colléges fameux; et, quand cette société, frappée au cœur par la conquête et la politique romaine, rendit le dernier soupir, elle emporta son secret dans la tombe.

Ce silence obstiné de la caste sacerdotale, jusqu'aux derniers moments de son agonie, a lieu de nous surprendre; mais il n'est pas plus extraordinaire que l'existence même de cette caste ; son secret a péri de la même manière qu'il s'était conservé à travers tant de siècles. L'organisation singulière des colléges d'Egypte explique également l'un et l'autre phénomène.

Ce qui distingue, en effet, l'ordre sacerdotal en Égypte

de toutes les sociétés secrètes qui ont figuré dans le monde, c'est le double caractère scientifique et religieux de ses travaux. Les plus grandes découvertes de l'esprit humain soit de l'ordre physique, soit de l'ordre moral, toutes également cachées sous le voile emblématique de la religion : tels étaient ces fameux mystères dont les colléges d'Égypte avaient à continuer la tradition; et il ne faut pas s'étonner que la caste sacerdotale ait été si jalouse d'en conserver le dépôt précieux. D'ailleurs, comme toutes les sociétés secrètes, fondée sur une hiérarchie de degrés, d'initiations successives, elle se résumait, sans doute, en un petit nombre de dignitaires qui seuls devaient avoir connaissance des mystères les plus importants de l'ordre; et l'on conçoit combien ces hommes éminents étaient intéressés à garder un secret dont dépendait leur gloire, leur autorité, leur supériorité sociale.

Aussi voit-on que, sous les Ptolémées, comme sous les dynasties thébaines ou memphites, le prince n'était initié aux grands mystères qu'à son avénement; et il est probable que pour lui, les révélations des prêtres se mesuraient à la confiance qu'il inspirait.

Des princes éclairés comme les princes grecs qui s'attendaient, sans doute, en se prêtant aux cérémonies de leur couronnement, à n'être initiés qu'à de simples pratiques religieuses, devaient être singulièrement émus quand se déroulait devant eux le tableau des plus hautes conceptions de l'esprit humain, des plus grandes découvertes scientifiques.

Alexandre sortit comme illuminé de ses entretiens secrets avec les prêtres. Son génie s'exalta. Il forma les plus vastes, les plus nobles desseins. L'Égypte devint dans sa pensée le foyer de la civilisation du monde; Alexandrie, la capitale de l'univers. Dans son enthousiasme, il voulut que toute la terre fût témoin de sa vénération pour le dieu des Égyptiens. Et l'on vit, pour la première fois peut-être, le vainqueur se prosterner devant la science des vaincus. Ce fut la plus grande gloire d'Alexandre.

Certes, il ne faut pas demander si la confiance fut entière de part et d'autre. C'était, en effet, pour les colléges d'Égypte, une fortune inespérée de passer du gouvernement des Perses sous celui d'un si grand homme. La caste sacerdotale, qui s'était toujours montrée plus préoccupée de la prospérité de l'Égypte que des changements de dynastie, dut saluer avec ivresse l'avénement d'un prince qui lui faisait entrevoir de si hautes destinées. Aussi l'Égypte pleura-t-elle amèrement sa fin prématurée. Elle sut, du reste, habilement tirer parti des circonstances. La fidélité extraordinaire des Égyptiens envers Ptolémée, dès le début de son administration et pendant les longues guerres qu'il eut à soutenir, prouve bien qu'après la mort d'Alexandre les espérances des colléges d'Égypte s'étaient reportées sur son lieutenant. En adoptant Ptolémée, l'Égypte sauva sa nationalité du naufrage, et le fils de Lagus, en gagnant un trône, devint Égyptien. On ne saurait donc douter que, entre le sacerdoce et la dynastie des Lagides, il n'y eût dès lors une entente réciproque. La fameuse pierre de Rosette en est un monument remarquable.

Mais, quand César paraît, la scène change complétement. Rien ne ressemble moins à l'attitude d'Alexandre en Égypte que celle du dictateur romain. Autant le fils d'Ammon dut inspirer de confiance à la caste sacerdotale, autant l'amant de Cléopatre dut lui paraître odieux. L'un avait délivré l'Égypte du joug des Perses, l'autre ne se montrait que pour l'asservir. Alexandre, maître d'un empire immense, tout entier créé de ses mains victorieuses, était libre de ses résolutions. La Macédoine n'était qu'une province de ses États. Pour César, au contraire, simple chef de parti, l'opinion de Rome était tout.

Dans de telles circonstances, et quand l'Égypte se voyait menacée, non d'un simple changement de dynastie, mais de sa ruine entière, il eût été insensé à la caste sacerdotale de confier son secret à ses vainqueurs, de livrer ses armes à ses ennemis. Elle fit donc, sans doute, ce qu'elle avait fait dans toutes les grandes calamités. En courbant la tête devant les Romains, comme jadis devant les Perses, elle leur cacha le dépôt sacré dont elle avait fait sortir tant de fois le salut de l'Égypte. Mais la politique romaine, si habile à désorganiser les nations vaincues, et qui avait commencé la ruine de l'Égypte bien avant César, déjoua toutes ses tentatives. Réunie à l'empire par Auguste et devenue une province exploitée par la cupidité romaine, l'Égypte se souleva souvent; elle essaya de gagner à sa cause ses préfets impériaux, en leur montrant le prix d'une grande ambition. Elle en corrompit plusieurs, mais aucun d'eux ne fut à la hauteur des circonstances. D'ailleurs, Rome acheva la désorganisation de ce malheureux pays, en réduisant ses préfets à un rôle secondaire et isolant ses administrations provinciales. Ce fut le dernier coup porté aux colléges d'Égypte.

Il est probable que dès lors ne pouvant plus se réunir et se recruter, ce que l'on pourrait appeler la Haute-Vente de la caste sacerdotale cessa bientôt d'exister. Mille causes d'ailleurs, avaient contribué à hâter sa ruine. N'ayant plus le monopole exclusif des sciences, depuis que les savants grecs et romains affluaient en Égypte, elle avait dû perdre beaucoup de son importance. Mais sa fin n'en fut pas moins une perte irréparable pour le monde. Dieu sait combien de découvertes scientifiques, combien de connaissances précieuses périrent avec cette antique société, ce premier foyer des sciences humaines.

Je reviens aux Pyramides, dont le secret fut perdu, sans doute, de cette manière; et je cherche s'il ne serait pas possible de retrouver quelques révélations allégoriques de ce grand secret dans les récits qui nous sont parvenus de la mythologie égyptienne. Il est bien rare que les sociétés les plus mystérieuses ne laissent pas échapper quelque chose de leurs secrets. L'Égypte paraît s'être complue de toute antiquité à exposer au peuple la pensée de ses mystères sous la forme d'ingénieuses allégories; et il est probable que toutes ses fables, défigurées plus tard par les peuples voisins et surtout par les Grecs, avaient un sens positif, profond, en harmonie avec l'état de ses connaissances.

Une de ces fables a frappé par sa curieuse originalité. Les écrivains grecs et romains qui nous l'ont transmise ont cherché à lui donner diverses interprétations scientifiques. Plutarque (1), entre autres, a écrit un traité intéressant où il reproduit les différents systèmes auxquels ce récit merveilleux a paru se prêter. Enfin, de nos jours, plusieurs savants ont aussi essayé de pénétrer ce mystère, et l'on est aujourd'hui fixé, sinon sur le sens général de la fable, du moins sur la nature des personnages qui y figurent.

Osiris, le *génie du bien*, est le nom sacré du Nil; Isis, sa sœur, qu'il a épousée dans le sein de sa mère Réha, est la vallée cultivée, fécondée par le fleuve. Typhon, frère d'Osiris, représente le vent dans ses rapports avec les sables du Désert; ce *génie du mal* a pour épouse Nephtis ou la terre stérile du Désert, laquelle ne peut engendrer que par

(1) Plutarque, *Traité d'Isis et d'Orisis.*

un adultère avec Osiris. Enfin, quand Osiris a commerce avec Nephtis, sa couronne de lotus, qu'il laisse dans la couche de la déesse, révèle son crime; c'est-à-dire que lorsque l'inondation du Nil atteint le Désert, les sables eux-mêmes fécondés par les eaux du fleuve, se couvrent de végétation et produisent principalement le lotus, plante aquatique consacrée au Nil.

Selon cette interprétation, la fable d'Osiris et d'Isis ne serait qu'un tableau des circonstances que reproduit éternellement pour l'Égypte la lutte du Nil et du Désert. Mais il s'en faut de beaucoup que l'explication soit complète. Outre ces quelques traits dont l'observation a rendu compte, et qui doivent être considérés comme la clef de ce langage mystérieux, la fable d'Osiris embrasse d'autres épisodes qui ne sauraient être des circonstances habituelles, mais bien plutôt des faits accomplis en Égypte à une époque très-reculée, soit par les forces physiques personnifiées dans cette fable, soit par la main des hommes. Ce récit retrace la vie, les actions et la fin des dieux dont le règne figure dans la chronologie égyptienne avant celui des mânes et des rois. « Suivant leur mythologie, dit Diodore de Sicile, les Égyptiens « prétendent, qu'en premier lieu, les dieux et les héros régnèrent en Égypte pendant un espace d'environ dix-huit « mille ans, et que le dernier des dieux qui fut roi est « Horus, fils d'Isis (1). »

Or, c'est précisément l'histoire de ces dieux que nous trouvons dans la fable d'Osiris. Horus y joue un des principaux rôles. Sa naissance et son éducation dans une île flottante du Delta y sont racontées en détail; et le fait capital qui couronne cette suite d'événements et termine la fable, c'est la lutte d'Horus contre Typhon, lutte dans laquelle, à

(1) Diod. de Sic., *Bibl. hist.*, liv. I, p. II, chap. XLIV.

trois reprises différentes, Horus triomphe de son adversaire, non en lui donnant la mort, mais en l'enchaînant et lui ôtant désormais la puissance de nuire. Ce grand combat d'Horus et de Typhon, qui forme l'un des traits les plus éclatants de la mythologie égyptienne, a été reproduit sous diverses formes par la mythologie grecque. Voici le récit d'Apollodore : « L'énorme géant Typhon, écumant de rage « et poussant des mugissements, lança des rochers em« brasés vers le ciel. Il vomissait de sa bouche un torrent « de flammes. Les dieux le voyant prêt à escalader l'O« lympe, prirent la fuite épouvantés, et se sauvèrent en « Égypte. Leur ennemi les ayant poursuivis, ils se cachèrent « sous la forme d'animaux ; mais, Jupiter, apercevant Ty« phon loin de lui, le frappa de la foudre et l'ensevelit sous « le mont Etna (1). » A part l'erreur géographique qui fait figurer l'Etna dans une scène en Égypte, n'est-il pas curieux de voir Typhon, la personnification du fléau des sables, enseveli sous des montagnes ?

Mais la plus remarquable de toutes les versions adoptées par les Grecs, est celle où Typhon figure sous le nom d'Antée, et Horus sous celui d'Hercule. Diodore de Sicile, en racontant les travaux d'Hercule, dit qu'après avoir purgé l'île de Crête des monstres qui l'infestaient, le héros passa en Égypte où il défit Antée dans un combat singulier. « Antée était un géant célèbre par sa force et son adresse, « qui habitait le désert de Libye où il défiait au combat les « étrangers et les mettait à mort. Hercule combattit le « géant et le terrassa plusieurs fois, mais la terre lui ren« dait toujours de nouvelles forces ; il fallut que le héros « soulevât son ennemi en l'air et le fît périr en l'étouffant (2). »

(1) Apollodore, *Bibl.*, liv. I.

(2) Diod. de Sic., *Bibl. hist.*, liv. I, chap. CLXI.

Certes, il serait difficile de trouver de plus ingénieuses, de plus saisissantes allégories du secret des Pyramides. Dans la première version, le dieu du vent est enchaîné de manière à ne pouvoir plus nuire; dans la seconde, il a fallu entasser des montagnes pour maîtriser le fléau; et la troisième semble nous révéler la nature même du problème scientifique de ces travaux herculéens.

M. Jomard, qui en décrivant les antiquités des différentes villes de l'Heptanomide a présenté sur les ravages du Désert des considérations d'un si grand intérêt et découvert le premier, je crois, dans les fables égyptiennes, des traces positives de cette grande question des sables, qui de tout temps, dut fortement préoccuper l'esprit des Égyptiens, a fait une remarque curieuse : c'est que tous les personnages dont il est question dans le récit d'Osiris avaient leurs noms conservés dans ceux des villes et des préfectures de l'Heptanomide ou des nomes contigus, et que la scène de cette fable se passe tout entière dans la Moyenne et la Basse-Égypte (1).

Il est en effet singulier qu'aucun lieu de la Thébaïde supérieure ne soit mentionné dans cette fable. Cette circonstance prouve qu'il s'agit de faits particuliers à certaine région de l'Égypte. Et quant au caractère de ces faits, il est suffisamment indiqué, ce me semble, par la nature même des personnages qui y figurent.

Si les dieux dont il est question dans la fable d'Osiris ne sont autre chose que des êtres physiques personnifiés, comme le Nil et le Désert sous des noms mythologiques, et il est difficile d'en douter, ce langage mystérieux ne saurait raisonnablement s'appliquer qu'à des révolutions physiques. Cette ingénieuse allégorie acquiert dès lors une

(1) M. Jomard, *Desc. de l'Ég. ant.*, t. II, chap. XVI, p. 50.

haute importance. C'est l'histoire de la formation géologique de l'Égypte et le récit des grands travaux humains qui ont agrandi, hâté, modifié cette formation.

Si donc, cette supposition est fondée, voyons quel doit être le premier trait du tableau retracé par la fable.

Plus qu'aucune autre contrée de la terre, l'Égypte conserve les traces des révolutions physiques auxquelles elle doit son existence. Et chose curieuse, le plus ancien berceau de la civilisation du monde semble appartenir à l'une des plus récentes créations géologiques. Elle ne date, comme contrée favorable à la culture, que du jour où le Nil brisant les barrières qui séparent l'Égypte de la Nubie, au point des cataractes de Syène, se fit jour entre la chaîne Arabique et la chaîne Libyque. Or, d'après d'antiques traditions conformes aux conjectures des plus savants géologues modernes, ce grand événement, dont devait sortir une civilisation si extraordinaire, appartiendrait presque aux temps historiques.

Se figure-t-on ce que dut produire sur l'esprit et la destinée des peuples barbares qui erraient auparavant dans ce brûlant et stérile désert, l'arrivée d'un grand fleuve apportant avec lui la fraîcheur, la fécondité, l'abondance ? Qu'on se représente de nos jours un nouveau Nil se frayant un passage à travers le grand désert de Sahara. Quel changement, quelle transformation dans les mœurs des tribus sauvages qui parcourent aujourd'hui ces vastes solitudes ! De tous les points du Désert, on les verrait accourir sur les bords du nouveau fleuve. Et, comme elles seraient par leur petit nombre hors de toute proportion avec les richesses de la vallée, elles n'auraient plus besoin de se piller, de s'exterminer pour subsister. Ces peuples nomades, pasteurs, guerriers, ne tarderaient donc pas à devenir sédentaires, agricoles, paisibles.

Maintenant, supposons que ce fleuve soit soumis, comme le Nil, à de grands débordements périodiques. Quelle immense impulsion est donnée à l'activité de ce nouveau peuple ! Il faut d'abord durant les hautes eaux se retirer sur les montagnes voisines. Mais bientôt le grand avantage de se fixer tout à fait sur les bords du fleuve excite l'industrie publique. On cherche à s'établir sur les points les plus élevés de la vallée. Pour s'y mettre à l'abri des inondations, on construit des digues, on élève le sol par des travaux communs, et voilà un grand principe d'association jeté au milieu de ces peuples. Pendant qu'ailleurs, c'est la force, c'est la guerre, c'est la conquête qui, en subjuguant des populations éparses, à la volonté, au caprice même du vainqueur, fonde les États, les sociétés. Ici, c'est le travail qui devient le principe de la civilisation, et les directeurs des travaux communs, les chefs de l'État. En un mot, le besoin de se réunir contre les forces physiques d'une nature particulière forme la société, et c'est la science qui la constitue et lui donne des lois. Or, telle paraît être l'origine, et tel est le caractère de la civilisation égyptienne.

Voyons donc comment la fable d'Osiris a raconté ce grand événement.

D'abord, il faut mettre en tête du récit ce que nous savons de la cosmogonie égyptienne. En premier lieu, Héphaïstos, ou Vulcain, gouverna le monde, mais la durée de son règne est inconnue. Après lui, son fils Hélios, le soleil, régna trente mille ans. Ensuite Cronos, le Temps ou Saturne et les douze dieux, plusieurs milliers d'années. Puis vinrent enfin les dieux égyptiens, Osiris, Isis, etc., dont la fable raconte le règne.

Ici, je n'ai pas à faire remarquer la frappante analogie des doctrines égyptiennes avec les idées modernes sur l'état primitif de notre planète et la lente formation des mondes. On sait assez que la mythologie des Égyptiens s'élève à toute la dignité de la science.

La fable débute par la naissance des dieux de second ordre. Rhéa ayant eu commerce tout à la fois avec le Soleil, Saturne et Mercure accoucha d'Osiris, de Typhon, d'Isis, de Nephtys et aussi d'Horus, lequel était le fruit des amours d'Osiris et d'Isis dans le sein de leur mère. Typhon naquit d'une manière extraordinaire, en déchirant le sein de sa mère et s'échappant par l'ouverture. Mais la naissance d'Osiris fut annoncé au monde comme un bienfait, et son règne glorieux commença. Voici le texte du récit d'après Plutarque :

« Aussitôt qu'Osiris vint régner en Égypte, il retira les « Égyptiens de leur vie misérable, barbare et anthropophage, « en leur enseignant l'agriculture, leur donnant des lois et « leur apprenant à vénérer les dieux. Puis, parcourant le « monde, il le civilisa sans employer la force des armes, « mais en gagnant les peuples par la douceur et l'empire « de la raison, sous des formes agréables et par des chants « mélodieux, ce qui a fait croire aux Grecs que c'était « Bacchus lui-même (1). »

Certes, on ne saurait rappeler plus clairement la révolution physique d'où sortit la civilisation égyptienne et le caractère de cette civilisation. Mais, quand Osiris épousa Isis dans le sein de Rhéa, quand le Nil vint féconder cette belle vallée, quel était le cours du fleuve? Où se trouvait son embouchure? Ici, nous ne saurions avoir aucun doute. Le témoignage de tous les historiens de l'antiquité est d'accord avec les conjectures d'une observation attentive des lieux (2). Hérodote rapporte qu'avant Menès le fleuve coulait

(1) Plutarque, *Traité d'Isis et d'Orisis*, chap. XCIX.

(2) Andréossy, *Desc. de l'Ég.*, mém., ét. mod., t. I, p. 283.

au sud de Memphis et se répandait dans le désert de la Libye. A cent stades de Memphis, ce qui répond exactement au débouché principal du *Fleuve-sans-eau*, Menès opposa une digue à son cours, le força de revenir entre les montagnes et le jeta sur le Delta, qui n'était alors qu'un golfe ou tout au moins un marais impraticable. Du temps d'Hérodote, les Perses, alors maîtres de l'Egypte, entretenaient à grand frais la digue qui fermait l'ancien lit du fleuve (1).

Quant au Delta, on sait par une foule de témoignages irrécusables, qu'il a été formé en grande partie par l'atterrissement du fleuve. Longtemps on s'est refusé à croire, soit au fait, soit à la date du détournement du Nil sur le Delta, parce qu'une création géologique si rapide semblait impossible. Mais, sans s'arrêter à la date précise de cet événement, il est admis aujourd'hui qu'aucune formation alluvienne connue ne saurait servir de mesure pour apprécier les atterrissements du Nil. Un fleuve qui traverse quatre cents lieues de désert, recevant, soit directement, soit par ses canaux, soit enfin pendant ses débordements annuels, d'énormes masses de sable qu'il a constamment à charrier vers son embouchure, est en effet sans analogie dans l'histoire géologique. Il n'existe donc en ce qui concerne le cours primitif du Nil et son détournement sur la Basse-Egypte, aucun motif raisonnable de récuser le témoignage des historiens.

Un doute cependant peut subsister. Est-ce la civilisation égyptienne qui a changé le cours du Nil, comme les prêtres d'Héliopolis l'ont laissé croire, ou le Désert lui-même par quelque grande irruption? Qu'on se représente une dune sablonneuse comme celle qui borde le canal Jousef, établie sur plusieurs lieues d'étendue, le long du Nil et jetée sur le

(1) Hérodote, liv. II, chap. XCIX.

fleuve à l'époque des basses eaux par un de ces terribles ouragans qui ont été si souvent observés dans le Désert, et l'on concevra aisément que le Nil embarrassé, arrêté dans son cours par une montagne de sable, ait pu prendre de lui-même une autre direction et se tracer un nouveau lit. C'est probablement ce qui arriva quand le Désert parvint à aborder la vallée du *Fleuve-sans-eau*, l'ancien lit du Nil, et à l'envahir sous les énormes masses de sable qui occupent aujourd'hui la région des Pyramides. Du reste, que le fleuve ait été détourné par quelque vaste irruption, ou que ce grand travail ait été accompli de main d'homme, on peut être certain, qu'avant cet événement, le Nil obstrué par de fréquentes irruptions, dut causer à l'Égypte, par ses débordements, d'épouvantables désastres; et que si les Égyptiens ont renoncé d'eux-mêmes à une vallée de quarante lieues, c'était pour se soustraire à ces terribles effets de la présence du Désert.

Voici d'ailleurs un fait décisif : Il a été reconnu par la Commission d'Égypte que le Fayoum communique directement et de plain-pied avec la vallée du *Fleuve-sans-eau* (1). C'est par là que le lac Mœris déversait le surplus de ses eaux (2). Avant le détournement du Nil, le Fayoum existait donc comme contrée cultivée, sans le canal Jousef, puisque cette province par sa situation même devait alors participer aux bienfaits de l'inondation. De sorte qu'en perdant la vallée du *Fleuve-sans-eau* pas le détournement du fleuve, l'Égypte perdait en même temps la riche province du Fayoum. Or, en admettant que l'Égypte ait elle-même changé le cours du Nil, la grandeur des travaux qu'il fallut faire ensuite pour reconquérir le Fayoum sur le Désert, en le reliant à la

(1) Gén. Andréossy, *Desc. de l'Ég.*, ét. mod., t. I, p. 288.

(2) Martin, *Desc hydrographique du Fayoum*, ét. mod., t. II, p. 212.

vallée du Nil par le canal Jousef, nous montre la gravité des causes qui amenèrent l'importante opération du détournement du fleuve.

Revenons maintenant à la fable d'Osiris. Le récit allégorique va nous retracer tous ces événements de la manière la plus claire, la plus lucide. Voici d'abord le détournement du fleuve :

« Le commencement du règne d'Osiris fut paisible. Ty-
« phon, son frère, n'osait rien entreprendre contre lui,
« parce qu'Isis veillait avec soin aux intérêts du royaume.
« Mais lorsque Osiris revenait d'Éthiopie, Typhon lui ayant
« dressé une embûche, aidé de soixante-douze conjurés,
« l'attaqua, le mit à mort, l'enferma dans un coffre qu'il
« avait fait préparer à sa taille, et le jeta à la mer par la
« bouche Tanique sur la côte de la Phénicie. »

Ce passage n'a besoin que d'une seule observation. Les soixante-douze conjurés de Typhon ont beaucoup intrigué les commentateurs des différents systèmes d'interprétation. L'explication me paraît cependant bien simple. Les conjurés de Typhon ne sauraient être autre chose que les vents qui soulèvent le sable, puisque Typhon est le dieu des vents. Or, nous savons qu'en Égypte, la division du cercle était de 720°, le double de la nôtre (1). Les soixante-douze conjurés de Typhon, c'est donc la rose des vents. On ne saurait mieux exprimer que par cette conjuration le caractère de ces trombes terribles qui, dans l'intérieur du Désert, forment et déplacent si rapidement des montagnes de sable, et durent causer le détournement du fleuve.

« Ce malheur, continue la fable, arriva le dix-septième
« jour du mois d'Athir. Les premiers qui en eurent la ter-
« rible nouvelle furent les pans et satyres qui habitent les

(1) Girard, *Desc. de l'Ég.*, hist. nat., t. II, p. 503.

« campagnes autour de Chennis. Dans leur effroi, ils pous-« sèrent des cris de désolation, et c'est pourquoi on appelle « encore aujourd'hui *frayeurs paniques*, les grandes émo-« tions, les peurs soudaines des peuples. Isis, ayant appris « la nouvelle, se fit couper aussitôt une tresse de ses che-« veux et se vêtit de deuil au lieu qui est maintenant ap-« pelé Coptus, mot qui veut dire *perte*. Ainsi vêtue et toute « désolée, elle allait partout pour demander des nouvelles « du corps d'Osiris. Mais personne ne se présentait, per-« sonne ne venait à elle, et ne lui parlait, jusqu'à ce qu'en-« fin elle rencontra de jeunes enfants qui avaient vu le « coffre, et lui dirent de quel côté on l'avait poussé vers la « mer. »

Voici l'explication qu'on peut donner de ce passage. Une grande irruption sablonneuse a arrêté et détourné le cours du Nil. Mais avant que le fleuve se soit ouvert un passage sur le Delta et se soit tracé un nouveau lit, une grande inondation a submergé les campagnes jusqu'à Chennis, la Panapolis des Grecs dans la Haute-Heptanomide, ce qui est possible, vu la pente très-peu sensible de la vallée (1). A quelques lieues au-dessus de Chennis, à Coptos, aujourd'hui Kept, la hauteur des eaux a permis au Nil de trouver une issue par la grande vallée qui traverse tout le Mokattam ou chaîne Arabique, de Kept à Cosseïr sur la mer Rouge. Si le fleuve n'avait pu forcer le passage du Caire, pour se jeter sur le Delta, l'Égypte n'aurait plus formé qu'un vaste lac, et le Nil se serait jeté dans la mer Rouge par la vallée de Kept. Voilà la désolation d'Isis à Coptos. Elle cherche partout, mais ne trouve personne. Tout le pays est submergé. Mais enfin la rencontre qu'elle fait de jeunes enfants indique que les eaux ont baissé. Le Nil s'est ouvert un passage ; l'Égypte est sauvée.

(1) Le Père aîné, *Desc. de l'Ég.*, ét. mod., t. III, p. 532.

Bientôt nous verrons Isis aller à la recherche du corps d'Osiris dans les marais du Delta, c'est-à-dire la civilisation égyptienne s'avancer peu à peu sur le Delta à la suite des atterrissements du fleuve. Mais le moment n'est pas encore venu, car le temps est nécessaire aux formations alluviennes; et l'Égypte a auparavant un grand travail à accomplir. J'ai dit qu'en perdant la vallée du *Fleuve-sans-eau* par le détournement du Nil sur le Delta, l'Égypte avait dû perdre en même temps la province du Fayoum, conquête du fleuve sur le Désert. Il s'agissait donc de la reconquérir par le canal du Fayoum, l'un des plus grands travaux que les hommes aient osé entreprendre. Et en effet, Isis en apprenant de quel côté a été jeté le corps de son époux, ne songe pas encore à courir à sa recherche. Un intérêt plus pressant excite sa sollicitude et réclame ses soins.

« Isis s'étant aperçue, qu'avant l'événement, Osiris devenu amoureux de sa sœur Nephtys, avait couché par erreur avec elle, et avait laissé dans son lit sa couronne de lotus, s'occupa aussitôt de rechercher l'enfant, fruit de cet amour adultère, parce que Nephtys, après l'avoir enfanté, l'avait caché dans un lieu écarté, pour le dérober à la fureur de Typhon. Isis ne le trouva que très-difficilement, après de grandes peines et de grandes fatigues, à l'aide de chiens qui la conduisirent au lieu où reposait l'enfant. Elle le nourrit et l'éleva avec tendresse ; et quand l'enfant fut grand, il devint son gardien et son page, sous le nom d'Anubis. Et l'on dit aujourd'hui qu'il garde les dieux, comme les chiens gardent les hommes. »

Est-il possible de désigner plus clairement et le Fayoum et les grands travaux qu'il a fallu faire pour retrouver cette belle province perdue par le détournement du fleuve, ce lieu écarté, cet appendice de l'Égypte, où se pratiquait le culte de tous les dieux, où se trouvait enfin le Panthéon des

Égyptiens. Un seul trait embarrasse d'abord. Que signifient les chiens qui servirent à retrouver Anubis? Mais il résulte des recherches de d'Anville (1), que le grand canal Jousef partait originairement de Cynopolis, *la ville du Chien*. C'était donc sans doute le canal du Chien, comme il y avait ailleurs le canal du Cheval, et autres noms de ce genre. Ce lien qui rattachait le Fayoum à Cynopolis explique en outre le culte particulier de cette ville pour Anubis, qui y était représenté sous la figure d'un chien.

Revenons au récit. Les grands travaux du Fayoum achevés, la civilisation égyptienne commence à s'établir dans le Delta. Isis va donc se mettre à la recherche du corps de son époux dans les marais de la Basse-Égypte, et s'occuper en même temps de l'éducation de son fils Horus, élevé dans une île flottante, lequel Horus n'est autre chose que le Delta lui-même, c'est-à-dire le fils d'Osiris et d'Isis, le produit des atterrissements du fleuve. Le passage assez long qui nous raconte les aventures d'Isis dans les marais de la Basse-Égypte n'est pas aussi facile à expliquer avec la même précision que les autres. De tous les travaux des Égyptiens, ceux du Delta sont en effet les moins connus. Les historiens parlent des difficultés qu'il fallut vaincre pour s'y établir. Diodore nous dit que le fleuve Égyptus reçut le nom de Nil à cause des grands travaux entrepris par Niléus pour le contenir et en arrêter les ravages (2) ; mais nous ne savons rien de précis sur ces travaux. Il faut croire que les premiers établissements sur le Delta furent très-précaires, et les premiers habitants exposés à de grands désastres. La mythologie grecque fait certainement allusion à ces difficultés dans le récit des travaux d'Hercule,

(1) D'Anville, *Mém. sur l'Ég.*, édit. 1766, p. 155.
(2) Diod. de Sic., liv. I.

car le héros n'eut pas seulement à délivrer l'Égypte du géant Antée qui régnait en Libye et en Éthiopie, il lui fallut aussi vaincre le tyran Busiris qui dominait la partie maritime de l'Égypte, la côte de Phénicie, c'est-à-dire le Delta, et noyait ses hôtes en les trempant dans le sang (1).

Les travaux herculéens de la civilisation égyptienne dans le Delta eurent sans doute pour objet de dessécher et d'assainir les marais, de contenir le fleuve par des digues, d'élever les habitations sur des îlots artificiels, enfin de créer la navigation. Il est facile de reconnaître l'ensemble de ces travaux dans les aventures d'Isis. Je me bornerai à résumer les traits principaux du récit.

Isis, après avoir élevé Anubis, va à la recherche du coffre qui contient le corps d'Osiris. Elle le trouve sur la côte de Byblos. Un buisson de tamarix l'entourait et avait poussé des branches énormes de tous côtés. Le roi de Byblos est émerveillé du rapide accroissement de la plante. Il en fait un pilier pour soutenir sa maison (allusion évidente aux plantations de tamarix, qui, sur les bords des canaux du Delta, servent d'appui aux dunes sablonneuses). La reine de Byblos n'est pas moins ravie de la présence d'Isis qui a embelli les filles de la reine et répandu de douces odeurs dans leur chevelure. Isis élève les enfants de la reine. Pour les rendre immortels, elle brûle la nuit tout ce qui est mortel en eux, et c'est sans doute quelque allusion aux soins des sépultures si nécessaires dans la Basse-Égypte. Mais voici des scènes affligeantes : pendant qu'Isis toute en pleurs embrasse le corps de son époux, un jeune fils de la reine, épouvanté de ce spectacle, tombe dans la mer et se noie. Un autre meurt de la même manière.

Cependant Horus s'élevait à Butos dans une île flottante,

(1) Diod. de Sic., liv. IV, chap. CCLXIII.

au milieu du Delta, et Isis le cherchait à travers les marais, monté sur un bateau fait de papyrus, origine de la navigation égyptienne. Mais Typhon, ayant appris qu'Isis avait retrouvé le corps d'Osiris, le cherchait partout, ainsi qu'Horus, pour les exterminer tous les deux. Et en effet, le Désert, maître alors des ouvertures de la montagne Libyque dans la région du *Fleuve-sans-eau*, devait jeter sur le Delta d'énormes masses de sable. Typhon finit par trouver le corps d'Osiris et le déchira en quatorze parties, ce qui représente sans doute les branches du Nil et les canaux de la Basse-Égypte. Mais Isis retrouve toutes les parties du corps, les embrasse successivement et ordonne que chacune soit honorée et considérée comme le corps lui-même. Et à mesure qu'elle trouvait une des parties du corps, elle lui élevait plusieurs tombeaux, afin que, si Typhon venait à triompher de son fils Horus, il ne pût pas du moins découvrir le corps d'Osiris.

Bientôt commence la lutte d'Horus et de Typhon. Horus, devenu grand, veut venger la mort de son père. Typhon lui reproche d'être bâtard; et en effet, le Delta n'était pas entièrement le produit d'Osiris et d'Isis; il l'était aussi de Typhon, car les sables du Désert avaient, en grande partie, contribué à son rapide accroissement. Mais il était temps que la civilisation égyptienne, sous peine de perdre la Basse-Égypte, mît un terme aux fureurs de Typhon. Mercure plaida la cause d'Horus et la gagna. Alors commença la lutte dont les Pyramides sont les monuments éternels. Un grand nombre de gens, dit la fable, prirent le parti d'Horus, et même Thoueri, la concubine de Typhon, vint au secours d'Horus. La bataille dura plusieurs jours; mais enfin Horus gagna la victoire, fit Typhon prisonnier, l'enchaîna, et en donna la garde à Isis.

Quelle était cette concubine de Typhon qui devient l'alliée

d'Horus? Plutarque (1) et Diodore (2) la considèrent comme la personnification du Khamsin, le plus terrible vent d'Égypte, non pas précisément par les sables qu'il soulève, mais par son épouvantable chaleur et les principes délétères qu'il porte avec lui. Il paraît certain que ce vent était anciennement désigné sous le nom d'Aso ou de Thoueri (3). Cependant l'analogie ne permet pas de croire que la maîtresse de Typhon fût un vent, mais bien une terre déserte comme Nephtis. Je pense donc qu'il faut entendre par Thoueri la terre sur laquelle passait le vent qui portait ce nom. Or, le Kamsin est un vent du sud-est (4). Ce qui désigne pour la concubine de Typhon le désert de la chaîne Arabique qui sépare le Nil de la mer Rouge, et par conséquent pour Nephtis, la femme légitime, le grand désert de Libye qui longe la rive gauche du Nil et va se perdre dans les profondeurs de l'Afrique. L'assistance que Thoueri prête à Horus s'explique donc aisément, puisque c'est cette terre de la rive droite du Nil qui a donné à l'Égypte les moyens d'enchaîner Typhon, en fournissant les matériaux des Pyramides; et, chose singulière, le nom actuel des carrières de Thourah, d'où sont sorties ces fameuses constructions, semble rappeler encore aujourd'hui le nom même de la maîtresse infidèle de Typhon!

Nous voici arrivés à la fin du récit et ce n'est pas la partie la moins curieuse. Il s'agit des deux derniers combats qu'Horus livre à Typhon.

J'ai démontré, dans la première partie de ce travail, que la vallée des *Lacs de Natron* n'a pu être atteinte par les sables qu'après l'entier envahissement de la vallée du

(1) Plutarque, *Traité d'Isis et d'Osiris*, chap. XXXIII.

(2) Diod. de Sic., *Bibl. hist.*, liv. I.

(3) Savary, *Lettres sur l'Égypte*, t. III, p. 229.

(4) Idem, id., t. III, p. 230.

Fleuve-sans-eau, d'où l'on est autorisé à conclure que toutes les pyramides qui ferment les débouchés de la vallée du *Fleuve-sans-eau*, telles que les pyramides de Dahchour, de Saqqârah et d'Abousir, ont été construites avant les pyramides de la vallée des *Lacs de Natron*, c'est-à-dire celles de Gizeh et Abou-Roash, ce qui est à peu près généralement admis. On sait que Champollion a cru reconnaître à la grande pyramide de Dahchour une antériorité de deux mille ans sur celles de Gizeh. Il est donc naturel de penser que les pyramides de Gizeh et d'Abou-Roash sont les dernières constructions pyramidales. Et voilà les deux autres combats d'Horus. Le texte du récit allégorique va nous rappeler tout à fait l'histoire de Chéops, accusant la nation d'avoir attiré, par ses crimes, la colère divine, fermant les temples, prohibant les sacrifices, mettant le royaume en interdit et condamnant enfin toute l'Égypte au joug de la servitude et du travail le plus pénible.

« Typhon s'étant déchaîné de nouveau, Horus, qui accusa « Isis de l'avoir remis en liberté, entra contre elle dans « une violente colère. Il porta la main sur elle, lui enleva « les marques de la dignité royale, et lui mit à la place un « bandeau surmonté d'une tête de bœuf; puis il attaqua « Typhon dans deux autres combats et en triompha pour « toujours. »

Telle est la fin de cette ingénieuse allégorie à laquelle Plutarque ajoute encore trois autres traits : 1° La décapitation d'Isis, ce qui signifie probablement la séparation de l'Égypte de Méroé, sa mère patrie; 2° la naissance d'Harpocrates, fils d'Osiris et d'Isis, né avant terme et boiteux; c'est-à-dire, quelqu'autre grande création, mais incomplète, avortée, comme l'opération si souvent entreprise et inachevée du canal de jonction avec la mer Rouge; 3° enfin, l'impuissance génératrice d'Horus, qui s'explique d'elle-même : Horus ou le Delta, étant le dernier dieu égyptien, la dernière création géologique, la production alluvienne du fleuve, peut grandir et se développer encore, mais ne saurait engendrer.

Ici je dois faire quelques observations. On vient de voir avec quelle facilité tous les traits du récit sont venus, selon ce système d'interprétation, se ranger dans l'ordre des événements. Mais j'ai dû abréger des longueurs inutiles et négliger quelques détails, particulièrement en ce qui concerne la scène qui se passe dans le Delta. Certains traits qui reposent sans doute, ou sur des jeux de mots, ou sur des circonstances locales analogues aux chiens d'Anubis, m'ont paru inexplicables, ou du moins trop obscurs et surtout trop secondaires pour mériter de longues discussions. Il en est un cependant qui, relatif aux travaux des Pyramides, vaut la peine d'être cité, car il semble se rattacher à une question très-importante.

La fable dit que, lorsque Thoueri prenant parti contre Typhon vint au secours d'Horus, elle fut poursuivie par un serpent que les gens d'Horus finirent par mettre en pièces; et qu'en mémoire de cette circonstance, les Égyptiens apportent dans leurs assemblées une petite corde qu'ils coupent en morceaux. Que signifie ce serpent, cette corde digne de figurer dans les cérémonies publiques? La bizarrerie du trait disparaît devant l'importance attachée à ce souvenir.

Nous savons qu'il était dans le génie de la civilisation égyptienne de poétiser, de diviniser les œuvres de l'esprit humain, comme les créations et les productions de la nature même. Il se pourrait donc que ce serpent, cette corde introduite dans les rites égyptiens, après avoir figuré dans l'histoire de la construction des Pyramides, fût un souvenir glorieux de la science des premiers Égyptiens. Si l'assistance de Thoueri en faveur d'Horus contre Typhon n'est autre chose que l'emprunt fait à la chaîne Arabique des matériaux nécessaires à fortifier les parties faibles de la chaîne Libyque, contre le Désert, la mention du serpent qui poursuit Thoueri doit peut-être se rattacher à quelque grand procédé mécanique employé pour le transport des matériaux.

C'est une circonstance remarquable que, dans le récit des historiens sur la construction des Pyramides, il n'est rien dit des animaux qui peuvent avoir servi aux transports des matériaux. Les hommes auraient-ils donc figuré seuls dans ces travaux? Mais alors quelles étaient les forces qui suppléaient à la faiblesse de l'homme? Comment s'opéraient ces prodigieux déplacements de montagnes?

Malheureusement le secret des forces de la mécanique égyptienne a péri, comme tant d'autres secrets. Mais sans chercher à soulever le voile qui le couvre, et sans sortir de la fable d'Osiris, voici un fait qui me frappe, parce qu'il semble se rapporter singulièrement au passage mystérieux que je cherche à expliquer.

Il existe encore des restes très-reconnaissables des deux grandes chaussées qui servaient à conduire les matériaux sur le plateau de Gizeh. L'une est dirigée sur la Grande pyramide, l'autre sur la Troisième. Il paraît, d'après les observations de M. Jomard (1), que cette dernière chaussée commençait à 500 mètres environ du plateau, à Koum-el-Esçoued, ou la *Butte-Noire,* village où les matériaux étaient apportés par un canal. Cette chaussée, arrivée au pied de la montagne, gravissait le plateau par une pente rapide, en décrivant une courbe assez brusque et se dirigeait ensuite en droite ligne sur le monument qui existe encore à l'est de la Troisième pyramide. (Pl. III.)

(1) M. Jomard, *Desc. de l'Ég. ant.,* t. II, chap. XVIII, sect. III, p. 87.

Or, l'inclinaison de la pente permet difficilement d'admettre que les hommes ou les animaux aient pu élever les matériaux sur le plateau, en montant eux-mêmes le plan incliné. Il est plus naturel de croire que sur ce plan incliné, revêtu de pierres polies (1), le transport des matériaux s'opérait à l'aide de cordages, et par un système particulier de traction établi dans le monument sur lequel se dirigeait la chaussée. Le caractère singulier de ce monument autorise en effet cette supposition. C'est une vaste enceinte formée d'assises de deux mètres d'épaisseur. Au fond de la cour se trouvent cinq grandes chambres dont il est difficile d'assigner l'usage; mais ce qui doit surtout fixer l'attention, c'est l'entrée principale, en face de la chaussée. Cette entrée a 14 mètres de large, comme la chaussée elle-même. Deux énormes murailles qui forment cette entrée s'avancent au-devant de la chaussée, de manière à figurer une espèce de vestibule de 31 mètres de long sur 14 de large. C'est par là que les matériaux devaient passer pour entrer dans la cour, d'où ils étaient sans doute dirigés à leur destination par les deux grandes portes qui existent à droite et à gauche de l'enceinte.

Or voici ce qu'il y a d'extraordinaire dans cette disposition : ces deux murailles, de 31 mètres de long, qui forment l'entrée, ou le vestibule de l'enceinte, n'ont que 10 à 12 mètres de hauteur, mais leur épaisseur est de plus de 4 mètres, et, chose merveilleuse, c'est la largeur même des pierres qui y figurent; car ce sont de véritables monolithes de 8 à 10 mètres en longueur, de 2 en hauteur et de 4 en largeur (2). Certes, une si énorme solidité devait avoir un but proportionné à l'importance de la construction. Ce n'est donc pas hasarder une opinion téméraire de supposer que ces deux

(1) Hérodote, liv. II, chap. CXXIV.

(2) M. Jomard, *Desc. de l'Ég. ant.*, II, chap. XVIII, p. 89.

énormes massifs étaient destinés à soutenir le poids de colossales machines mises en mouvement par un certain nombre d'hommes, et chargés de remorquer les matériaux à l'aide d'un système de cordages et de cabestans. Cette supposition paraît d'autant plus naturelle, qu'on retrouve à 200 mètres de là, c'est-à-dire au point où la chaussée décrit une courbe au bas du plateau, deux autres massifs de murailles de même genre que les premières et formées de monolithes encore plus gigantesques. Il serait donc probable que, si les Égyptiens possédaient, lors de la construction des Pyramides, un système particulier de forces mécaniques pour le transport des matériaux, ce système disposé de distance en distance, depuis les carrières de Thourah jusqu'au col de Gizeh, servait à traîner les matériaux sur les chaussées, comme aussi à remorquer les bateaux chargés de pierres à travers le fleuve et sur les canaux.

Telle est, enfin, l'explication raisonnable qu'on pourrait donner du serpent qui poursuit Thoueri, ou plutôt de la corde conservée dans les rites égyptiens en mémoire de cet épisode de l'histoire des Pyramides, comme un souvenir glorieux de la science.

Je résume maintenant ce système d'interprétation. Si l'on reconnaît, comme c'est aujourd'hui certain, qu'Osiris est le Nil, Isis l'Égypte ou la vallée cultivée, Typhon le dieu du vent, et Nepthys la terre déserte, il faut aussi admettre qu'Horus, fils d'Osiris et d'Isis, représente le Delta ou la Basse-Égypte, et Anubis, fils adultérin d'Osiris et de Nephtys, le Fayoum; que Nepthys, l'épouse légitime de Typhon, signifie le Grand désert de Libye, et Thoueri, sa concubine, le désert Arabique; qu'enfin, le récit de la grande lutte d'Horus et de Typhon, où figure Thoueri, est l'histoire des grands travaux de la Basse-Égypte contre les irruptions du Désert, travaux accomplis à l'aide de matériaux tirés de la chaîne Arabique, et dont les Pyramides sont les monuments éternels.

Cette fable ingénieuse, qui a fait naître tant de systèmes, paraît dès lors expliquée de la manière la plus naturelle, la plus complète, la plus conforme à l'esprit de la cosmogonie égyptienne. Il était clair en effet que l'histoire des dieux égyptiens proprement dits ne pouvait être autre chose que l'histoire physique de l'Égypte. Mais, malgré la facilité de l'explication, on ne pouvait pénétrer plus tôt le sens complet de ce langage mystérieux ; car la lutte d'Horus et de Typhon, la cause du détournement du fleuve, enfin les grands traits du récit, étaient inexplicables sans la connaissance de la véritable destination des Pyramides.

FIN.

NOTES.

NOTES.

Note I.

Sur les mouvements du Désert.

Le meilleur ouvrage à consulter sur les déserts de l'Afrique, est la *Géographie comparée* de M. Karl Ritter qui, dans sa description du Sahara et du Sahel, a réuni, avec le plus grand soin , toutes les notions que l'on possède sur le fléau des sables. En voici quelques passages qui pourront aider à l'intelligence de ce travail :

« Les eaux des Wadis ou fleuves de Steppes qui descendent de l'Atlas, se perdent en grande partie sur le bord sablonneux du désert, dans des marais amers et salins. Le *Drah*, le plus occidental de ces torrents ou Wadis, avait probablement autrefois son cours vers l'ouest, et s'embouchait sous le nom de Daradus dans l'Océan: maintenant il coule au sud et se perd dans les sables du désert. » (Trad. de MM. Buret et Édouard de Sor, t. III, p. 339.)

« Il n'est pas rare de voir, sur les limites du désert, des rivières que les sables mouvants forcent à se déplacer et à changer de direction. Quelquefois même elles cessent entièrement de couler, comme cela s'est vu à un torrent autrefois très-rapide du territoire de Fezzan, près de Tessowa , qui, maintenant, est recouvert par les sables. Ce phénomène important est le résultat de l'extension que gagne tous les jours le domaine du sable mouvant, dans la direction du nord-ouest et de l'ouest. » (T. III, p. 340.)

« A l'ouest, le désert confine immédiatement à l'Océan. La côte, depuis le 32o jusqu'au 20o latitude nord (elle commence déjà près de Mogador), par conséquent sur une étendue de 150 milles géographiques au moins, n'est qu'une bordure de déserts, couverts d'immenses dunes d'un sable mouvant que les vents chassent de l'intérieur du continent, sous les formes les plus variées, vers la mer, et qui remplissent également l'Océan et l'atmosphère de particules de sable. » (T. III, p. 341.)

« Les rochers du désert sont recouverts de cailloux, de galets et de sable mouvant que le vent emporte comme un fin brouillard à travers les airs. La surface n'est par conséquent nulle part cohérente; à peine y voit-on quelques traces de l'état d'agrégation, première condition de toute vie organique.» (P. 344.)

« Les vents du nord et du nord-ouest prédominant dans le désert libyque (ils soufflent pendant neuf mois), il en résulte que les collines de sable s'avancent chaque année de dix à douze pieds, comme on a pu le calculer d'après la disparition des sources et des puits. Le vent n'enlève toujours que les sables très-fins ; les cailloux et les galets restent à découvert. Le désert errant doit par conséquent couvrir de ses sables tous les espaces qu'il conquiert, tandis que la véritable patrie du sable mouvant se change en un champ de graviers, de cailloux et de galets. Le Sahel formant ainsi l'avant-garde du Sahara, finira toujours par se changer lui-même en Sahara. » (P. 344.)

« Si nous considérons le phénomène de la migration du désert (le Sahel précédant toujours le Sahara) dans ses grands rapports historiques, et que nous l'appliquions ensuite à toute la vaste étendue du grand océan de sable, nous arriverons à l'une des causes qui ont vraisemblablement donné naissance à cette *mer errante* comme l'appellent les Arabes de Souse, lorqu'elle est agitée par les tempêtes : elle est alors, disent-ils, *plus perfide que la mer*.

« En effet, n'est-il pas surprenant que toute la portion orientale de ce vaste espace soit beaucoup plus vide de sable que sa partie occidentale? qu'elle présente un si grand nombre de traces calcaires? qu'elle soit parcourue par des rangées d'écueils dégarnis de sable, bas et nus? et, enfin, qu'elle contienne un si grand nombre d'oasis?...

« La partie occidentale du grand désert est presque vide d'oasis, et celles qu'on y rencontre ont très-peu d'étendue. C'est de cette partie de l'océan de sable que se sont propagées, dès les temps les plus anciens, toutes ces traditions de fleuves encombrés, d'oasis disparues, de caravanes mortes de soif, d'ouragans de sable, et autres phénomènes semblables, dont on a souvent combattu l'authenticité, parce qu'ils se rencontrent moins fréquemment sur les confins de l'Égypte...

« Les plus terribles tempêtes se déclarèrent annuellement, sur cet océan de sable, à l'époque des équinoxes, et tous les vents qui prédominent dans ces terres planes des tropiques se dirigent comme des moussons de terre de l'est à l'ouest; Rennell les appelle *des moussons nord-est soufflant pendant la saison de la sécheresse*, par opposition aux moussons sud-ouest qui prédominent dans la saison bien moins longue des pluies (depuis le mois d'août au mois de novembre).

« Ces accidents, considérés dans leur ensemble, durent nécessairement mettre de plus en plus à nu la partie orientale de l'océan de sable : de là cette plus grande quantité de cailloux roulés, de rochers découverts et d'oasis déblayées, dans le Sahara, tandis que les sables mouvants de l'ouest (le Sahel) s'avancent de plus en plus vers l'Océan et y forment, par un effet du grand mouvement circulaire de l'Océan Atlantique, les dunes de sable que nous y remarquons. » (T. III, p. 348-350.)

NOTE II.

Formation des sables au bord de la mer.

Voici comment M. Jomard décrit le phénomène de la formation des sables au bord de la mer :

« Qu'on me permette ici de rendre compte de ce que j'ai observé maintes fois en Égypte sur le bord de la mer. J'avais coutume d'aller sur la côte, près de l'embouchure de Rosette, à Alexandrie, pour ramasser des cailloux et des fragments de porphyre, de granit et de marbre précieux roulés par les flots. La forme de ces débris et de ceux des rochers plus ou moins gros et anguleux à mesure que je m'éloignais du rivage et que j'entrais dans les eaux, attirait à chaque fois mon attention, et souvent je restais une heure entière à considérer dans son origine et dans sa marche le phénomène de la formation des sables... Je voyais la vague se briser à mes pieds et apporter une petite ligne à peine sensible d'un sable très-fin; une autre vague revenait chargée comme la précédente, et cette nouvelle ligne de sable repoussait un peu la première. Celle-ci, une fois hors d'atteinte de l'eau, frappée par un soleil ardent, était bientôt séchée et donnait prise au vent qui aussitôt s'en emparait et la charriait dans l'air. Les parties de gravier moins légères n'arrivaient pas aussi loin, mais soumises au même mouvement alternatif, elles s'usaient de plus en plus et se transformaient peu à peu en sable fin, tandis que les cailloux roulés et ensuite ces fragments anguleux et de toute forme étaient portés par la vague jusqu'à une distance plus ou moins grande, en raison inverse de leur pesanteur. J'avais souvent cherché la cause de cette énorme quantité de sable qui pénètre dans le Delta et qui va en croissant. En effet, le Delta n'a aucune communication avec la Libye, ni l'Arabie, dont le Nil le sépare. En étudiant le phénomène que je viens de décrire, je reconnus que telle est l'origine des sables du Delta, c'est-à-dire que la mer et la terre qu'elle baigne contribuent à la former de la même manière que les sables mêmes de la Libye. (M. Jomard, *Desc. d'Antiopolis, Ég. ant.*, t. II, p. 21.)

Note III.

Sur le Khamsin.

On donne généralement le nom de Khamsin à tous ces vents du sud qui règnent par intervalle depuis février jusqu'à la fin de mai. Mais les plus malfaisants et les plus redoutés sont ceux du sud-est, qui par conséquent passent sur la chaîne arabique. (Savary, *Lettres*, t. III, p. 230.)

« Il ne faut pas croire que le vent qui corrompt en peu d'heures les viandes et les substances animales dure pendant cinquante jours; il rendrait l'Égypte déserte. Il souffle rarement trois jours de suite. Quelquefois ce n'est qu'un tourbillon impétueux qui passe rapidement, et ne fait de mal qu'au voyageur surpris au milieu des déserts. Au mois de mai, me trouvant à Alexandrie, un ouragan de cette espèce s'éleva tout à coup, roulant devant lui des torrents de able embrasé. La sérénité du ciel disparut, un voile épais enveloppa le firmament; le soleil paraissait couleur de sang. La poussière pénétrait presque dans les appartements et brûlait le visage et les yeux. Au bout de quatre heures, la tempête se calma et le ciel reprit sa sérénité. Des malheureux qui s'étaient trouvés dans le désert furent étouffés. J'en vis rapporter plusieurs morts, et quelques-uns, baignés dans l'eau froide, revinrent à la vie. (Savary, t. III, page 10.)

On peut consulter sur les dangers du Khamsin la belle description de Volney (*Voyage en Égypte*, œuvres compl., t. II, p. 49, édit. 1821.)

Note IV.

Détails sur le fléau des sables d'Égypte.

Le passage suivant emprunté à la géographie comparée de Ritter achèvera de faire connaître le caractère de la lutte de la civilisation égyptienne contre les déserts et les moyens employés contre ce redoutable fléau.

« Au-dessus du portique du temple d'Antiopolis est gravé ce mot : Ανταιω, d'où les Grecs ont fait Antœopolis. Les Grecs donnèrent ainsi à Typhon, ennemi et meurtrier d'Osiris, le nom de ce géant, Antée, qui fut vaincu par Hercule. Diodore raconte qu'Isis s'étant mise à la poursuite du meurtrier de son époux, vainquit, en ce lieu, Typhon avec ses partisans, et que le temple fut élevé en monument de la victoire. La symbolique des prêtres conservait probablement, dans cette tradition, l'histoire physique du sol de l'Égypte; en effet, Osiris, l'emblème du Nil, et Isis, emblème du sol fertile, sont en lutte continuelle avec Typhon, symbole du désert de l'Arabie et de la Libye, dont les sables mouvants et toujours incessants forçaient les habitants à entreprendre les plus grands et les plus pénibles travaux pour arrêter la marche du désert. Chaque année, les eaux du Nil recouvrent de leur limon fertile (Isis) les sables que le vent d'ouest souffle continuellement sur la vallée. Pour faciliter cette action bienfaisante, et prévenir le mal, on construisit un canal qui fixa une limite infranchissable aux sables du désert, et conduisit en même temps l'eau douce et potable, dont le crocodile est le symbole, jusqu'à un endroit déterminé et on fonda ensuite la ville; les habitants continuèrent de livrer à Typhon d'éternels combats et cultivèrent la contrée; pour conjurer le mauvais génie, ils élevèrent le petit Typhonium et construisirent en même temps le grand temple, l'Osirium, qu'ils ornèrent et décorèrent avec magnificence, afin de se ménager ainsi la protection et la grâce de la divinité bienfaisante. La divinité protectrice des Égyptiens, ou, pour parler dans le style de l'Inde, l'*incarnation*, l'*avatar* d'Osiris, qui présidait à la construction des canaux, comme rejeton d'Isis et d'Osiris, fut traduit par les Grecs en leur Heraclès, fameux aussi par ses travaux pour le bien des sociétés humaines; ils le mirent aussi en lutte avec le géant Antée, afin de se conformer au mythe égyptien raconté par Diodore.

Cette tradition nous expose, en effet, l'histoire même de la terre d'Égypte, parce que partout se reproduisirent les mêmes phénomènes. Kaou ou Antœopolis était situé dans un long et profond ravin du Mokattam, d'où viennent les terribles ouragans et les tourbillons de sable, phénomènes très-connus ici aux deux côtés de la vallée du Nil; souvent ils pénètrent à travers de semblables gorges transversales, jusque dans la vallée même qui, sans cela, est moins sujette à ces terribles phénomènes. Les lieux où débouchent des vallées sont donc le vrai champ de bataille entre Osiris Isis et Horus, leur fils, contre Typhon et ses compagnons. C'est pourquoi les traditions parlent probablement en tant de lieux de la mort et du tombeau d'Osiris, comme à Memphis, Abydos, Philae, etc., où la terre du Nil était même entièrement couverte par le désert, avant qu'Hercule, patron des architectes, des canaux et des constructions hydrauliques, serviteur d'Isis et d'Horus, vengeât la mort du dieu et tuât son ennemi comme ici à Antéopolis.

L'amoncèlement des dunes de sable sur les bords de leurs terres cultivables, était l'ennemi le plus redoutable des Égyptiens, et ils étaient forcés de lutter avec énergie contre cet ennemi, comme contre un géant. Le grand canal de Joseph était une grande victoire remportée en ce lieu, contre Typhon et ses compagnons, et c'est pourquoi on bâtit, près de lui, à l'entrée du Fayoum, *Heracleopolis-Magna*. Il en est de même du Nil occidental, du bras de Canope, appelé aussi *Héracléotique*, de la ville d'Héraclée, située à son embouchure, et de la branche latérale, le canal d'Héraclée (maintenant canal Bahyreh), creusés près de la province maréotide, qu'il protégeait contre les sables de la Libye ; de même du côté de la Syrie, à l'embouchure de Peluse, le canal près d'*Heracleopolis-Parva* (Sethrum) protégeait la terre cultivable contre le Typhon des sables de l'Arabie. Les *Typhonium* et les *Osirium* expliquent ainsi d'eux-mêmes le culte des antiques cités égyptiennes qui devaient toujours leur fondation à la victoire d'Hercule sur Antée, et devenaient, à cette occasion, le centre opulent de la civilisation. (Ritter, *Géog. comp.*, t. III, p. 16.)

NOTE V.

Sur les établissements portugais de la côte de Suz.

L'histoire des établissements portugais détruits par les sables, est tirée d'un ouvrage anglais sur les colonies portugaises, dont je n'ai pu me rappeler le titre. Mais tous les voyageurs qui ont visité le côté de Souse s'accordent sur ce point que l'on y voit encore les traces de plusieurs villes ensevelies sous les sables. La description du Sahara et du Sahel par Ritter, dont j'ai cité plusieurs passages dans la *note* 1re, en rend compte aisément, puisque c'est sur la côte occidentale de l'Afrique que se rencontrent les plus grandes masses de sable mobile. Riley raconte dans la relation de son naufrage, que l'on voit encore sur l'embouchure de la petite rivière de Sehlem les ruines d'une ville chrétienne presque entièrement enterrée sous les sables. (*Trad. de Peltier*, t. I, p. 378.) Plus loin il décrit ainsi les bords de la mer :

« Comme nous approchions de la côte, nous rencontrâmes sur notre gauche des collines de sable mouvant très-hautes, qui s'étendaient jusqu'au bord de la mer. Ce sable y avait été porté par les vents alisés, et comme la mer s'est incontestablement retirée de ses anciens rivages, et que la plage consiste en gros sable très-propre, ce sable s'était sans doute avancé graduellement, pendant des siècles, du bord de la mer, éloigné aujourd'hui de vingt milles de l'ancien rivage, et, porté par le vent, il avait enterré, à ce qu'on m'apprit, plusieurs villages et villes florissantes où l'on aperçoit encore le haut des maisons. » (T. I, p. 418.)

Enfin, voici comment il rend compte de la destruction d'une de ces villes jadis grande et florissante nommée *Rabeah*.

« Les sables avaient commencé par attaquer la muraille du côté du nord. A force de s'y amonceler, ils la franchirent; alors ils tombèrent dans la ville, et dans l'espace d'un an, les vents en encombrèrent tellement cette malheureuse cité, que ses habitants, ne pouvant résister à leurs progrès, ni les arrêter, furent obligés d'aller chercher ailleurs un nouvel asile. » (T. I, p. 419.)

NOTE VI.

Découvertes du colonel Howard Vyse.

Les travaux du colonel Howard Vyse ont excité les applaudissements du monde savant. On sait que cet officier anglais entreprit en 1837 d'explorer les Pyramides d'Égypte, et qu'il sacrifia à ces recherches des sommes considérables. Un grand nombre de notions archéologiques ont été le résultat des travaux du savant et généreux explorateur. Mais les plus importantes découvertes du colonel sont celles qui ont enfin déterminé l'âge et les fondateurs des Pyramides de Gizeh. Jusqu'alors l'autorité de Manéthon, qui attribuait ces trois grandes Pyramides aux trois premiers rois de la quatrième dynastie, avait été rejetée par le monde savant comme contraire à tous les systèmes historiques reçus. Une si haute antiquité semblait d'ailleurs inconciliable avec l'état des sciences et le degré de civilisation qu'attestent ces merveilleux monuments; et l'on ne faisait remonter l'érection des Pyramides qu'au douzième ou au treizième siècle avant Jésus-Christ. Mais ce système, déjà singulièrement ébranlé par les travaux de Champollion et d'autres archéologues, a été complétement renversé par les découvertes du colonel Howard Vyse.

Deux cartouches-prénoms, l'un de *Schéops*, sous la forme de Schoufe ou Souphi, nom donné par Manéthon à l'auteur de la Grande Pyramide, l'autre de *Menkare* ou Micerinus, l'auteur de la troisième Pyramide; tous les deux trouvés, le premier dans une des chambres qui servaient à décharger le plafond de la chambre royale de la Grande, le second, sur les débris d'un sarcophage en bois dans la Troisième, ont rendu aux listes royales de Manéthon la plus précieuse authenticité.

Les différents résultats des travaux du colonel Howard Vyse ont été analysés de la manière la plus complète par M. Letronne, (*Journal des Savants*, cahiers de juillet et août 1841) et par M. Raoul-Rochette (*idem*, cahiers d'avril 1841, mars, mai, juin et juillet 1844).

Note VII.

Documents sur les Pyramides d'Égypte.

Je vais réunir dans cette note sur les Pyramides d'Égypte plusieurs renseignements qu'il peut être utile de consulter.

Pyramides de Gizeh.

« Ce site forme un plateau de figure ellipsoïde avançant vers la plaine et occupant une anfractuosité de la montagne Libyque, entre deux sortes de caps ou de promontoires plus élevés qui l'entourent vers le sud et vers le nord. La hauteur du plateau est de 42 mètres au-dessus de la vallée, sa longueur d'environ 2,100 mètres de l'est à l'ouest, entre la limite des terres cultivées et les derniers rameaux de la chaine Libyque. La largeur du sud au nord est de plus de 1,500 mètres; la distance de ce plateau à Gizeh est de 8,300 mètres. » (M. Jomard, *Descr. des Pyr.*, *Eg. ant.*, t. II, chap. XVIII, sect. III, p. 56.)

« La Grande Pyramide est à 483 mètres nord-est de la Deuxième, à 492 mètres nord-est-quart-nord de la Troisième, et à 549 mètres nord-ouest-quart-nord du grand sphinx. » (Idem. p. 60.)

« La base de la Grande Pyramide était au-dessus du Nil en 1837 de. . . . . 138 pieds anglais.

La Deuxième est au-dessus de la base de la Grande de. . . . . 33 — 2 pouces

La Troisième est au-dessus de la base de la Grande de. . . . . 41 — 7 —

(Col. How. Vyse, *Oper. at Gizeh*, t. II, p. 106.)

La base des trois petites Pyramides au sud de la Troisième, est au-dessous de la base de la Troisième Pyramide de 16 pieds 8 pouces.

La base des trois petites à l'est de la Grande, paraît de niveau avec sa base.

La Deuxième Pyramide est à environ 400 pieds au sud de la Grande.

La Troisième est à environ 750 pieds au sud de la Deuxième.

(Idem, t. II, p. 107.)

Dimensions de la Grande Pyramide.

Base primitive.	764 pieds » pouces
Base actuelle.	746 — » —
Hauteur verticale primitive.	480 — 9 —
Hauteur verticale actuelle.	450 — 9 —
Longueur primitive de l'apothème.	611 — » —
Longueur actuelle de l'apothème.	568 — » —
Angle des faces sur le plan de la base d'après les pierres de revêtement.	50° 50'

(Id., t. II, p. 109.)

Dimensions de la Deuxième.

Base primitive.	707 pieds 9 pouces
Base actuelle.	690 — 9 —
Hauteur verticale primitive.	454 — 3 —
Hauteur verticale actuelle.	444 — 3 —
Longueur primitive de l'apothème.	572 — 6 —
Longueur actuelle de l'apothème.	563 — 6 —
Angle d'inclinaison.	52° 20'

(Id., p. 117.)

Dimensions de la Troisième.

Base actuelle.	354 pieds 6 pouces
Hauteur verticale primitive.	218 — » —
Hauteur verticale actuelle.	203 — » —
Longueur primitive de l'apothème.	278 — 2 —
Longueur actuelle de l'apothème.	203 — » —
Angle d'inclinaison.	51°

(Id., p. 120)

Dimensions des petites Pyramides de Gizeh.

Quatrième.	Base, 102 pieds 6 pouces.	Haut. tot. des deg.,	69 pieds 6 pouces
Cinquième.	Base, 145 — 9 —	Hauteur verticale,	93 — 3 —
Sixième.	Base, 102 — 6 —	Haut. tot. des deg.,	69 — 6 —
Septième.	Base, 172 — 6 —	Hauteur verticale,	111 — » —
Huitième.	Base, 172 — 6 —	Id.	111 — » —
Neuvième.	Base, 160 — » —	Id.	101 — » —

(Idem, p. 124, 125, 126, 128.)

Pyramide d'Abou-Roash.

« Cette Pyramide est située à environ cinq milles au nord-ouest des Pyramides de Gizeh. Il n'en reste plus que la base qui est un carré de 320 pieds de côté. La plate-forme de cette Pyramide est d'environ 510 pieds au-dessus de la plaine du Nil. Une vallée au nord se dirige sur les lacs de Natron et sert de route aux pèlerins de l'Ouest qui viennent des côtes de Barbarie. Sur la plaine entre la Pyramide et le village de Kerdassi, plaine aujourd'hui couverte de sable, on reconnaît les traces d'une ville considérable dont le nom a péri. »

(Col. How. Vyse, *App. to oper.*, t. III, p. 8.)

Pyramide de Zowyet-el-Arrian.

« Pyramide presque entièrement détruite, sa base actuelle est de 300 pieds, sa hauteur au-dessus du roc 61 pieds. » (Id., p. 10.)

Pyramide de Ragah.

« Située à trois quarts de mille au nord-ouest des Pyramides d'Abousir. Elle présente deux inclinaisons : la partie inférieure était construite sous un angle de 75° 20′ ; la partie supérieure sous un angle de 52°. Base, 123 pieds 4 pouces. » (Id., p. 10.)

Pyramides d'Abousir.

« Elles sont au nombre de trois, dans leur état actuel, sans y comprendre la partie inférieure d'une quatrième qui a longtemps été prise pour un temple, et la base d'une cinquième plus petite. Elles sont toutes situées au sud-est des deux précédentes, et à environ sept milles sud-sud-est de celles de Gizeh. Le roc où elles sont bâties s'élève de 80 pieds au-dessus de la plaine adjacente.

Pyramide du Nord. Base primitive, 257 pieds, actuelle, 216 pieds ; hauteur verticale primitive, 162 pieds 9 pouces ; actuelle, 118 pieds; angle d'inclinaison, 51° 42′ 35″.

Pyramide du milieu. Base primitive, 274 pieds, actuelle, 215 pieds; hauteur primitive, 171 pieds; actuelle, 107 pieds.

Grande Pyramide à degrés. Base primitive, 359 pieds 9 pouces, actuelle 325 pieds ; hauteur verticale primitive, 227 pieds 10 pouces ; actuelle, 104 pieds.

Petite Pyramide. Base primitive, 75 pieds ; actuelle, 54 pieds 6 pouces. »

(Id., p. 36.)

Pyramides de Saccara.

« Les Pyramides de Saccara sont au nombre de onze, dont neuf seulement conservent assez la forme pyramidale pour avoir été observées par les voyageurs. La Grande Pyramide de Saccara, Pyramide à degrés, est située sur une éminence qui domine d'environ 91 pieds la plaine. C'est la seule Pyramide d'Égypte dont les quatre faces ne soient pas exactement orientées avec les quatre points cardinaux, la face nord déviant de 4° 35′ du véritable nord.

Première Pyramide. Base actuelle, 210 pieds ; hauteur verticale, 59 pieds.

Deuxième Pyramide. Base primitive, 251 pieds 3 pouces; actuelle, 210 pieds; hauteur primitive, 146 pieds; actuelle, 108 pieds.

Troisième dite *la Grande.* Base primitive nord et sud, 351 pieds 2 pouces, id.. est et ouest, 393 pieds 11 pouces; hauteur actuelle, 196 pieds 6 pouces, au-dessus du sable, 190 pieds; la face de chaque degré construite sous un angle de 73° 30′

Quatrième. Base primitive, 220 pieds; hauteur primitive, 62 pieds.

Cinquième.	Base actuelle,	250	Hauteur actuelle,	40	—
Sixième.	Id.	270	Id.	80	—
Septième.	Id.	140	Id.	27	—
Huitième.	Id.	240	Id.	87	—
Neuvième.	Id.	245	Id.	75	—

Le Trône de Pharaon. Base primitive nord et sud, 309 pieds, id. est et ouest, 217; hauteur primitive nord et sud, 263, id. est et ouest, 181 pieds; hauteur primitive au centre, 56 pieds, aux extrémités, 60 pieds. »

(Id., p. 37-53.)

Pyramides de Dahchour.

« Ces Pyramides sont au nombre de cinq; c'est, à savoir : deux de grande dimension, bâties en pierres, ainsi qu'une troisième beaucoup plus petite et deux bâties en briques crues. Une de ces Pyramides, celle du nord, est bâtie sur le sable même.

Pyramide du Nord en briques. Base primitive, 350 pieds, hauteur, 215 pieds 6 pouces ; angle d'inclinaison, 51° 20′ 25″.

Pyramide du Nord en pierres, Grande Pyramide. Base primitive, 719 pieds 5 pouces, actuelle, 700 pieds ; hauteur primitive, 342 pieds 7 pouces; actuelle, 326 pieds 6 pouces ; angle d'inclinaison, 43° 36′ 11″.

Pyramide du Sud en pierres à deux inclinaisons. Base, 616 pieds 8 pouces, hauteur de la partie inférieure, 147 pieds 4 pouces; de la partie supérieure,

172 pieds 2 pouces; hauteur totale, 319 pieds 6 pouces; angle de la partie inférieure, 54° 14′ 46″; angle de la partie supérieure, 42° 59′ 26″.

La petite Pyramide. Base, 181 pieds, hauteur, 106 pieds 9 pouces; angle, 50° 11′ 41″.

Pyramide du Sud en briques. Base primitive, 342 pieds 6 pouces; hauteur primitive, 267 pieds 4 pouces; hauteur actuelle, 156 pieds, angle, 57° 20′ 2″. »

(Idem, p. 56-78.)

Pyramide de Lisht ou d'El-Metanieh.

« Ces deux Pyramides situées près du canal d'El-Assarah, sont élevées d'environ 60 pieds au-dessus de la plaine; la plus méridionale est très-ruinée.

Pyramide du Nord. Base actuelle, environ 360 pieds, hauteur, 89 pieds 8 pouces.

Pyramide du Sud. Base actuelle, 450 pieds, hauteur, 68 pieds. »

(Id., p. 78.)

Pyramides de Regga-el-Kebir.

« Ces deux Pyramides étaient situées à une lieue de la Pyramide de Meydoun et en face du village de Reggah-el-Kebir. Elles sont aujourd'hui entièrement ruinées. (M. le colonel Howard Vyse ne les a pas comprises dans le nombre des Pyramides qu'il a explorées.) »

(M. Jomard, *Desc. de l'Ég.*, t. II, chap. XVI, p. 75.)

Pyramide de Meydoun.

« Cette Pyramide est appelée la *Fausse-Pyramide*, à cause de sa forme singulière et parce qu'une partie de la Pyramide est formée par le rocher lui-même. La base est d'environ 350 pieds. Elle est composée de trois degrés construits sous un angle de 74° 10′. Le degré inférieur est de 199 pieds de base et de 69 de hauteur; le deuxième a 127 pieds de base et 32 pieds 6 pouces de hauteur; le troisième est entièrement ruiné et n'a que 22 pieds. La hauteur totale est de 124 pieds. » (Col. How. Vyse, *App.*, t. III, p. 78.)

Pyramide d'El-Lahoun.

« Cette Pyramide, située près du principal passage qui conduit de la vallée du Nil au Fayoum, est dominée de chaque côté par une colline de 40 pieds plus haute que la base. Base actuelle, 360 pieds, hauteur, 150 pieds. »

(Idem, page 80.)

Pyramide d'Howara.

« Cette Pyramide, dite aussi du *Labyrinthe*, est au point où commence le Fayoum. Base actuelle, 308 pieds, hauteur 106 pieds. » (Id., p. 82.)

Pyramide d'El-Koufa.

« Cette Pyramide, dite aussi de *Mohammerieh*, est située dans la Haute Égypte, entre Esneh et Edfou. Sa base actuelle est de 59 pieds 6 pouces. »

(Idem, p. 85.)

Note VIII.

Documents sur les Pyramides de Nubie.

Extraits de la description des Pyramides de Nubie, par M. Frédéric Caillaud :

« *Pyramide de Méroe.* A un quart de lieue à l'est 32° sud des ruines de la ville, sur la plaine déserte, se voit le premier et le plus petit groupe de Pyramides. Toutes celles dont l'état de conservation m'a permis de mesurer les bases et l'inclinaison sont au nombre de vingt ; mais il a dû en exister un plus grand nombre. Autour de ces monuments, je retrouvai les restes de soixante-quinze autres constructions. — La plus grande Pyramide a 11 mètres de base; son inclinaison de 17° lui donnerait à peu près 19 mètres de hauteur. — Elles vont en diminuant de grandeur, et il y en a qui n'ont pas plus de 4 mètres de base. — Toutes reposent sur des bases carrées d'une ou deux assises qui nivellent le sol. Aucune n'a son sommet intact. — Quelques assises de pierres de taille forment les quatre murailles de la Pyramide ; le massif intérieur n'est qu'un remplissage de pierres brutes, entassées et mastiquées sans ordre avec de l'argile. — Une partie de ces monuments sont précédés d'un petit sanctuaire et d'un pylône. On remarque que tous les sanctuaires des entrées supposées des tombeaux sont tournés au levant, et que toutes ces Pyramides sont orientées à peu de choses près dans la même direction ; en général l'axe de chacune, avec le nord magnétique, présente un angle de 70° vers l'ouest ; et par conséquent elles n'ont pas leurs angles placés dans un rapport aussi exact avec les quatre points cardinaux de la sphère que celle de Nouri. »

(*Voy. à Méroé*, chap. xxx, t. II, p. 150.)

« A une lieue dans l'est 12o sud des ruines de l'ancienne ville, sont les Pyramides principales élevées sur deux éminences nord et sud, au bas d'une chaîne de monticules qui s'étend dans la même direction. »

« *Groupe du sud.* Les Pyramides qui composent ce groupe sont les moins considérables; j'en fais remarquer neuf dont j'ai pu prendre les justes dimensions. La plus grande a 14 mètres 7 centimètres de base. Elles diminuent de grandeur jusqu'à 7 mètres. Six sont orientées dans la même direction, et forment avec le nord magnétique un angle de 48° vers l'ouest. Les trois autres sont orientées par un angle de 84°. — J'ai indiqué les vestiges de trente-huit autres constructions qui en grande partie ont dû être des Pyramides semblables, dont les matériaux mêmes ont presque entièrement disparu. »

(Idem, p. 153.)

« *Pyramides du Nord.* Ces monuments, qui sont les plus considérables, occupent le plateau d'une colline de grès, forment un angle presque droit avec celle du sud; entre elles et la chaîne de montagne à l'est s'ouvre un petit vallon où croissent des herbacées. La position élevée de ces monuments les a garantis de l'invasion des sables et des dégradations produites par le séjour des eaux; aussi sont-elles pour la plupart dans un état parfait de conservation, circonstance qui m'a permis de mesurer avec exactitude les dimensions et l'inclinaison de la surface de vingt-deux de ces monuments. J'ai pu déterminer aussi l'emplacement de seize autres très-petits qui ont aujourd'hui complètement disparu. La plus petite Pyramide a 6 mètres 2 centimètres de base, la plus grande 19 mètres 31 centimètres. Elle devait avoir une hauteur perpendiculaire de 25 mètres, son angle d'inclinaison étant de 22°. Son axe présente avec le nord magnétique un angle de 60° vers l'ouest. Ces Pyramides sont construites en matériaux très-peu volumineux. » (Idem, p. 154.)

« *Pyramides de Nouri.* On en compte quinze fort grandes. Une de ces Pyramides excède de près du double les dimensions des autres. Sa base est de 48 mètres 50 centimètres. Ses faces vont en se rétrécissant en gradins comme celle de Saccara. La partie supérieure de l'une de ces faces s'est écroulée, et laisse voir à l'intérieur le sommet lisse d'une petite pyramide qui semble avoir été recouverte par celle que je décris. Toutes les autres ont de 26 à 28 mètres de base. Leur construction ne diffère point de celles d'Égypte, si ce n'est qu'elles sont plus effilées. Ces Pyramides étaient orientées de la même manière. L'axe de chacune d'elles faisant avec le nord magnétique un angle de 45 à 50° vers l'ouest, on place les angles dans la direction des quatre vents cardinaux. » (Idem, t. II, p. 72.)

« *Pyramides du Mont-Barkal.* Ces Pyramides sont aussi dans le désert à l'ouest de la montagne. Un premier groupe est composé de treize monuments, plus cinq autres dont on voit l'emplacement. Un autre groupe près de là, au nord-ouest, en compte huit, dont la plus grande a 10 mètres 55 centimètres de base, et le troisième groupe dont la plus grande est de 26 mètres 30 centimètres. » (T. III, p. 199.)

Note IX.

Nouvelle appréciation de la position géographique des Pyramides.

J'ai cherché à démontrer dans la première partie que les débouchés de la province de Gizeh, communiquant directement ou indirectement avec la vallée du *Fleuve-sans-eau*, devaient présenter des dangers beaucoup plus graves que les gorges des autres régions de l'Égypte, parce que cette grande vallée sablonneuse de quarante lieues de long sur trois à quatre de large, est comme un immense réservoir de sables mobiles auquel rien ne saurait être comparé dans le reste de l'Égypte, ce qui est parfaitement constaté. Mais comme la situation géographique des Pyramides est un des points les plus importants de la question, je crois devoir en faire l'objet de nouvelles considérations.

J'ai dit dans la première partie de ce travail que la Pyramide d'Abou-Roash et le groupe de Gizeh se trouvaient à l'entrée des passages qui conduisent à la vallée des lacs de Natron, et que le col de Gizeh devait être considéré comme le col principal de cette vallée. Mais il résulte des récentes observations géographiques de sir Gardner Wilkinson, que le débouché d'Abou-Roash est lui-même un des principaux embranchements du *Fleuve-sans-eau* (1), ce qui simplifie singulièrement la question; car si le *Fleuve-sans-eau* vient déboucher dans la vallée du Nil par le col d'Abou-

(1) Sir Gardner Wilkinson, *Modern Egypt and Thebes*, t. I, p. 398.

Roash, c'est-à-dire à quelques kilomètres au nord-ouest des pyramides de Gizeh, il est dès lors établi que les gorges où se trouvent les Pyramides d'Égypte, soit de la province de Gizeh, soit du Fayoum, communiquent toutes directement avec le *Fleuve-sans-eau*, et ne sont autre chose que des embranchements de cette mer de sable. Tâchons d'apprécier toute la valeur de ce fait important.

Nous savons que la marche générale des sables du grand désert de l'Afrique se fait du centre vers les extrémités, c'est-à-dire des plateaux sur les basses terres. M, Karl Ritter, qui dans sa belle description de l'Afrique a parfaitement expliqué ce grand mouvement des sables, s'est servi, pour exprimer les principales divisions du Désert, des deux mots *Sahara* et *Sahel*, jusqu'alors employés par les géographes pour désigner seulement certaines contrées de l'Afrique, mais auxquels il a rendu leur véritable signification, conformément au génie de la langue arabe, c'est-à-dire en les appliquant à la nature même du sol du Désert. Ainsi le Sahara représente un espace désert, recouvert de cailloux, de galets, une surface rocheuse ou saline, un sol solide et sur lequel ne s'agitent que de légères couches de sables ; le Sahel, au contraire, est une région toute couverte de sables mouvants ; c'est la partie terrible du Désert, celle que les Arabes appellent la *Mer errante*, et qui, agitée par les ouragans du Tropique, cause de si épouvantables catastrophes.

Or, il est reconnu que le Sahel domine à l'ouest de l'Afrique et le Sahara à l'est. (Ritter, t. III, p. 348.) A l'ouest, près des côtes de l'Atlantique, on ne rencontre presque pas d'oasis, mais seulement d'énormes masses de sables mouvants qui ont englouti une foule de rivières, enseveli d'immenses contrées et s'avancent sans cesse vers la mer dont elles reculent de plus en plus les limites : c'est le Sahel dans sa manifestation la plus gigantesque. A l'est, au contraire les efforts du Désert sont bornés par une immense région *d'écueils*, selon l'expression de Ritter pour désigner, par rapport à l'océan de sable, les vastes plateaux des chaînes Libyque et Arabique qui, s'élevant au-dessus de la surface générale du Désert, donnent naissance à un grand nombre d'oasis, d'îles fertiles, dont la principale est la vallée du Nil.

La chaîne Libyque ne se borne pas, en effet, comme l'indiquent la plupart des cartes géographiques, à une simple lisière le long de la vallée du Nil; ainsi que la chaîne Arabique, qui embrasse dans sa largeur un très-vaste espace, elle s'étend à quatre ou cinq journées de marche et plus encore, vers l'intérieur de l'Afrique, et dépasse la ligne des oasis de l'ouest dites la Grande et la Petite oasis. (Ritter, t. II, p. 393.) L'Égypte se trouve donc placée entre deux vastes plateaux, qui tous les deux, par leur nature rocheuse et leur élévation au-dessus des basses terres, offrent à peu près le même caractère : ce sont deux Saharas. L'un, celui de la Libye, touchant au grand Sahel oriental de l'Afrique, à l'ouest des oasis, doit être, sans doute, plus sablonneux que l'autre; mais peut-être la différence n'est-elle pas aussi considérable qu'on serait porté à le supposer, car le désert formé par le plateau Libyque et appelé le *haut désert*, a cela de remarquable qu'il est lui-même séparé du bas désert Libyque, autrement dit de l'océan de sable africain, du Sahel, par une chaîne de rochers qui court parallèlement au Nil à environ soixante lieues à l'ouest de l'Égypte, et que Ritter considère comme la côte orientale du grand océan de sable. (Ritter, t. III, p. 265 et 277.)

Ainsi la vallée du Nil, sur la plus grande partie de son développement, est réellement séparée par de grandes distances et de grands obstacles, des terribles ouragans sablonneux de l'Afrique, c'est-à-dire du *bas désert* Libyque, de l'océan de sable, du Sahel enfin. Ce fait remarquable peut seul nous rendre compte de l'efficacité du système de défense des Égyptiens, des plantations, des murailles, des canaux qui suffisent à protéger la plus grande partie de la vallée du Nil contre les Saharas Libyque et Arabique, malgré les nombreuses gorges que présentent les deux montagnes; car si nous supposions l'Égypte en communication directe avec un *bas désert*, avec un Sahel, comme ce terrible Sahel Atlantique qui paraît avoir détourné le Sénégal, englouti une foule de rivières et fait reculer la mer elle-même (Ritter, t. III, p. 355), nous ne concevrions plus la sécurité de l'Égypte ; la lutte de la civilisation égyptienne contre le Désert aurait été tout à fait disproportionnée avec les forces de l'homme.

Quoi qu'il en soit, ce qui est certain, c'est que sur la plus grande partie de son territoire, l'Égypte n'est point en communication directe avec l'océan de sable africain; que par conséquent s'il est des points de la vallée du Nil que le Sahel puisse aborder directement, ces points doivent offrir des dangers d'une nature toute particulière et hors de proportion avec le reste de l'Égypte. C'est là que la civilisation égyptienne dut concentrer tous ses efforts et invoquer toutes les ressources de son génie.

Or, nous savons que la vaste dépression connue sous le nom de *Bahar-bela-ma,* la *mer* ou le *Fleuve-sans-eau* qui s'étend au nord-ouest de l'Égypte, entre le Fayoum et les lacs de Natron, communique directement avec le grand Sahel oriental de l'Afrique, par l'embranchement qu'elle projette à l'ouest des oasis. (Sir Gardner Wilkinson, *Modern Égypt and Thebes*, t. I, p. 398.)

Le *Fleuve-sans-eau* n'est donc autre chose qu'une branche du Sahel. Nous n'avons pas besoin, d'ailleurs, pour ap préciser la nature de cette région du Désert, de connaître exactement la manière dont elle communique avec le grand océan de sable.

« Les deux chaînes d'oasis, dit Ritter, celle de la bor-
« dure orientale et celle de la bordure septentrionale du
« Désert, se dirigent de l'intérieur vers l'extrémité nord-est
« de l'Afrique. Elles se rencontrent presque en un angle
« droit dans la Basse-Égypte, près de Memphis ou le Caire. » (t. III, p. 324.) Ainsi la région du *Fleuve-sans-eau* est la seule qui soit dégarnie de cette bordure d'oasis, de cette ceinture d'écueils qui forme la principale protection de l'Égypte. Nous savons enfin par le général Andréossy, qui explora le *Fleuve-sans-eau* avec Berthollet, Fourier et Redouté, que cette vaste dépression est tout entière couverte de sable et forme un *bas désert*, d'autant plus considérable que les sables qui viennent tomber du plateau de l'ouest dans cette vallée profonde, s'y accumulent sans cesse comme dans un vaste réservoir dont ils ne peuvent plus sortir. cette mer de sable de quarante lieues de long sur quatre de large, c'est donc un véritable Sahel, si ce n'est pas le Sahel oriental lui-même.

Ainsi, ce point capital de la question est éclairé de la plus vive lumière. Les débouchés du *Fleuve-sans-eau*, c'est-à-dire d'Abou-Roash, de Gizeh, de Zowiet-el-Arrian, d'Abousir, de Saqqârah, de Dahchour, d'El-Metanieh, de Meydoun, d'El-Lahoum, du Labyrinthe, qu'occupent les Pyramides, ne sont pas les portes du Sahara, comme les gorges d'Abydos, d'Ombos, d'Antéopolis, etc., mais du Sahel lui-même. Les Pyramides d'Égypte sont donc placées incontestablement à l'entrée des ouvertures de la montagne, exposées à des irruptions d'une nature toute particulière. Leur situation géographique dans la seule région de l'Egypte menacée par le Sahel est dès lors expliquée d'une manière aussi satisfaisante que leur position topographique à l'entrée des gorges de la montagne.

Note X.

Sur les deux monuments de Bayhamou.

Voici comment M. Jomard rend compte des ruines de Bayhamou :

« La ville d'Arsinoé s'étendait autrefois davantage vers le nord, et je ne serais pas éloigné d'y comprendre les ruines qui se trouvent aujourd'hui prés de Bayhamou, village où passe un canal venant de Medynet-el-Fayoum. La dimension de ces ruines ne permet pas de croire qu'elles aient pu être transportées de si loin. On ne peut guère supposer non plus qu'un monument tel que celui qui paraît avoir existé à Bayhamou ait été construit isolément et au milieu de la plaine. Ce sont deux énormes piédestaux bâtis de grosses pierres calcaires d'environ 8 mètres de côtés sur 10 de haut, et qui supportaient certainement des statues colossales semblables aux colosses de Thèbes. Leur distance est d'environ 100 mètres. Au rapport d'Hérodote, de Diodore de Sicile et de Pline, on avait élevé des statues à plusieurs princes dans les environs du lac Mœris. Les habitants donnent aux piédestaux le nom de *rigl faraoun*, les pieds de Pharaon. Autour du village, il y a beaucoup de ruines et de blocs calcaires. (M. Jomard, *Descr. de l'Ég. nome Arsinoïte, ant.*, t. II, chap. XVII, p. 8.)

Paul Lucas prétend avoir vu un colosse de granit sur l'un de ces piédestaux, et cinq autres piédestaux plus petits. (Paul Lucas, troisième voyage, t. II.)

Note XI.

Sur l'exhaussement de la vallée du Nil.

L'opinion que j'émets sur les conséquences favorables de l'exhaussement du Nil par les dépôts successifs du limon du fleuve, en ce qui concerne la lutte de la civilisation contre le Désert, est aujourd'hui partagée par plusieurs savants du premier ordre.

« L'Égypte, dit M. Letronne, loin de perdre une partie « de son territoire par l'effet de l'invasion des sables du « Désert, voit s'accroître de jour en jour l'étendue de la « surface propre à la culture. La raison en est simple. Par « suite de l'exhaussement progressif qu'amènent les dépôts « annuels du fleuve, son niveau atteint de siècle en siècle « un point plus élevé sur la lisière de sable de chaque côté « de la vallée, au pied des montagnes Libyque et Arabique, « et va couvrir de son limon des parties de terrain qu'il « n'atteignait pas dans les temps anciens. » (*Journal des Savants*, cah. de juillet 1844, page 432.)

Cette opinion paraît si conforme à la nature des choses, que je n'avais pas hésité à l'adopter ; mais depuis l'impression de ce travail, une conversation que j'ai eu l'honneur d'avoir avec M. Jomard a singulièrement modifié mes idées à cet égard. Il résulte, en effet, des explications qu'a bien voulu me donner M. Jomard, que le lit du fleuve ne s'exhausse pas dans les mêmes proportions que le sol de la vallée, ce qui renverse presque entièrement les conséquences que je croyais pouvoir tirer de l'exhaussement de la plaine du Nil.

On sait que tout le territoire de l'Égypte est coupé de digues parallèles et perpendiculaires au cours du fleuve. Lorsque le débordement du Nil commence, les premières enceintes formées par les digues, c'est-à-dire les champs riverains du fleuve, reçoivent d'abord l'inondation, dont les eaux y séjournent le temps convenable à la fécondité du sol, pour la communiquer ensuite de proche en proche, par l'ouverture des digues, jusqu'aux terrains les plus éloignés du fleuve. Les extrémités de la vallée, sur la limite du Désert, ne participent ainsi aux bienfaits de l'inondation que lorsque les eaux du débordement se sont déchargées sur les champs voisins du fleuve de la plus grande partie du limon qu'elles charrient avec elles; et de là la forme convexe de la vallée du Nil dont la partie la plus élevée est sur les rives du fleuve et la plus basse au bord de la mer. Mais comme le fleuve, à cause de la rapidité du courant, ne peut déposer dans son lit un limon aussi abondant que les eaux stagnantes du débordement, il en résulte que les rives se sont considérablement plus exhaussées que le lit du fleuve, qui se trouve aujourd'hui extrêmement profond et encaissé, et ne peut plus déborder latéralement que par des canaux de distance en distance. Ainsi, de chaque côté du Nil, une bande de terrain qui tend à s'élargir de plus en plus par l'effet des hautes inondations n'étant plus atteint par le débordement ordinaire, reste inculte. Ceci n'empêche pas, bien entendu, que les eaux qui se portent aux extrémités de la vallée, sur les bords du Désert, ne puissent encore lutter avec avantage contre les sables. Mais l'on voit quelle restriction importante il faut apporter à l'opinion des grands avantages de l'exhaussement du sol de l'Egypte.

On ne peut douter, en effet, que la différence considérable entre l'exhaussement du sol de la vallée et celui du fleuve ne soit une des circonstances les plus contraires à la prospérité de l'Égypte. Il peut arriver un temps où, comme la plus grande partie du Delta, la vallée du Nil s'exhaussant toujours d'une manière disproportionnée avec le lit du fleuve, finisse par ne plus être accessible à l'inondation. Dans le Delta, les mêmes causes ont élevé le sol à l'abri des débordements du fleuve. Mais ici, dans cette vaste plaine, l'absence des inondations est un bienfait, tandis qu'elle serait un fléau dans la vallée; et voici pourquoi :

Quelle que soit l'efficacité des différents moyens de défense de l'Egypte contre l'empiètement des sables, ces moyens ne sauraient garantir entièrement les champs voisins du Désert, des matières pulvérulentes qui constituent ce redoutable fléau. On sait que les parcelles les plus fines soulevées dans l'air à de prodigieuses élévations, viennent, à une certaine distance du Désert, s'abattre sur les champs cultivés dont elles saupoudrent légèrement la surface. Dans la Haute et Moyenne-Egypte, de l'île de Philé au Caire, l'étroitesse de la vallée la condamne presque tout entière à recevoir ces légères couches sablonneuses; mais, chaque année, le débordement du fleuve les recouvre de son limon fertile. Aussi, la plus grande partie du sol est-elle composée de couches alternatives d'humus et de sable. Si donc, la vallée du Nil était privée de l'inondation et qu'il fallût, comme dans le Delta, recourir à l'emploi des machines hydrauliques pour l'arrosement des terres, la surface du sol privée en même temps du limon fertile qui recouvre annuellement les couches sablonneuses, ne tarderait pas à devenir uniquement sablonneuse et déserte. C'est ce qui se remarque sur un grand nombre de points en Nubie. Burckardt a constaté dans différentes contrées de la Haute et Basse-Nubie, dans le Shendy, le Berber, le Scheygya, l'Areyga, etc., que partout où l'élévation des rives ne permet plus le débordement du Nil, on trouve un riche terrain d'alluvion recouvert de deux à trois pieds de sable. (*Burckardt, Trav. p.* 376, 97.)

Dans le Delta, au contraire, comme la plus grande partie de cette vaste et riche plaine se trouve fort éloignée du Désert et à l'abri du fléau, l'absence de l'inondation y est un bienfait évident; car en arrosant à l'aide de machines hydrauliques ce riche sol d'alluvion, on y obtient deux et trois récoltes par année.

Ainsi se trouve justifiée l'opinion émise par la Commission d'Egypte sur les conséquences de l'exhaussement successif de la vallée du Nil. Mais quelque funestes que puissent être ces conséquences, du moins elles ne sont pas au-dessus des ressources d'une grande civilisation. Pour corriger la disproportion entre la profondeur du chenal du fleuve et l'élévation du sol de la vallée, on comprend que l'on puisse, comme les anciens Égyptiens, déplacer le lit du Nil, ce qui est peut-être l'explication de cette grande opération de Ménès, ou simplement l'exhausser par un système de barrages successifs.

Note XII.

Conjectures sur le rôle des monuments religieux de l'Égypte dans le système de défense contre les sables.

Comme le principal objet de ce travail était de démontrer la destination des Pyramides contre les envahissements du Désert, je n'ai dû attacher qu'un intérêt secondaire aux autres moyens de défense de l'ancienne Égypte, aux murailles, aux digues, aux canaux, aux plantations : moyens sur lesquels on ne possède pas, d'ailleurs, de documents suffisants et qui ne sauraient être étudiés d'une manière convenable que sur les lieux. Je n'ai donc pas la prétention d'avoir décrit et énuméré tous les éléments de la défense de l'Égypte. Peut-être en existe-t-il beaucoup d'autres qui nous sont inconnus.

Il se peut, il est même vraisemblable que les monuments religieux élevés sur les bords du Désert, comme les *Osirium* et les *Typhonium*, avaient aussi une fonction dans l'ensemble des dispositions prises contre le Désert ; ce qui expliquerait les grandes dimensions et la prodigieuse solidité que les Égyptiens donnaient à leurs monuments. Le Labyrinthe placé à côté de la pyramide d'*Haoudrah*, et par conséquent à l'entrée d'un débouché de la montagne, contribuait peut-être à compléter le système de défense de ce débouché. Enfin, il n'est pas jusqu'aux travaux souterrains des Hypogées qu'on ne puisse interpréter en faveur de ce grand intérêt. Les matériaux tirés des entrailles de la montagne ont pu servir à opposer au fléau des collines artificielles, et à former sur certains points les noyaux solides des dunes sablonneuses qui bordent la vallée. C'est un champ nouveau qui s'ouvre aux investigations, et qui intéresse au plus haut degré le monde savant; car si certains monuments civils ou religieux figurent dans le système de défense de la vallée du Nil contre le Désert, l'Égypte moderne a désormais un puissant motif de respecter et de conserver ces précieuses ruines. Il importe donc d'éclairer à ce sujet le gouvernement égyptien.

Je me suis livré à d'assez longues recherches pour tâcher d'apprécier la valeur de ces conjectures. Un grand nombre de faits m'ont paru se prêter parfaitement à cette hypothèse, et j'avais déjà formé le projet d'en faire l'objet d'un travail spécial; mais, arrêté à chaque pas par le manque de documents topographiques, j'ai dû renoncer à ce travail. Je me borne aujourd'hui à l'indiquer aux savants et aux voyageurs qui auront à faire de nouvelles investigations sur l'Égypte.

Ce n'est pas, du reste, la première fois qu'on a essayé de rattacher les monuments civils et religieux de l'ancienne Égypte à la question du Désert. Burckardt a déjà exprimé cette opinion dans son *Voyage en Nubie*. (*Travels in Nubia, Lond.* 1819, *p.* 14 *et* 100.) Voici comment Ritter en rend compte :

« Dans la partie de la Basse-Nubie appelée *Wadg-el-Kenous*, il est à remarquer que la rive orientale du Nil est partout mieux cultivée que la rive occidentale ; et, lorsque la vallée atteint quelque largeur, elle est toujours couverte du sol le plus fertile. Sur la rive occidentale est déposé le même sol ; mais il est continuellement couvert des sables du Désert qui s'avancent jusqu'au Nil. Les vents du nord-ouest qui soufflent pendant le printemps et l'hiver, sèment sur toute la contrée les sables destructeurs, et il n'y a des terres cultivées que dans les endroits protégés par des montagnes. La rive orientale est aujourd'hui beaucoup plus peuplée que la rive occidentale ; mais tous les monuments importants, tous les temples antiques ne se trouvent que sur la rive occidentale. Ce fait est vraiment curieux, et Burckardt l'explique par une remarque assez vraisemblable. Les peuples antiques voulaient arrêter par ces édifices l'action destructive du Désert, les efforts de Typhon, génie de la destruction auquel est toujours opposé le bienfaisant Osiris, génie conservateur, symbole du Nil aux eaux fécondes. » (*Ritter*, t. 11, p. 342.)

Note XIII.

Dans le cours de ce travail, je n'ai rien dit des pyramides qui se trouvent dans d'autres contrées, aux Indes, au Mexique, en Italie, en Irlande. Quoique très-différents des Pyramides d'Égypte par leur forme ou par leurs dimensions, ces monuments s'y rattachent peut-être par quelques mystérieuses traditions ; mais comme ils ne se trouvent pas dans les mêmes circonstances géographiques, et que, par conséquent, leur destination ne saurait avoir aucune connexion avec celle des monuments égyptiens, je n'ai pas cru devoir m'en occuper.

ERRATA.

Page 10, ligne 11, *au lieu de* masse, *lisez :* marche.

Page 12, ligne 28, *au lieu de* me-, *lisez :* menacent.

Page 22, ligne 14, *au lieu de* élastique, *lisez :* aérien.

Page 47, ligne 22, *au lieu de* les forment, *lisez :* le forment.

Page 78, ligne 1, *au lieu de* anoblie, *lisez :* ennoblie.

Page 100, ligne 4, *au lieu de* Libyque, *lisez :* Arabique.

Page 130, ligne 8, *au lieu de* V_2, *lisez :* V^2.

Page 159, ligne 25, *au lieu de* l'air, *lisez :* l'aire.

Page 184, ligne 22, *au lieu de* fig. 5, *lisez :* figure 6.

AVERTISSEMENT

SUR LES CARTES PLACÉES A LA SUITE DE CET OUVRAGE.

I. — La carte géographique de la province de Gizeh (Pl. I) a été calquée sur la carte d'assemblage de la grande carte topographique de la Description de l'Égypte. Elle fait connaître la position géographique de toutes les Pyramides d'Égypte, et indique la direction principale des deux vallées du *Fleuve-sans-eau* et des *Lacs de Natron;* mais elle ne peut servir en aucune manière à donner une idée des différents débouchés de ces vallées sur la plaine du Nil, parce que ces deux vallées n'ont été explorées par le général Andréossy que dans leur région septentrionale. On connait fort peu la région qui touche à la plaine du Nil. Mais d'après les récentes observations de sir Gardner Wilkinson, il parait que tout l'espace compris entre la pyramide d'Abou-Roash, la plaine du Nil, et la vallée qui conduit au Fayoum, est occupée par le bas désert appelé le *Fleuve-sans-eau*.

II. — La deuxième carte (Pl. II, fig. A) est calquée sur la planche I, volume V des Antiquités d'Égypte; mais les mouvements de sables à l'ouest des Pyramides ont été dessinés d'après la planche VI du même volume, qui est le grand plan topographique des pyramides de Gizeh, dressé par le colonel Jacotin, et dans lequel les mouvements de sables sont plus nettement indiqués.

III. — Dans les plans topographiques des pyramides de Nubie et des autres groupes d'Égypte, je n'ai pu figurer les mouvements de terrain, qui sont trop mal indiqués dans les différents ouvrages publiés sur ces Pyramides.

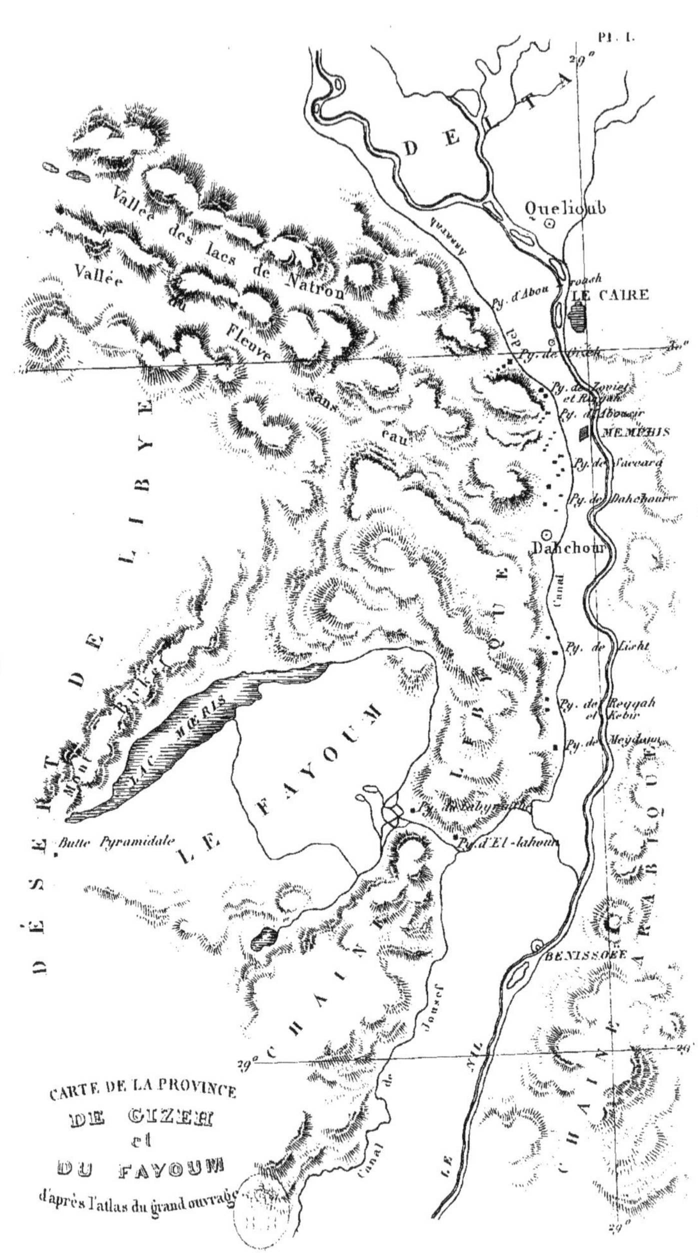
Pl. I.
CARTE DE LA PROVINCE
DE GIZEH
et
DU FAYOUM
d'après l'atlas du grand ouvrage
DELTA
Quelioub
LE CAIRE
MEMPHIS
Dahchour
BENISSOEF
LE FAYOUM
LAC MŒRIS
DÉSERT DE LIBYE
CHAINE LIBYQUE
CHAINE ARABIQUE
Vallée des lacs de Natron
Vallée du Fleuve sans eau
Butte Pyramidale
Canal
Canal de Jousef
LE NIL
Py. de Licht
Py. d'El-lahoun
29°
30°

COL DE GIZEH

d'après les pl. I et VIe du Ve vol. des ant. d'Égypte.

A.

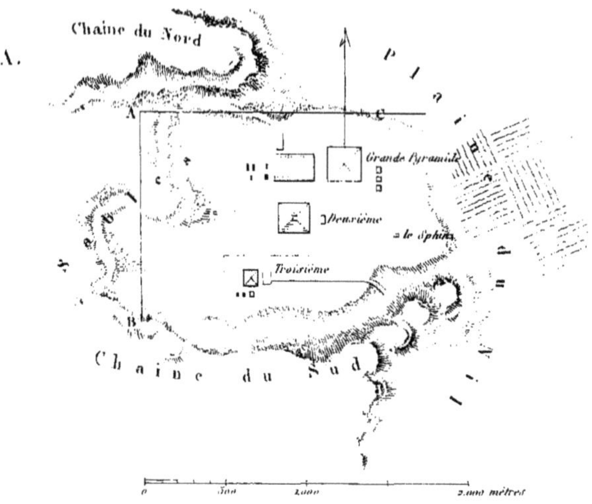

COUPE SUIVANT AB.

B. d'après le plan en relief de la Bibliothèque royale.

Ligne ponctuée élévation du premier rideau de sable

a a a a ligne du sol servant de base aux pyramides

b b b b coupe du plan en relief.

COUPE SUIVANT AC.

C.

GROUPE DE GIZEH.

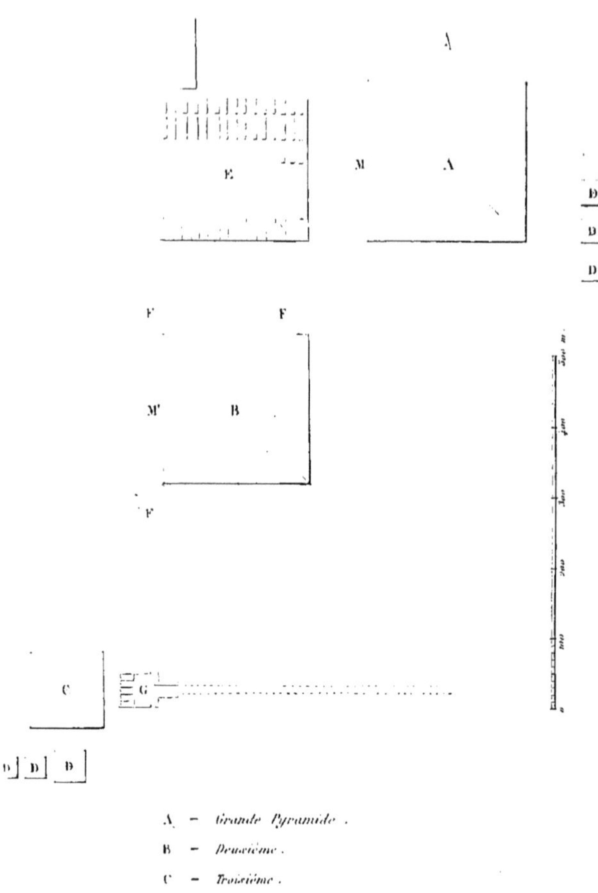

A. — *Grande Pyramide.*

B — *Deuxième.*

C — *Troisième.*

D — *Petites Pyramides.*

E — *Massif de tombeaux.*

F — *Plate forme taillée dans le rocher.*

G — *Monument en face de la chaussée.*

MÉROÉ, GROUPE DU NIL.

A.

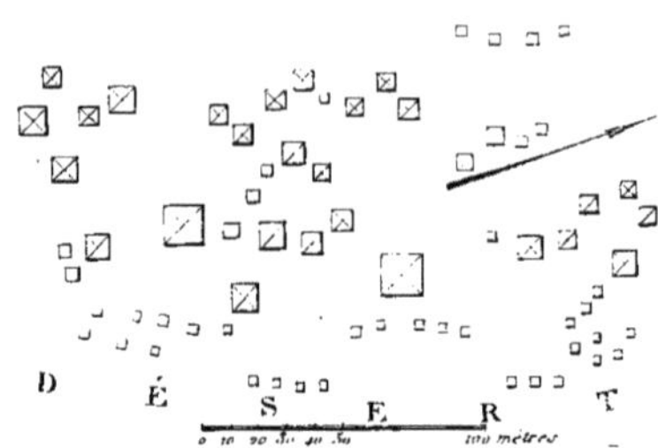

B.

MÉROÉ. GROUPE DU NORD.

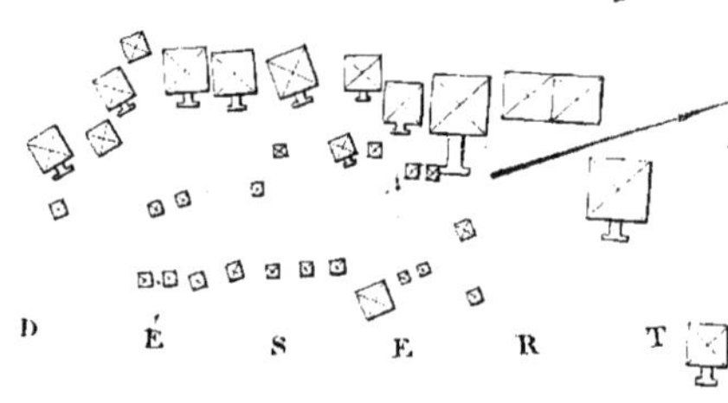

C.

MONT-BARKAL, GROUPE DE L'OUEST.

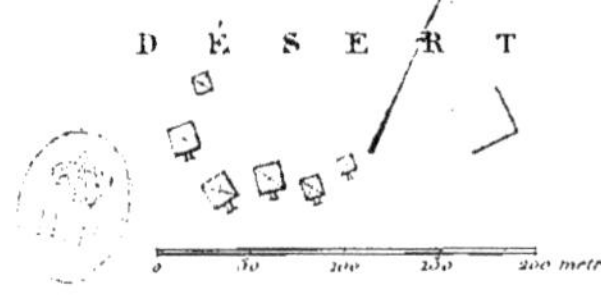

D.

GROUPE DE NOURI.

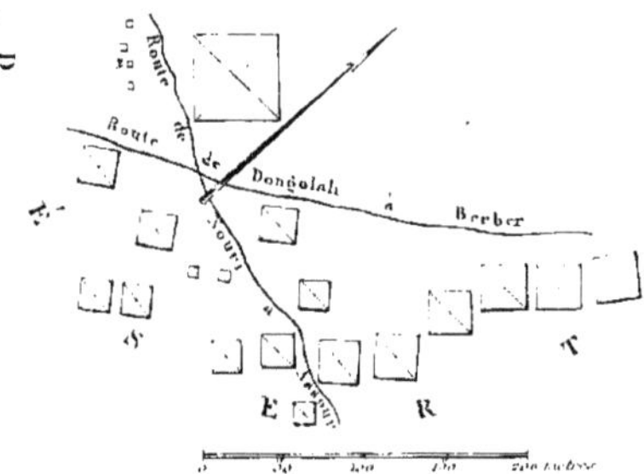

A. VUE PRISE DE TOURAH.

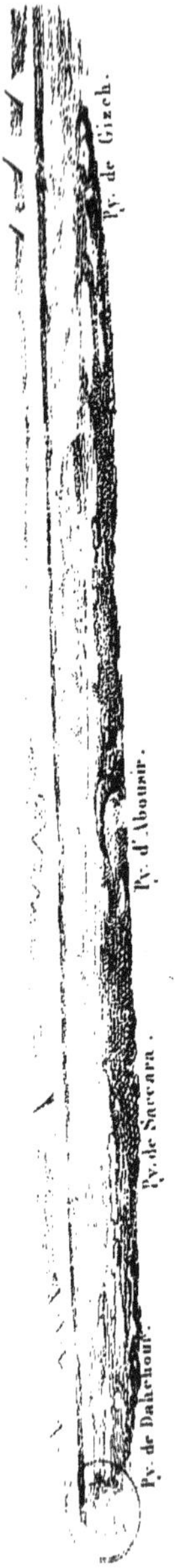

Py. de Gizeh.
Py. d'Abousir.
Py. de Saccara.
Py. de Dahchour.

B. GROUPE D'ABOUSIR.

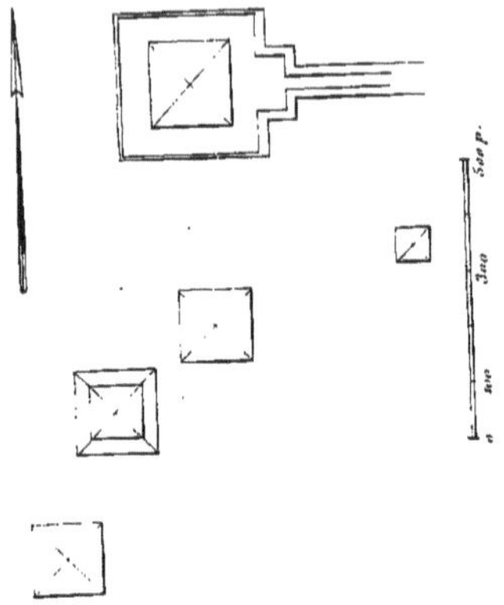

0 100 300 500 p.

C. GROUPE DE SACCARA, NORD.

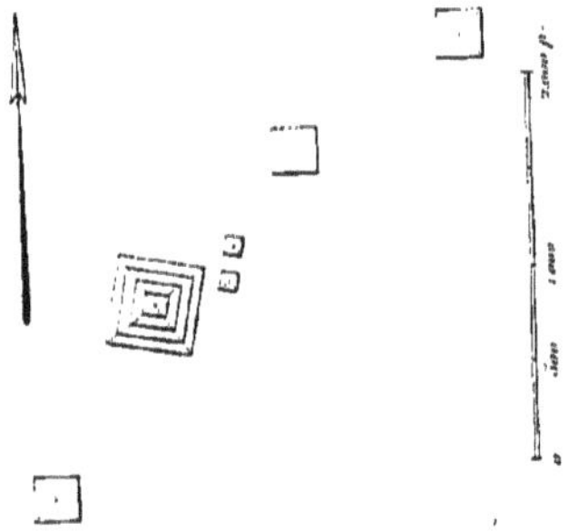

0 500 1000 2000 p.

D. GROUPE DE SACCARA, SUD.

0 500 1000 2000 p.

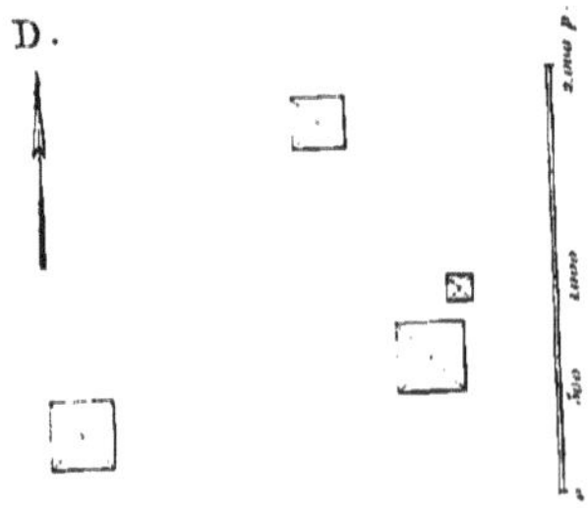

Pl. VI.

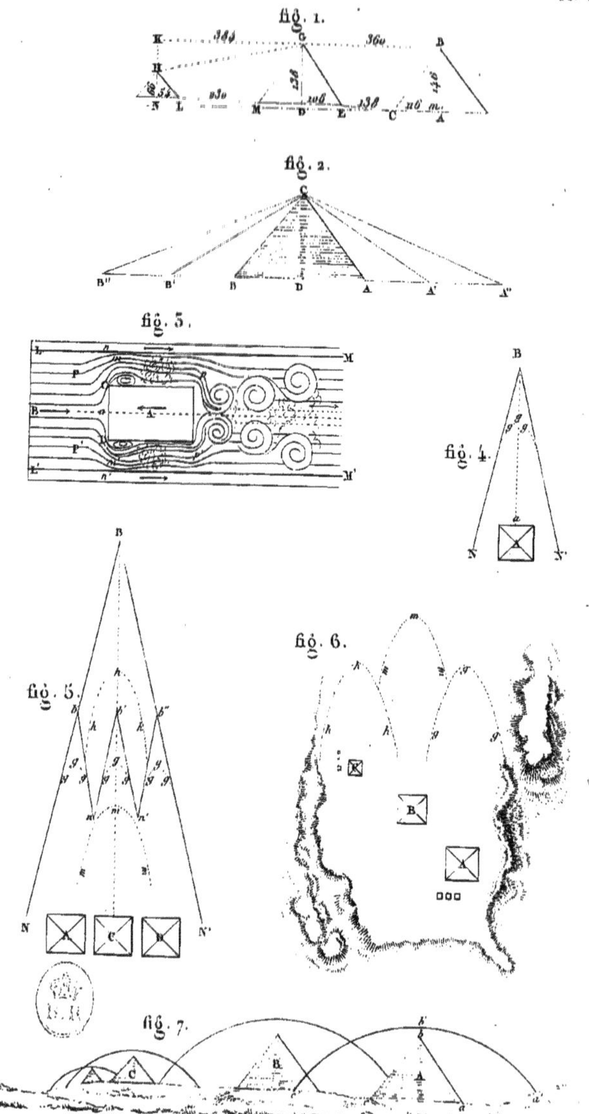

www.ingramcontent.com/pod-product-compliance
Ingram Content Group UK Ltd.
Pitfield, Milton Keynes, MK11 3LW, UK
UKHW021852190726
13855UKWH00001B/278

9 782013 374989